기독교
신앙
시리즈
❶

개신교
성인 요리문답서
Evangelischer
Erwachsenenkatechismus

살아계신 하나님

독일루터교회연합회
정 일 웅 역

한국코메니우스연구소

Evangelischer Erwachsenenkatechismus

suchen – glauben – leben

9., neu bearbeitete und ergänzte Auflage 2013

Im Auftrag der Kirchenleitung der VELKD

herausgegeben von

Andreas Brummer
Manfred Kießig
Martin Rothgangel

unter Mitarbeit von

Wiebke Bähnk
Norbert Dennerlein
Heiko Franke
Peter Hirschberg
Jutta Krämer
Michael Kuch
Ralf Tyra
Ingrid Wiedenroth-Gabler

Gütersloher Verlagshaus

개신교
성인 요리문답서

찾으며 - 믿으며 - 사는 것

새롭게 수정하고 보완된 제9판 2013

독일루터교회연합회 교회지도부의 위임으로

안드레아스 브룸머
만프레드 키씨히
마르틴 로트앙겔 등이 출판하였다.

그리고

뷔프케 뵈헨케
노르베르트 덴너라인
하이코 프랑케
페터 히르쉬베르그
유타 크렘머
미하엘 쿠흐
랄프 티라
잉그리드 뷔덴로트-가블러 등이 협동하였다

귀터스로흐 출판사

목차

목차

목차

역자 인사말

이 책을 처음 대한 때는 독일 유학에서였다. 독일교회가 평신도들에게 전하고 가르치는 기독교 신앙의 기본내용이 어떤 것인지를 지도 교수님께 물었을 때, 그는 그 당시 새로이 출판된 "개신교 성인 요리문답서"(Evagelischer Erwachsenekatechismus, 1975)란 책을 소개해 주었다. 역자는 그 책을 대하면서 분량의 방대함(약 1,370쪽)과 현대적인 언어표현의 신선함에 놀랐으며, 교회가 이렇게 많은 주제의 내용을 가르치고 배우게 해야 하는지 의구심이 생기기도 했지만, 우선 역자 자신이 많은 것을 배우며, 기독교 신앙이해에 큰 도전을 받기도 하였다.

원래 "독일루터교회연합회"(VELKD)는 새 시대변화(70년대 산업화)에 걸맞게, '기독교 복음의 재선교'를 목적으로 5년간 심도 있는 전문가들의 연구와 자문을 거쳐, 권위 있는 전문 분야의 학자들과 신학 교수들이 동원되어 기독교 신앙의 진리를 가장 현대적으로 표현해 준 것이 바로 이 책(EEK)이었다. 그 후 이 책은 출판을 거듭하면서 오늘날 제9판(2013)에 이르고 있으며, 그사이에 독일통일이 이루어지면서 시대변화를 반영하여 모두 3차례 대 수정작업을 거쳤던 것으로 알려진다. 그리고 이 책은 그야말로 종교개혁의 역사적인 요리문답서(Katechismus)의 형태를 완전히 새롭게 바꾼 교회를 통한 신앙교육 선교의 새장을 열어 주었다.

이 책의 특징은 먼저 독일 산업화 사회를 거친 현대인들에게 기독교 신앙의 진리에 대하여 던져진 많은 새로운 물음들을 수용하여, 성서의 현대적 연구와 해석에 근거하여 가장 표준적인 대답을 친절하게 제시해 놓은 점이다. 이 책은 독일에서 "신앙백과사전"으로 불리고 있으며, 독일교회 평신도들은 실제로 그간 흔들렸던 신앙의 정체성을 회복하는 일에 큰 도움을 입게 된 것으로 평가된다. 특히 독일 신학생들이 신학 개론서로 즐거 읽었으며, 베스트셀러에 오른 책이 되기도 하였다. 또 다른 특징은 독일루터교회연합회(VELKD)가 주도하여 출판했지만, 루터교회가 믿는 신앙 진리만을 알리는 데 목표를 두지 않고, 신앙 교리대립의 시대를 뛰어넘어 개신교회 전체가 지향하는 교회의 연합정신을 반영한 점이다. 이러한 사실은 "개신교 성인 요리문답서"(EEK)로 명명한 책 이름에서 쉽게 확인된다.

역자는 이 책이 지닌 이러한 의도와 특징들을 알고 난 후, 한국교회에 알리고 싶은 마음이 생겼고, 역시 산업 후기사회, 특히 제4차산업 시대를 살아가는 한국교회 평신도들의 기독교 신앙의 재정립과 아직 교회에 속하지는 않았지만 기독교 신앙에 관심을 가진 우리 사회의 모든 분에게도 도움이 되었으면 하는 마음으로, 이 책을 번역하게 되었다. 그래서 이 번역서 전체의 제목은 "독일 개신교 성인 요리문답서"로 명명하며, 총 5권으로 엮어진 기독교 신앙 시리즈 형태로 출판하게 된다. 물론 1-2권은 2018년, 2019년에 이미 출판한 바가 있으나, 원문 번역의 부정확한 부분들이 발견되어 부득불 새로운 수정작업을 거쳐 이번에 또 1권과 2권을 재출판하게 되었다.

여기 제1권에 다루어진 전체 내용은 이 번역서(1-5권) 전체의 서론에 해당하는 부분으로 먼저 "믿음으로 사는 것" - (신학적인 토대)란 주제가 다루어졌는데, 이것은 믿음이란 무엇인지? 인간의 삶이 하나님을 믿는 믿음과 어떤 관계에 있는지? 믿음의 의미와 본질과 기능적 역할을 상세히 설명해 놓고 있어서 믿음의 가치 이해에 큰 도움이 되리라 기대한다. 특히 이 부분에서 루터의 믿음에 대한 이해가 소개의 중심을 이룬다. 그리고 계속해서 총 7개의 하나님에 관한 주제들이 차례로 다루어졌는데, 그 명칭은 "하나님의 계시", "하나님의 말씀인 성서", "하나님의 창조", "하나님의 역사에서의 활동", "유대인과 기독인의 하나님", "하나님과 다른 종교", "저항 가운데 계신 하나님" 등으로 되어 있다. 역시 기독교의 하나님에 관계된 여러 가지 중요한 내용들을 배울 수가 있을 것이다.

이 번역서의 독서 형태는 관심 있는 주제를 개별적으로 자유롭게 선택하여 스스로 읽어갈 수 있도록 구성되었다. 그리고 각 장에서는 "인지"(認知) - "방향"(方向) - "형성"(形性)이란 3단계로 구별하여 독자의 이해를 돕는다. "인지"는 제시된 주제와 관련하여 동기부여와 관심을 불러일으키는 의미를 지니며, "방향"은 주제의 바른 신학적인 이해를 위한 구체적인 많은 정보를 제공해 준다. "형성"은 삶의 실제와 관련하여 연결된 의미를 제공한다. 물론 이 책은 각 주제와 관련하여 소그룹 세미나가 가능하도록 엮어져있다. 교회의 평신도들이나, 청년대학생 그룹, 또는 주일학교 교사들이 관심 있는 주제를 선택하여 소그룹으로 모여 읽고 발표하며 서로 토론하는 방식의 독서가 큰 도움이 되리라고 생각한다. 물론 독일에서처럼 한국 신학생들의 신학 공부에서도 이 책은 신학 개론서로 사용되어도 좋을 것이다. 그것은 역시 신구약 성서신학에서부터 교회 역사 및 교리사, 윤리, 실천신학과 선교학 등에 걸친 모든 학문정보를 총망라하고 있기 때문이다. 그리고 신학에 관심을 가진 평신도들에게도 큰 도움이 되리라 확신한다.

이 책의 독서에서 주의해야 할 점은 여기 실려 있는 여러 해석된 정보를 대할 때, 깊이 생각하면서 접근하는 사고의 동반이 요구된다는 점이다. 특히 역사적 관점의 성서해석과 이해, 그리고 여러 학자의 전문정보와 신학적인 관점들의 폭넓은 이해들의 논리 전개에서 자칫하면 독서의 흥미를 놓칠 위험이 생길 수도 있을 것이다. 그래서 이 책의 독서와 공부는 진지한 인내심과 지구력을 동반한 복음에 대한 깊은 관심과 믿음의 열정으로 대하게 될 때 새로운 많은 것을 얻을 수 있을 것이며 또한 기독교의 복음과 신앙이해에 큰 도전을 받게 되리라 기대한다.

바라기로는 앞으로 우리 한국교회에도 역사적인 교리 논쟁의 시대를 극복하고 교파를 초월하여 그리스도 안에서 하나로 연합(대)한 모습으로 기독교가 믿는 신앙 진리의 표준적인 것을 제시하는 날이 오기를 고대해 본다. 이것은 오늘날 한국교회의 신앙 진리를 혼란하게 하는 여러 이단 사이비 종파들의 잘못된 신앙의 영향을 막는 성숙한 방법이 될 수 있기 때문다. 그리고 이 책은 독일교회가 의도한 대로 오늘날 교회를 통한 신앙생활을 중단하였거나, 또는 아직 신앙에 이르지 않았지만, 기독교 신앙의 진리에 관심을 가진 분들에게도 큰 도움이 되리라 기대한다. 그 이유는 원래 이 책(EEK)이 의도한 바가 가장 표준적인 기독교 신앙의 진리를 통하여 대중화를 지향하고 있으며, 동시에 "인간은 어디서 와서 어디로 향하고 있으며", "땅에서 인간답게 사는 참된 인생의 삶의 목적과 의미와 그 가치가 무엇인지를 묻는" 모든 이들의 질문에 넉넉하고 합당한 성서적인 대답을 충분히 제공해 놓고 있기 때문이다.

끝으로 한국어 출판을 허락해 준 영국의 랜덤하우스(Randomhause)와 중계역할을 담당해 준 한국 에이전트 홍순철 대표와 그리고 지루한 수정 작업에 참여하여 고락을 같이해 준 한국코메니우스연구소 총무 김석주 박사와 동 연구소 연구원 김성훈 박사에게도 깊은 감사를 드리며, 편집디자이너 변윤주 실장에게 감사하며, 또한 번거로운 교정작업뿐만 아니라, 늘 기도로 동행하며, 특히 이번 책 1-2권 출판 비용 전액을 기꺼이 맡아준 신실한 아내 강영희 박사의 섬김에 진심으로 감사한다.

2023년 10월

역자 정 일 웅 드림

이 책 초판이 나 온지 35년 전, "개신교 성인 요리문답서"(Evagelischer Erwachsenenkatechismus)는 8번째 출판하게 되었다. 이 책은 표지의 새로운 단장 뿐 아니라, 내면에서도 달라진 모습을 보여주고 있다. 이것은 본 질적으로 목표와 신앙과 현실적인 삶에 항상 다시 새로운 관계를 갖는 것에 부응한 모습이다. 기독교신앙은 공간의 확장에 있는 것이 아니라, - 그 시대의 언어와 사고에서 발전하며, 근본토대가 되기를 원한다. 이러한 성인 신앙교육서의 새 출판은 오늘날 개신교의 기독인으로서 이해하는 것처럼, 우리가 어디서 희망을 가져오며, 어디로 지향하고 있는 지에 대한 정보를 제공한다. 그것은 우리사회와 개개인이 현재에 직면한 질문들을 전제하여 제시된다. 이러한 근본사상은 책의 설계에 반영되며, 각 장(章)은 의식적으로 '인지부분'을 삽입해 두었다. 이는 우리 시대의 물음과 사람들이 앞서 발견하는 상황에 대한 주의 깊은 열린 판단을 뜻한다. 이 책은 인간의 실재(實在)에서 제기되고 감지하는 교회를 위한 것이다. 어쨌든 이러한 인지(認知)를 바탕으로 신앙의 근본토대가 핵심적이면서도 이해가 가능하도록 설명되어, 현재의 삶에 가깝게 관계된 지향점으로 연결된다. 개신교 신앙교육서는 그들의 출발점으로 고백하며, 시대의 질문과 함께 복음적인 자유와 책임 안에서 논쟁하며, 이해적인 방식으로 방향을 제공하기를 원하는 교회를 전적으로 가리킨다.

마침내 모든 장은 어떻게 믿음이 삶의 모습에서 수용되고 실천될 수 있는지에 대한 하나의 판단과 함께 끝난다. 즉 믿음은 말하자면, 자체로 머물러 있는 것이 아니다. "개신교 성인 요리문답서"는 살아 있기를 원하며, 믿음의 실천에 대한 길들이 열려지는 하나의 교회를 증언한다. 독일루터교회연합회(VELKD)는 이 책을 복음적인 관점에서 신앙(信仰)의 교양(敎養)

에 기여하기 위하여 제시하였다. 이러한 의미에서 이 책은 신학적인 기초
지식을 이해적으로 만들며, 동시에 신앙과 현실적인 삶에 대한 성찰을 자
극하며, 궁극적으로 기도와 종교적인 텍스트에서의 도움제공뿐만 아니라
일상에서 복음적인 영성이 살아 있게 되도록 남녀독자들을 위하여 "현대
적인 신앙의 코스북"이 될 수 있을 것이다.

독일루터교회연합회 지도부를 대신하여 수정작업에 참여한 모든 분들
과 신앙교육위원회의 위원들과, 특히 초안 작업에 함께한 저자들에게 감
사를 드리며, 마지막으로 모든 성인 독자들에게 도전적인 삶과 신앙을 풍
성하게 하는 강연들이 이루어지기를 축복한다.

요한 프리드리히 박사(Dr. Johann Friedrich)
독일 개신교루터교회연합회의 감독(Bishop der VELKD)

1. 본 수정판이 어떻게 생겨났는가?

1975년에 처음 출판된 개신교 성인 요리문답서(EEK)는 - 독일 개신교 루터교회연합회의 위임으로 이루어짐 - 개신교 신앙의 표준서로 확정하였습니다. 35년 전, 첫 출판 이래로, 이 책은 25만 권 이상이 판매되었습니다. 성인 요리문답서는 전면 수정된 제6판이 지난 2000년에 출판된 바 있습니다. 역시 1989년 독일통일 이후, 변화된 상황에 따라 내용을 약간 줄이면서, 본질의 내용을 현실화한 제7판이 2016년에 출판되었습니다.

이처럼 꾸준한 개정작업에도 불구하고 교회와 사회의 다원화 증대에 대한 대책 마련의 요구는 개신교 성인 요리문답서의 계획을 수립하게 하였고, 이 계획은 즉시 수용되었습니다. 수정목적에 부응하기 위하여 성인 요리문답서와 함께 의도적인 접촉을 가졌던 여러 다른 직업군별의 사람들과의 행동에 대한 일관된 인터뷰가 이루어졌습니다. 설문을 통해 드러난 결과는 현재 개신교 성인 요리문답서는 간혹 참고서로 사용되었다는 인식이었습니다. 그리고 요구사항으로 독자들의 관심이 현실적인 관련들을 통하여(인지), 지향하는 정보들(방향), 그리고 실제에 관련(모습)들로 이해하고 싶어 하는 변화된 책 내면의 구성이었습니다.

여기 출판되는 책은 제7판의 총체적인 내용을 기반으로 지난 3년간의 수정과정의 결과입니다.

다음과 같은 관점들은 거기서 표준적인 것이었습니다.

새로운 책의 내면 구성체: 요약된 개신교 성인 요리문답서(2004)의 제작에서 성인 요리문답서의 각 장의 지금까지의 분류가 "출발-정보-배경-경험"의 도식 안에서 이중적으로 안내할 수 있다는 것이 분명하게 되었습니다. 이러한 근거에서 이번에 9번째 출판되는 이 책에서는 "인지(認知)-방향(方向)-형성(形成)"이란 3단계의 개괄적인 내면 구성체가 도입되었습니다.

경험과 실천: 새로운 내면 구성체를 통하여 새로운 강조점이 조건적으로 설정될 수 있었습니다. 그래서 현재 상황에 차별화된 통찰을 열어주는 인지(認知) 부분에 경험적인 결과들이 증가 되어 있음을 발견하게 되었습니다(비교, 예를 들면, "1.1 하나님은 자기를 계시한다.", "4.2.4 청소년"). 동시에 "형성(形成)" 부분에서 실천과 예전적인 요소들에서 보기들이 특별히 강하게 수용되었습니다(비교, 보기 "4.3.6. 자유 시간", "6.1.4 교회에서의 명예로운 직분").

새로 수정된 장: 지난 세기에 사회적이며 과학적인 발전과 토론의 배경에서 몇 개의 장들은 완전히 새롭게 형성되었습니다. 이것들은 다음의 장들에 해당합니다. "4.4.2 기술과 생명공학에서의 윤리", "4.3.3 의사소통과 미디어", "4.3.2 남자와 여자의 공동체".

이해시킴과 기초화: 성인 요리문답서의 심장 부분인 칭의(稱義)의 장은 이러한 관점에서 근본적으로 새롭게 수정되었습니다(비교, "3.2 인간의 칭의"). 이해시킴은 각 장의 부분적으로 개별적인 면에서 대체되었습니다(비교, 보기, "1.1 하나님은 자기를 나타내신다." 시작 부분, "3.1 나사렛 예수 - 그리스도")의 부분입니다.

현실성과 보완: 개신교 성인 요리문답서의 모든 장들은 전체로서 마찬가지로 현실화하는 개정의 각 단면들에 종속되었으며, 상응하게 보완되었습니다(보기, "4.4.1 자연적인 삶의 토대", "6.4.3 선교"). 역시 교회 연합적인 발전들의 모습에서 역시 8판에서 가장 새로운 상태를 제시합니다(비교, 보기 "6.1.6 작은 종파들의 알림", "6.1.7 교회연합").

신학적인 토대: 신앙교육위원회는 마르틴 루터를 통한 신앙고백 3번째

조항의 해석에 따라 "믿음으로 산다."는 것을 전개하는 하나님 부분에서 신학적인 근본적인 장을 앞에서 소개하기로 결정하였습니다.

2. 이 책은 무엇을 원하는가?

삶의 출처와 방향에 대한 물음, 세계의 근원과 목표에 대한 물음, 행복과 고난의 의미에 대한 물음 그리고 올바른 행동과 모습에 대한 물음 등이 분명 사람들의 마음을 움직입니다. 과거에 우리의 문화 범주에서 그러한 질문에 대한 대답은 특히 기독교회에 의하여 찾아졌습니다. 우리 현대적인 사회에서 사람들이 선택할 수 있는 종교적이며 세계관적인 여러 제시들이 있습니다. 이러한 상황에서 신앙이 이해되며, 계속해서 리드하면서, 실재를 밝히면서 증명하도록 기독교적인 신앙을 대화에로 가져가는 것은 중요합니다. 그 때문에 이 책은 인간의 상황을 받아들이고, 질문을 거론하며, 기독교적인 신앙의 대답들과 관계하도록 시도합니다. 이러한 방법은 기독교 신앙이 이상의 문제들에 대한 완전한 대답을 갖고 있지 않다는 통찰과 결합되었습니다. 마찬가지로 그 신앙은 현실적인 문제의 극복에 유익하다는 것을 제한시키지 않습니다. 이것은 대답을 제시하기보다, 오히려 우리의 질문을 질문으로 제기하고, 새로운 질문을 일깨우며, 하나님이 인간에게 묻는 그것을 듣게 합니다. 상황과 복음의 소식, 질문과 대답 사이에 다리를 놓는 이러한 방법에 대해 신학자 폴 틸리히(1886-1965)는 "상호 연관의 방법"이라 불렀습니다.

여기 대화 가운데 가져온 기독교 신앙은 그 자체 안에서 여러 모습이며, 완전한 역동성이 있습니다. 그 역동적인 신앙은 고백에서 그의 특성을 발견했던 것처럼, 교회의 공동적인 신앙으로 우리를 만납니다. 그리고 동시에 여러 가지 구별된 색채와 함께 개인의 인격적인 신앙으로서 만나게 됩니다. 통일과 다양성의 이러한 긴장은 분명히 책에 영향을 미쳤습니다.

성서적인 전승의 청취와 기독인들과의 교제 가운데서 신앙의 고유한 길을 걷게 되도록 초대됩니다.

1529년의 마르틴 루터의 "소요리 문답서"는 그것에 대하여 수 세기를 넘어서 탁월한 토대로서 증명되었습니다. 왜냐하면 그 안에서 신앙의 대답과 함께 인간의 삶에 관한 질문들이 근본적으로 삶에 가까이 대화 가운데 가져오게 되었기 때문입니다. 개신교 성인 신앙교육서는 이러한 루터적인 전통에 서 있으며, 거기서 총체적인 기독교 인식을 위하여 개방하고 있습니다. 이 책은 그래서 교회 연합적인 넓이로써 개신교 전체를 연결한 것입니다.

이 책은 근원적으로 교회의 그룹들이나, 지(支) 교회에서의 사용을 위하여 구상되었으며, 특별히 개인적으로 사용할 수 있는 독서용, 참고서로 발전하였습니다. 이 같은 방식은 학교의 교육 실제에서 또한 강하게 요구되었습니다. 그 결과 이 책은 신학적인 기초지식을 전달하는 일에 기여했으며, 신앙의 관점에서 삶의 중요한 질문과 함께 논쟁하는 일에 자극을 불러일으키며, 삶이 신앙에서 어떻게 형성될 수 있는지에 대한 추진력을 제시합니다.

3. 이 책은 어떻게 구성되었는가?

상황과 복음의 소식, 질문과 대답 사이의 상호관계는 각 장(章)에 영향을 미치며, 앞에서 말한 내면 구성체의 3단계 안에 반영됩니다. 즉 "인지 부분"과 함께 차별화된 질문들이 제기되었고, 그것들의 삶의 세계에 사람들을 진지하게 취하였습니다. "방향 부분"에서, 역시 질문이 스스로 새로운 빛 속에서 제기될 수 있는 중심에 가능한 신앙의 대답이 있습니다. 방향은 기초정보들에 관한 필요를 생각하게 되었으며, "형성 부분"은 그것을 넘어 나아와 가능한 실천적인 효과들에 강조점을 두었습니다.

그의 큰 구조에서 이 책은 계속해서 신앙고백의 목차를 따릅니다. "믿음으로 산다."는 신학적인 토대 다음에 "하나님"이란 주된 부분이 따르며, 하나님의 창조로서 인간의 모습과 죄와 죄책이란 주제 다음에 "예수 그리스도"란 주된 부분이 따르며, "세상에서의 삶에 대한 물음"에서 동시에 "교회 안에서의 삶"이란 부분으로 인도하는 "성령 하나님"에 대한 주된 부분이 따라 나옵니다. 모든 길의 목표에 대한 전망인 - 영생은 개신교 신앙교육서를 마무리 짓게 합니다.

목표했던 참고서가 가능해지도록 책의 마지막에 상세한 성서목록과 개념들의 목록을 발견할 수 있습니다. 계속해서 개념들은 작은 신학적인 사전에서 밝혀놓은 것입니다. 6판과 7판에서처럼 책 중앙에 칼라로 구별한 교회의 신앙고백들과 가르침의 증거들을 삽입해 놓았습니다. 본 텍스트의 간단한 사용은 예를 들어, 수업에서나, 또는 그룹집회들에서 본 텍스트를 사용할 때는 CD-ROM으로 만든 미디어가 그 사용과 이해에 도움을 줄 것입니다.

마르틴 로트앙겔(Martin Rothangel)

만프레드 키씨히(Manfred Kissig)

안드레아스 브룸머(Andreas Brummer)

믿음으로
사는 것

- 신학적인 토대

"나는 믿습니다..." 라는 말로 시작하는 신앙고백

'나는 믿습니다' 이렇게 생각이 표현되며, 입장을 드러내며, 확신이 진술됩니다. 그러나 이 말은 무엇을 믿는다는 것인지가 역시 질문입니다.

"나는 믿습니다..." 이런 말로 기독교 신앙고백은 계속됩니다. 그것은 교회를 위해 중심적인 가치를 지닙니다. 항상 예배에서 말해지며, 반복하여 신앙고백의 표현들이 소급 적용되는, 그러나 단지 교회의 새신자와는 아직 연결되지 않지만, 그것은 이미 기독인이 된 오늘날 우리 모두와 연결하는 일이며, 전 세계를 포함하여 그리스도의 교회에 대하여 그 무엇을 표현하는 것입니다. 그리고 이러한 신앙의 고백은 그 중심에서 기독교의 존재가 발견됩니다.

거기서 믿음은 우리의 삶 전체에 빛을 발산하기를 원합니다. 믿음의 지평은 우리의 현존재의 여러 각진 면을 포함합니다. 성공했거나, 실패된 면과 밝은 면과 어두운 면, 그의 삶의 토대와 심연, 그의 시작과 끝마침 등에서 입니다. 인간적인 삶의 중심 - 거기에 믿음이 자리 잡고 있으며, 일상의 활동에서도 그러합니다. 그러면 믿음은 실제로 그러한 활동적인 삶과 일치할까요? 우리의 개인적인 생활, 우리가 속한 교회 생활과 사회 생활에서도 그러할까요? 이러한 질문들이 우리에게 나타납니다. 우리는 이러한 질문들을 간단히 넘겨버릴 수 없습니다. 그 이유는 믿음이 실제로 그 자체에서 이해되는 것이 결코 아니기 때문입니다. 믿음은 우리가 수단을 통해서 획득할 수 있는 소유물처럼 '가질 수 있는 것'이 아닙니다. 믿음은 우리가 하나님을 의심하게 하는 어떤 경험들을 통해서 역시 흔들릴 수도 있습니다. 즉 "나는 믿을 수 없어"라는 말을 우리가 듣거나 말하기도 합니다. 그리고 종종 안타까운 낮은 소리가 울려 퍼지기도 합니다. 그것이 효력을 지닐 때, 인상 깊은 신앙 고백은 스스로 작은 소리로 말하게 됩니다. 신앙 고백은 우리가 우리의 것으로 보이지 않는 하나의 실체(實體)를 표현합니다.

그것이 그렇게 존재할 수 있는 것, 특정한 관점에서 원칙적으로 관계를 갖는 그것은 물론 스스로 하나의 통찰입니다. 마르틴 루터는 그것을 그의 신앙 고백에 대한 해석에서 분명히 했습니다. "나는 이성 자체에서 나오는 능력으로... 신뢰할 수 없음을 믿습니다." 믿음이 삶의 중심에서 그의 가장자리로 이동한다면, 그것은 단지 세속화 된 환경의 상황에 결코 놓여 있지는 않습니다. 그것은 오히려 우리가 마음대로 할 수 없는 기독교 신앙의 독특성에 속한 것입니다. 우리가 믿을 수 있도록 우리에게 한 빛이 임하여야 합니다.

그것은 무엇을 통해 일어날까요? 먼저 간단히 사람들은 서로 그들의 믿음에 관하여 이야기를 나누며, 내적으로 충만해지는 것을 서로에게 전하며, 함께 그들의 소망 나누기를 통해서 입니다. 그러나 아무도 이웃의 마음에 대하여 강요하지 않습니다. 말과 몸짓과 상징적인 행동, 또는 마음의 확신이 자연스럽게 접근을 찾고 영향을 미치는 것처럼 우리의 힘에 달린 일은 아닙니다. 믿음은 우리의 노력에서 온전히 벗어나 있습니다. 그것은 역시 유효하며 먼저 믿음을 위해서 정당합니다. 우리는 그것을 증언할 수 있으며 증언해야 합니다. 그러나 결단코 명령할 수는 없습니다. 기독교의 확신에 따라 믿음은 오히려 하나님을 통하여 스스로 불러일으키게 되었습니다. 그의 성령은 믿음을 깨우는 저 빛으로 우리에게서 솟아오르게 합니다. 성령의 능력 안에서 우리는 "나는 하나님을 믿습니다."라고 그렇게 말 할 수 있으며, 그러한 고백을 따라 사는 것입니다.

우리는 "성인 요리문답서"(EEK) 안에서 총체적으로 믿음을 향하여 질문합니다. 우리는 믿음 안에서 무엇을 알고 있는가? 우리는 믿음을 통하여 어떻게 행동해야 하는지? 우리는 믿음과 함께 무엇을 소망할 수 있는지? 처음 시작하는 장에서 '소요리문답서' 3번째 신앙 항목에 대한 루터의 해석을 지향합니다. 그 이유는 오늘날까지 그것의 현실성에 관하여 적절하게 믿음에 대한 하나님의 활동이 잘 설명되었기 때문입니다. "나는 고유한 이성의 능력으로는 나의 주 예수 그리스도를 믿지 못하며 그에게로 올 수 없음을 믿으며, 오직 성령이 복음을 통하여 나를 불렀으며, 그의 은사로 밝혀 주셨으며, 올바른 믿음 안에서 거룩하게 하셨으며, 보호해 주신 것을 믿습니다. 하나님은 온 땅에 기독교 전체를 부르시고, 모으시며, 밝혀주시며, 거룩하게 하시고, 예수 그리스도에 의하여 일치된 올바른 믿음 안에서 보호해주신 것처럼, 또한 그가 기독교 안에서 나와 모든 믿는 자들에게 매일 모든 죄들을 완전하게 용서하시며, 최후의 심판 날에 나와 모든 죽은 자들이 부활하게 될 것과 모든 믿는 자들과 함께 그리스도 안에서 영생을 얻게 되리라는 것을 믿습니다. 그리고 그것은 확실히 참입니다."

이에 관한 7가지 관점의 서술들이 계속해서 다루어지며, 우리의 삶과 관계하여 설명됩니다. 믿음은 우리 현존재(現存在)의 모든 관계들과 물음들에서 생생하게 드러나기를 원합니다. '믿음으로 사는 것' - 그것은 어떻게 보여질수 있을까? '믿음으로 사는 것'은 무엇을 포함하고 있을까? '믿음으로 사는 것'이 우리에게 무엇을 깨닫게 해줄까요? 우리는 이러한 물음들에 대한 대답으로서 종교개혁의 전승(傳承)에서 발견되는 근거들을 밝혀보려고 합니다.

방향

1. "나는 믿습니다...." - 우리는 믿음 안에서 무엇을 알고 있습니까?

대중의 입은 "믿음은 아는 것이 아님을 뜻한다"고 주장합니다. 그러한 표현법은 대체로 믿음의 의식과 말하기를 결정합니다. 앎의 영역은 우리가 그 어떤 방식으로든 확실한 것을 만들어 낼 수 있는 그런 것입니다. 즉 우리는 그것을 볼 수 있으며, 인식할 수 있으며, 검토하며, 증명할 수 있습니다. 그것에 반해 사람들은 믿음에서 속담을 따르며, 모든 것을 갈라놓습니다. 어쨌든 "당신은 그것을 단지 믿는다"고 종종 말하게 되며, "당신은 그것을 모르는" 것으로 생각됩니다. 믿음은 앎이 중단되는 바로 거기서 시작하는 것으로 보입니다. 그래서 믿는 것과 아는 것은 서로 대립적인 것으로 나타납니다. 역시 하나의 평가는 실제로 그렇게 표현방식과 연결합니다. 아는 것 없이 단지 무엇인가를 믿는 것은 최고의 불확실이며, 의심스러운 것이 됩니다.

그 안에서 대중의 입은 의심할 수 없이 정당한 것처럼 보입니다. 아는 지식이 없는 믿음은 우리에게 어떤 방향도 제시할 수 없는 근거 없는 일이 되고 맙니다. 믿음에 관하여 말하는 그 안에서 허튼소리가 과연 정당성을 가지는지가 질문입니다. 정확히 그것은 지금 그편에서 의심해야 합니다. 적어도 우리가 종교적인 의미에서 "믿음에" 관해 말한다면, 여기에는 언제나 결정적인 확신과 확증이 생각되었고, 포함되었습니다. 특히 여기서 '믿는다는 것'은 그 대상에 대한 결정적 관계를 뜻합니다.

성서는 다음과 같이 믿음에 관하여 말해 줍니다. "믿음은 바라는 것들의 실상이요, 보지 못하는 것들에 대한 증거이니"(히11:1). 이 말씀에서 보면 믿는다는 것이 무엇을 뜻하는지, 그것의 온전하고 고유한 상(像)을 우리에게 보여줍니다. 인간이 정확한 것을 전혀 알 수 없는 상황에서 불확실하고 의심할 수밖에 없는 태도가 생각된 것은 아닙니다. 오히려 그 반대입니다. 즉 믿음은 사람들이 증명할 수 없는 그것에 대한 확고한 기대요, 신실한 희망이며, 확실성입니다. 믿음은 온전히 결정적인 인간의 태도이기 때문에 그것은 모든 것입니다. 즉 신뢰(信賴)의 태도입니다. 인간은 믿음으로 그의 상대(타자)에게 자신을 전적으로 맡기는 것입니다. 그리고 그는 전 삶을 포함하여 다른 이(타자)로부터 결정하게 하며, 지탱하는 방식으로 그것을 행합니다. 이러한 배경에서 우리는 다음과 같이 설명할 수 있습니다. 즉 믿음은 그의 총체적인 삶의 태도를 결정하는 인간의 그 같은 신뢰입니다. 신뢰 없이는 어떤 인간도 살아갈 수 없습니다. 인간에게 신뢰가 필요한지 아닌지는 선택사항이 아닙니다. 여기서 단지 우리가 무엇 때문에, 어떻게 신뢰를 불어 넣을 수 있는지가 질문됩니다. 무엇을 의지할 수 있는지, 그 누구도, 그 어떤 것도 알수 없는 인간의 삶은 깊이 상처받은 삶일 것입니다. 한 인간의 발달과 성숙은 그에게 가능한 정도에서 신뢰 쌓기가 이루어지며, 성취됩니다.

그것은 벌써 생의 초기에서 시작합니다. "어른들은 아이들에게 충분한 신뢰를 한꺼번에 쏟아 넣어줄 수는 없습니다. 왜냐하면 아이들은 삶에 대한 신뢰를 먼저 얻어야하기 때문입니다. 아이들은 자신의 환경에 기댈 수 있는 것에 의존되어 있습니다. 그것은 전적으로 신뢰에 대한 의존입니다..... 아이에게 쏟게 된 신뢰는 미래의 생명 즉 성인이 된 이후 인간의 삶을 결정합니다. 이 같은 내용들에 대해서 자신만의 예민한 감각으로 깨달을 수 없을 때는 심리학 교과서에서 그것을 배울 수 있을 것입니다. 모든 정상적인 어머니는 아이가 성인이 되기 위해서는 신뢰를 필요로 한다는 것을 압니다. 우리 또한 성인으로 머물 수 있기 위해서도 그것을 필요로 합니다."(에버하르트 융겔, E.Juengel).

우리가 신뢰(信賴)없이 살 수 없다는 것이 모든 경우에 적용된다면, 이는 먼저 믿음에도 그대로 적중됩니다. 믿음은 존속되며, 신뢰로서 살아있게 됩니다. 분명 믿음은 우리가 인간의 관계에서 '신뢰'(信賴)라고 부르는 그 것과 간단하게 동일한 것은 아닙니다. 믿음은 신뢰보다 더한 것입니다. 그것은 그가 믿는 사람이라면, 인간이 관계하고 의지하는 그 대상과 관계된 것입니다. 이런 대상이 하나님(Gott)이십니다. 종교적인 의미에서 신뢰는 항상 하나님께로 향합니다. 그것은 먼저 원칙적으로 유효하며, 이와 같이 믿는 자가 구체적으로 "하나님" 아래서 그 무엇이나 그 누구를 상상하든지 그것에 의존되어 있습니다. "종교"는 다른 것 외에 최후의 근거를 약속하는 심판자에 대한 인간적인 재결합(라틴어: religio)을 표시합니다. 믿음과 하나님은 짝을 이룹니다.

이렇게 넓은 지평으로 루터는 그의 '대요리문답서'에 인간적인 근본 신뢰를 결정하고 밝혔습니다. 첫 계명에 대한 해석에서 그는 상세히 설명합니다. "당신은 다른 신들(우상)을 갖지 않아야 합니다. - 그것은 당신이 나를 오직 당신의 하나님으로 생각해야 하는 그 일 입니다. 그것과 함께 무엇이 말해졌으며, 사람들은 그것을 어떻게 이해합니까? 한 분 하나님을 소유한다는 것은 무엇을 뜻할까요? 또는 하나님은 어떤 분입니까? 그 대답은 한 분 하나님이 모든 고난 가운데서 원하는 것들과 피난처를 준비해야 하는 분으로 생각하는 그것입니다. 오직 마음의 믿음과 신뢰를 만들도록(하나님과 우상) 내가 가끔 한 분 하나님을 소유하는 것은 마음으로 그를 신뢰하고 믿는 것과 아무것도 다르지 않습니다. 믿음과 신뢰가 올바르다면 당신의 하나님 또한 올바른 분이며, 다시 신뢰가 잘못이며, 불의한 곳에는 역시 올바른 하나님은 계시지 않습니다. 왜냐하면 '믿음'과 '하나님' 이 두 가지는 함께 속한 것이기 때문입니다. 지금 당신은 마음을 어디에 두고 있으며, 무엇을 의지하고 있습니까? 그것이 실제로 당신의 신(하나님)인 것입니다." 만일 이 말이 인간의 근본 신뢰에 관한 것이라면 모든 시간과 장소에 유효한 것이 무엇인지를 이 글에서 읽어낼 수 있습니다. 우리는 어떤 특징들을 알 수 있을까요?

a) 믿음은 우리들 현존재의 중심에서 우리와 관계합니다.

우리는 믿음에 관해 인격과 분리한 채 추상적으로 말할 수 없습니다. 믿음은 우리의 현존재의 중심에서 우리를 만납니다. 이는 깊은 의미에서 마음의 일입니다. 루터가 믿음을 "마음"으로 표시했던 것은 성서 전승의 맥락에서 인간의 중심을 생각한 것입니다. 우리가 마음에 사로잡힌 것을 느끼는 가장 내면에서 우리를 결정하고 움직이는 그것이 우리의 전(全) 삶에 영향을 미치게 됩니다.

b) 확신에 찬 방향전환

인간의 마음은 믿음 안에서 그 자체 스스로 머무르지 않습니다. 다른 곳으로 방향을 돌리며, 그것을 의지하며, 자신을 그것에다 내맡기기도 합니다. 믿음은 신뢰가 충만한 인간의 마음이 하나님께로 향하는 방향전환(方向轉換)입니다. "당신의 마음을 어디에 두며, 무엇을 신뢰하고 있는가, 그것이 실제로 당신의 하나님(神)입니다." 이로써 하나님과 종교의 이해는 확고하고 분명한 선이 그어졌습니다. 인간적인 마음의 진리와 희망이 작동하는 곳곳에서, 종교와 신앙과 하나님은 중요합니다.

c) 기대 가운데서의 신뢰

인간이 대상을 지향하는 것은 신뢰에 속한 것만은 아닙니다. 이것은 항상 결정적인 관점(觀點)에서 일어납니다. 즉 대상과의 관계 속에서 나의 삶이 보호되고, 풍성해지거나 촉진(促進)되리라는 그 무엇이 경험되었거나 시작되었다는 것을 희망하는 거기서 생겨납니다. "신뢰는 신뢰하는 한 사람이 상대에게 자신을 맡기고, 그에게서 선한 것이 주어지게 될 것을 희망하는 거기서 생겨납니다. 그것은 항상 인간의 안녕이나, 구원에 유익을 주는 그 무엇인가 마음에 드는 것이나, 기분 좋은 것만은 아니어야 합니다."(빌프리드 헤얼레, W.Herle).

d) 하나님, 또는 우상

지금 거의 논쟁되는 것은 아닙니다. 각 사람은 그의 기대와 희망을 그 무엇에다 걸고 있습니다. 그런 의미에서 인간에게 모든 가능한 것은 그의 신(神)일 수 있습니다. 그것은 언제 발생할까요? 하나님과 우상 사이의 구별이 이 점에서 그 중심의 중요성을 지닙니다. 마음의 신뢰는 결코 중립적인 영역에서 움직이지 않습니다. 그것은 철저하게 하나님과 우상(偶像)의 양자택일의 범주 안에서만 움직입니다. 그렇게 하나님을 의지하는 것이 올바른 믿음의 특징인 것처럼, 반대로 자신의 신뢰를 하나님의 왜곡된 상(像)에다 나타내게 하는 잘못된 믿음은 고난을 당하는 것입니다.

e) 올바른 하나님은 어떤 분인가요?

이와같이 우리의 온전한 신뢰(信賴)가 정당하게 되도록 해 주시는 그분이 하나님이신가요? 모든 것은 이러한 질문에서 방향을 잡습니다. 우리가 그것들을 근거하여 결단할 수 있을까요? 루터는 이에 대한 간접적인 기준(基準)을 언급합니다. "즉 한 분 하나님은 사람이 모든 선한 것을 얻게 되며, 고난 가운데서 피난처를 갖게 되는 것을 뜻합니다." 그리고 우리가 거기에다 덧붙일 수 있다면, 즉 그분은 우리가 실제로 "모든 선한 것"을 기다리게 하시는 분으로, 그분이 실제 소망의 하나님일 수 있습니다. 위협받는 고난의 상태에서 홀로 우리는 그분을 의지할 수 있습니다. 그것에 비하여 우상(偶像)은 우리에게 모든 선한 것을 약속하지만 실제로 보증해 줄 수는 없습니다. 미신의 모순성은 하나님일 수 없는 그것을 하나님으로 만드는 거기에 있습니다. 이로써 지금 우리의 삶의 가능성들과 재물(財物)들과 함께 자유롭고 신중한 대화로 우리를 유도하는 기준이 실제로 언급되었습니다. 건강, 노동, 명석함, 친절, 행운, 성과 등 역시 적잖은 음식, 돈, 소유 매체와 같은 물질적인 재산과 더 많은 것들을 짊어지게 됩니다. 그러한 것은 삶에서 우리에게 선물되었습니다. 그것과 의미 있게 대화하는 것은 좋고 기쁜 일입니다. 그러나 그것은 단지 이 모든 것이 그의 상대적인 가치를 유지할 경우에 해당합니다. 그렇지만 우리가 삶의 재물을 하나님처럼 대할 때 그것은 우리가 그 재물들에 최종적인 신뢰를 부여하게 되는 것을 뜻하는데, 그렇게 되면 그것들은 곧 기쁨의 성격을 잃어버리는 것입니다. 그것들은 우상이 될 것이며, 그것을 지향하는 상승된 기대들은 충족할 수가 없을 것입니다. 세상적인 재물의 지나친 가치에 대해 루터가 우선적으로 지적한 예는 "돈의 신격화"(神格化, 맘몬)였습니다. 이를 통해 각 시대는 그들 자체의 신들을 만들게 됩니다. 한 사회를 위한 기독교 신앙의 능력과 의미는 신앙이 그들 사회의 우상들을 바라보고, 이름을 부르며, 그리고 황금 송아지의 제거(출32:1 이하)에 기여하는 거기서 특히 생기는 것은 아닙니다.

누가 참 하나님일 수 있을까요? 오직 우리의 현존재를 생명(生命)으로 불러주신 그분, 우리를 보존하시며, 그 때문에 모든 고난 가운데서 신의를 지키시는 그의 생명을 부여하는 능력을 우리가 모든 보화와 함께 힘 입고 있습니다. 성서와 교회의 신앙고백들은 그를 하늘과 땅의 창조주(創造主)로 부릅니다. 그분은 홀로 우리의 신뢰를 받으시며 우리의 믿음을 받으십니다. 루터의 첫 계명에 대한 특별한 말은 가장 정확하게 그 점(点)에 이르게 됩니다. "우리는 모든 사물 위에 계신 하나님을 경외하고 사랑하며 신뢰합니다." 그렇게 믿음은 - 다만 - 첫 계명의 참된 성취라 할 것입니다.
↗ 윤리에 대한 개론

2. "....복음을 통하여 부르신다." - 믿음을 불러일으키는 것

믿음은 신뢰(信賴)입니다. 그러나 무엇을 통하여 믿음은 우리 안에서 일깨워지게 되나요? 누군가를 신뢰하는 것은 그 자체로부터 이해되는 것은 아닙니다. 그것은 하나님과의 관계에서처럼 인간 사이의 관계에서가 다르지 않습니다. 우리는 신뢰할 수 있도록 하기 위해 경험들을 만들어야 합니다. 더욱이 우리의 상대가 신뢰할만한 것으로 입증하는 그러한 경험들입니다. 믿음은 신뢰를 만드는 만남에서 자라게 됩니다.

어떤 만남이 기독교 신앙을 초래하게 할까요? 그 대답은 결정적인 소식과 함께 하는 만남에 있습니다. 성서의 언어로는 이를 "복음"(福音)이라고 불렀습니다. 복음(福音)은 우리에게 말해주기를 원하는데 우리의 삶과 세계 안에 들어와서 말하려 하며, 예수 그리스도의 정신으로 살아가는 삶으로 우리를 "부르기"를 원합니다.

"복음"(福音, 그리스어, 유앙겔리온)은 좋은 소식, 자유로운 알림, 기쁜 소식을 뜻합니다. "유앙겔리온"이란 표현은 기독교가 고안해 낸 것은 아닙니다. 그것은 그리스 문화 영역에서 나온 것으로 세속적 의미가 강하지만, 한편으로 종교적인 의미를 가진 것이기 때문에 신약 성서에 사용하게 되었습니다. 비록 신약 성서에서 사용되었지만 복음의 내용적 이해를 위하여 구약에 있는 이 개념의 뿌리들이 더 중요합니다. 그것은 "기쁜 소식을 전하는 자"의 모습입니다. 따라서 기쁜 소식을 전하는 자는 다름 아닌 하나님의 왕권과 함께 시작하는 구원과 기쁨의 시대를 알려줍니다. "평화를 선포하며, 선한 것을 설교하며, 구원을 선포하며, 시온을 향하여 이르기를 네 하나님은 왕이시다! 기쁨의 소식을 전하는 자의 산을 넘는 발이 어찌 그리 아름다운고"(사52:7).

초대 기독교회들은 이러한 기쁨의 소식을 예수 그리스도의 삶과 사역에 연관시켰습니다. 아마도 바울은 신약 성서의 언어사용에서 '복음'(福音)이란 개념을 끌어들였습니다. 신약의 저자들은 개별적으로 그 표현을 구별하여 강조하였습니다. 그럼에도 불구하고 특정한 내용을 가진 기쁨의 소식을 다루는 것이 분명합니다. 즉 하나님은 예수의 인간됨과 죽음과 부활에서 세상의 구원을 행하신 것입니다. 이러한 소식은 본질적으로 '하나'입니다. 오직 하나의 복음만이 있으며 여러 복음들은 아닙니다!(막1:15, 갈1:6 이하). 그럼에도 우리가 복음의 복수형의 단어를 알고, 사용하는 것은 예수 그리스도의 생의 역사를 그려주는 신약의 네 가지 문서들에서 그 동기를 가집니다. 2세기 경 부터 '복음서들'이란 표현은 그것들을 위하여 관철시켰습니다. 그럼에도 신약에서의 이러한 어법은 근본적으로 생소합니다. 루터는 다시 원천적으로 통일된 의미와 복음의 전달형태를 기억합니다. 즉 "복음"은 …. 실제로 책에 있거나 문자로 저술된 것이 아니며 사람들이 복음을 곳곳에서 듣게 되는 전 세계에서 울려퍼지고 있는 것이며, 그것은 공적으로 소리를 내는 입으로의 설교와 살아있는 말씀과 그 소리보다도 더한 것입니다(성 베드로의 편지, 설교되고 해석됨, 1523).

우리가 복음(福音)에 관하여 말할 때는 예수 그리스도를 내용으로 하는 이러한 살아 있으며, 공적으로 전파된 하나님의 말씀을 생각합니다. 그것은 우리가 듣게 되도록 찾기를 원하며, 우리의 마음에 이르기를 바라는 것입니다. 그것이 이루어질 때, 우리 안에 믿음이 일깨워지는 것입니다. "듣는 것이 믿음의 몸입니다." (미하엘 트로비츠, M.Trowizt). 이러한 관계는 어떻게 이해될 수 있을까요? 우리는 다만, 말씀들이 우리의 삶에서 영향을 미치게 되는 것을 원칙적으로 주목할 때, 그것을 이해할 수 있을 것입니다. 이따금 말이라는 것은 우리의 삶에 있어서 그렇게 영향을 미치지 못합니다. - 흔히 사람들이 말하는 것처럼 - '말'이라는 것은 우리의 귀속으로 들어왔다가 이내 다른 것들로 인해서 다시 밖으로 나가버립니다. 매일 매일 우리에게 흘러들어오는 많은 말들에 대한 경험을 통해서 우리는 잘 알고 있습니다. 우리는 들은 말들에 대해서 아주 잠깐 관심을 갖습니다. 그렇지만 그 말들을 오래 붙잡고 있지는 않습니다.

우리는 가볍게 듣고 한편으로 가볍게 잊어버리지만 우리의 이러한 일상 속에서 밀려오는 특별한 말을 듣게 됩니다. 특별한 말은 우리들로 하여금 더 이상 듣고 잊어버리도록 자유롭게 내버려 두지 않습니다. 바로 우리의 기억에 간직하게 됩니다. 그러한 말들은 우리 안에서 깊은 감정들과 반응들이 일어나게 합니다. 감정의 자극들은 앞서 우리에게 적중된 어떤 말에 따라 거기서 구별하게 됩니다. 기쁨과 감동, 때로는 놀라움과 경악 등 -

모든 것이 생각될 수 있습니다. 악하고, 상처를 주는 말들은 대개 우리의 가장 깊은 내면에 들어와서 대면하게 됩니다. 그것들은 우리를 경직되게 하거나, 침묵하게 하거나, 더 이상 자유롭게 해 주지 못하게 할 수 도 있습니다.

어떤 글에서 발견한 인상 깊은 하나의 모범적인 예가 있습니다.

"...페르마네더는 조용히 침묵하고 있지 않았다. 그의 머리는 심하게 열 받은 상태였는데, 람사우어라는 친구의 명예는 생각하지 않은 채 삼페인을 많이 마셨기 때문이었다. 그는 대담했으나 거칠었고, 퇴직한 페르마네더가 물러설 때까지 경악스러운 논쟁이 발생하였다. 아내 안토니는 거실로 돌아가려고 그녀의 옷을 챙겨 들었다.... 거기서 마지막에 내 뱉은 말이 그녀를 후회하게 했다. 그녀가 했던 말, 그녀가 반복하지 않아야 했던 말, 그 한마디 말, 그녀의 입술에 올리지 않아야 했던 그 한마디 말... 이 모든 것은 페르마네더 부인이 그녀의 어머니의 옷장 곁에서 발설했던 자백의 주된 내용이었다. 그녀를 불쾌하게 만들었으며, 그 밤에 그녀의 가장 내면을 경직하게 했던 그 한마디 말, 그러나 이 말을 그녀는 내뱉기는 했지만 반복하지는 않았다. 오, 그녀는 하나님으로 인하여 그 말을 반복하지 않았다. 그녀가 안토니의 아름다운 금발 머리를 내려다보고 있었던 동안 여성 영사(領事)가 계속 재촉하지 않고, 단지 거의 알아챌 수 없게 천천히 신중하게 머리를 끄덕였음에도 불구하고, 그녀는 단언하였다."(토마스 만, 부덴브룩스, Thomasmann, Buddenbrooks).

그렇지만 지금 우리는 나쁜 말을 듣는 것이 아니라 좋은 말들을 듣습니다. 만일 우리가 그것들을 우리에게 다가오게 한다면 특별한 영향을 미칠 것입니다. "애정(愛情, 사랑)이란 말 한마디, 즉 우리가 이러한 말에서 더 이상 분리되기를 원하지 않을 행운을 만들어 낼 수 있습니다. 그것은 우리에게 가장 불친절한 상황에까지 동반됩니다. 그것은 언제나 우리에게 온전히 그 자체에서 의미에 이르며, 아마도 입술에까지 조용히 이르게 됩니다. 그리고 얼굴에 환한 웃음이 스쳐갑니다. 우리는 그 한 마디 말을 즐깁니다. 우리는 그것을 확고히 붙들며, 그것이 우리를 역시 확고히 붙잡으며, 그 안에서 마땅히 머물게 됩니다. …. 애정이란 그런 말을 한 번도 말하지 않았던 자에게, 그가 거기에 묶으며, 그 안에 머무를 수 있다는 것, 그렇게 그는 좋든 싫든 간에 쉼이 없는 사람이 될 것입니다. 왜냐하면 모든 사람은 '애정'이란 그러한 말을 근본적으로 기대하기 때문입니다."(에버하르트 융겔).

'애정'(사랑)이란 말은 의미와 능력을 지닙니다. 인격의 인정을 우리에게 표현했던 우리를 행복하게 해주는 말들 - 우리는 그것들을 이따금 충분히 들을 수 없습니다. 그것을 한번 들었던 사람은 그것을 항상 다시 인지할 수 있기 때문입니다. 그 사람은 경험되는 관심이 새로운 언어로 표현되는 소리를 느끼기를 미움과 거절과 보복의 소리들 사이에서 중단하지 않을 것입니다. 사랑이 충만하게 감동적으로 말해진 것, 우리는 계속적으로 모든 좋은 말에 대하여 귀를 기울이게 될 것입니다. 그것을 정확하게 식별하기를 배웁니다.

복음의 소식은 어떤 방식인지 파악하기를 원할 때, 우리는 이러한 인간의 근본적인 경험을 기억해야 합니다. 왜냐하면 공식적으로 알려진 하나님의 말씀인 복음은 인간적인 애정(사랑)의 말씀과 같은 것이기 때문입니다. 그것은 예수 그리스도 안에서 유일하고 '위대한 사랑', 즉 신적인 애정의 그 "육신이 되신 말씀"(요1:14)입니다. 그 애정(사랑)은 찾으며, 우리의 분리되지 않은 관심을 얻게 됩니다.

우리는 믿음 안에서 우리의 관심을 복음에게 내어줍니다. 이러한 사람들은 실제로 믿음이 들음으로 시작된다는 것을 말할 수 있습니다. 즉 복음이 나에게 말해지게 하는 일입니다. 그것에 대한 바울의 말을 기억합니다.

"그렇게 믿음은 들음에서 나오며, 그 들음은 그리스도의 말씀을 통해서입니다."(롬10:17). 특히 종교개혁의 교회들은 이러한 관계를 다시 강하게 만들었습니다. 그 관계는 거기서 들음(설교)만이 아니라 우리의 총체적인 감성과 육체성을 포함합니다(아래 4장을 비교). 믿음이 영접하는 태도에서 자란다는 것은 결정적입니다.

언제, 어디서 복음이 나에게 다가와 들려질까요? 이것은 결코 그 자체로부터 이해되지 않습니다. 우리는 결정적인 소식을 들을 수 있지만, 반대로 듣지 않을 수 있으며, 게다가 선한 말들의 유쾌한 요구에 반하여 자신을 폐쇄시킬 수도 있습니다. 복음의 소식은 우리가 그들을 받아들이고 용납할 수 있도록, 무엇보다 먼저 우리의 삶을 위한 진리로서 분명하게 해야 합니다. 어떻게 누구를 통하여 그것이 이루어질까요?

이 자리에서 성령의 영향은 결정적입니다. "성령은 복음을 통하여 나를 불렀습니다."라고 루터는 강조합니다. 기독인들은 그들이 오직 성령(聖靈)의 능력 안에서 믿을 수 있다는 것을 알고 믿습니다. 하지만 이러한 것은 어떤 장소, 어떤 시간에 성령이 그의 일을 행하시는지는 우리 손에 달린 것이 아닙니다. 즉 성령은 "하나님이 원하시는 장소와 시간"(아욱스부르그 신앙고백)에 인간의 마음에 믿음이 생기도록 작용하십니다. 그리고 전적으로 성령이 인간(그의 마음에)에게 복음의 진리를 열어주시며 밝혀주십니다. 이로써 믿음의 성립을 위하여 본질적이면서 동시에 모든 것에 대한 보편적인 인식의 행위를 적중시키는 하나의 통찰이 분명해졌습니다. 여기에 원칙적으로 마음대로 처리할 수 없는 한 계기가 포함합니다. 우리는 사상적인 노력을 통하여 보다 분명한 인식을 향하여 움직일 수 있습니다. 이것들이 스스로 강제하지만 그럼에도 불구하고 역시 우리는 그것을 강제할 수 없습니다. 그것은 우리를 닫아버린 채 머물러 있든지 또는 - 우리의 행위 없이 - 만일 그 일이 갑자기 분명해지거나 명백히 알아차리게 된다면, 그 때는 인식되었음을 알 수 있습니다.

우리는 다시 그것을 일상적인 보기로 분명하게 합니다. 예를 들어 결정적인 형태나 형상을 찾아야만 하는 퍼즐 맞추기 놀이판이 우리들 앞에 놓여있다고 가정해 봅시다. 우리는 오랜 시간동안 집중하면서 놀이판 여기저기를 살펴보거나 생각하기도 하고, 모든 가능한 경우들을 상상하면서 바라볼 수 있습니다. - 그러나 이러한 노력에도 불구하고 해결할 수 없는 경우가 생기기도 합니다. 왜냐하면 행이나 열에 나타난 극히 일부분의 실마리를 통해서는 아무것도 알아차리지 못할 수도 있기 때문입니다. 우리는 - 아마도 피상적으로 배후에 던져진 모습이나 추론하는 말을 통한 해석에 근거하여 - 최소한 한 번 정도는 완성된 퍼즐 놀이판을 눈앞에 맞이한 적은 있습니다. 우리가 인식하는 이러한 순간의 실현은 마지막에는 분명히 밝힐 수 없는 것입니다. 우리는 그것을 강제할 수 없지만, 그러나 그를 잘 경험할 수 있습니다. 그리고 항상 그것이 이루어지는 곳에서 인간에게 빛이 열립니다. 성령은 인간에게 빛을 밝히게 합니다. 무엇에다 비출까요? 복음의 진리입니다. 예수 그리스도에 관한 소식은 우리에게, 우리의 개인적인 삶을 위한 의미와 비중에 관한 진리로서 밝혀지기를 원합니다. 그것이 실제로 이루어지는 것은 일방적인 우연에 힘입지 않습니다. 기독인들은 여기 오히려 활동에서 하나님을 스스로 보게 됩니다.

이러한 인식은 한편으로 사람들이 행하거나 작용할 수 있는 모든 것을 상대화합니다. 우리가 믿음을 불러일으키는 것은 아닙니다. 하나님의 영(靈)이 그렇게 하는 것입니다. 다른 한편, 하나님은 그것을 우리 없이 행하지는 않습니다. 하나님이 인간의 마음에 선물로 주시는 소식은 교회가 전파하도록 위임해 주신 복음입니다. 인간의 복음전파는 하나님이 그들에게 자유로이 섬기기를 원하시며 섬기게 될 언약 아래에서 이루어집니다.

3. "...올바른 믿음으로 거룩하게 되었다." - 우리가 믿음으로 행하는 것처럼

복음은 인간 안에서 언제 어디서든지 하나님의 영이 작용하는 믿음을 불러일으킵니다. 하나님 사역의 관점에서 인간은 전적으로 수동적입니다. 인간은 영접하는 자이며, 하나님의 작용을 감수할 수 있습니다. 이러한 수동성이 믿음을 위해서 스스로 효력을 가질까요? 단지 어느 정도의 관점에서 그렇습니다. 우리는 이미 눈앞에서 똑똑히 보았습니다. 믿음은 사건에 따라 모든 일들 위에 계신 하나님을 경외하며 사랑하며 신뢰하는 데로 우리를 부르시는 첫 계명의 성취보다 아무것도 더 다르지 않습니다. 이러한 근본적인 신뢰는 의심 없이 인간의 행동입니다. 예, 그것은 그 어떤 행동일 뿐 아니라 모든 그의 행동들에서 표현하는 인간의 근본적이며 주된 일입니다.　　↗**칭의**

　거기서부터 믿음은 하나님의 선물(膳物)이라는 것을 세심하게 주목하는 것이 분명합니다. 믿음은 다만 우리를 향한 그분의 영향에 대하여 우리가 그 어떤 능력도 소유하지 않은 오직 살아 있는 하나님 말씀의 만남에 기인하는 것은 의심 없이 옳은 것입니다. 우리가 그러한 믿음의 상태에 이름에서 할 수 있는 일은 아무것도 없습니다. 그 누구도 믿음을 자신에게 스스로 강요할 수 없으며 또한 그 어떤 다른 것에 의하여 강제될 수도 없습니다. "선물"(膳物)이란 표현이 이러한 실상을 묘사하고 있는 한 그것은 본질적인 관점을 강조합니다. 동시에 믿음이 인간의 자발적 행위와 근본행동이라는 것은 분명합니다. 하나님의 영을 통한 그 어떤 것도 이러한 인간적인 행위를 대체하지 않습니다. 오히려 그 반대입니다. 즉 믿음이 인간의 행위에 근거하며, 또한 가능하게 합니다. 더욱이 첫 계명이 일러주는 창조주 안에서의 정확히 신뢰를 뜻하는 말 입니다. - 어떤 빛이 이러한 통찰로부터 우리의 행동과 허용하는 마음에 스며들게 되는가? 우리는 그것을 한 걸음씩 분명하게 해 봅니다.

a) 믿음의 행위는 인격의 중심과 그것들의 마음에서 기인됩니다.

마음에서 결단하는 것은 근본에서 결정하는 것입니다. 인간은 믿음으로 신뢰가 충만한 하나님께로 향하는 마음에서 생기는 마음의 결단을 만납니다. 그것이 실제로 하나의 결단, 즉 이와 같이 고유한 행동이라는 것은, 먼저 우리가 그것을 중지할 수 있는 것에서 보고 알 수 있는 것이 아닙니다. 우리는 믿음에 강요되지 않았습니다. 그것은 다만 자유롭게 일어날 수 있습니다.

b) 마음의 헌신

한 사람의 마음의 헌신(獻身)은 지금 내적인 의미를 가지는 현상과 동일한 것은 아닙니다. 더욱이 한 사람이 그의 삶에 연관된 것들에 관계하는 것처럼 마음의 각인(刻印)에서 항상 결단하는 것 때문만은 아닙니다. 내가 가장 내면에 사로잡힌 것에서 그것이 밖으로 보여 지는 것입니다. 사람이 그 중심에서 결단하는 것은 그들의 행동에서 적지 않게 드러납니다. 이러한 의미에서 가장 먼저 그들의 행위를 선하게 하는 것은 인간의 친절입니다. 그리고 반대로 잘못된 행위는 마음의 불합리한 것에서 귀결되는 바로 그와 같은 것입니다. - 루터의 알려진 공식은 그것을 기억합니다. "선한 행위들이 결코 선하고 경건한 사람을 만들지 못하며, 선한 사람이 선하고 경건한 행동을 하게 됩니다. 결코 악한 행위들이 악한 사람을 만드는 것이 아니라 악한 사람이 악한 행위들을 만드는 것입니다."(기독인의 자유에 관하여, 1520).

c) 마음이 행동을 결정하는 것은 원칙적으로 유효합니다.

그렇지만 역시 행동들에서 하나의 선한 방향을 제공하는 한 사람의 자비(친절)가 보여주는 것에 대해서는 질문입니다. 기독교의 관점에서 그 대답은 다음과 같습니다. 그 친절성은 다만 믿음에서 보여집니다. 그 믿음에서 선한 행위가 자라는 것입니다. 이러한 선상에 루터의 근본적인 통찰이 놓여 있습니다. "첫째요, 최고요, 가장 고귀한 선한 행위가 믿음입니다... 모든 일은 이러한 행동에서 일어나야 하며, 그들 선한 존재의 흘러 들어감은 믿음의 소작지(영주의 땅)처럼 영접되어야 합니다."(선한 행위에 관한 설교, 1520). 그리고 이로써 그는 믿음의 통찰로서 옛 부터 유효한 것을 기억해 내었습니다.

"당연성, 자발성, 비강제성, 하나님의 은혜의 선물인 확실성과 믿음의 증거로서 새로운 행동의 기쁨 등은 기독교 공동의 전통입니다. 적은 신앙의 진술들은 .... 그렇게 분명하며, 기독교 신앙에 관한 해석의 역사를 통하여 노력하고 있는 그대로입니다."(오토 헤르만 페쉬, Otto Hermann Pesch).

d) 믿음과 행동

믿음과 행동이 밀접하게 서로 엮어진 우리의 행위의 모습은 그것을 통하여 생겨납니다. 마음은 행동을 결정합니다. - 그것은 다음의 것을 의미합니다. 믿음은 살아있으며 인간의 행위들 가운데서 움직입니다. 믿음은 그 자체로 충분하지 않습니다. 바로 그 때문에 믿음은 우연적인 것이 아니라 필수적으로 사랑과 결합되었습니다. 믿음은 하나님과 이웃에 대한 사랑 안에서 그 본질을 나타냅니다. 엄격히 말해서 이런 배경에서 믿음이 행위보다 우선하며 행동이 믿음을 뒤따르는 것이라고 말할 수는 없습니다. 이러한 잘 알려진 생각은 믿음과 행동을 궁극적으로 갈라놓게 합니다. 그 것은 적어도 믿음과 행동의 관계에 의해서 시간적 순서가 중요한 것처럼 생각하는 오해를 막아주지 않습니다. 이로써 동시에 - 무엇 때문에 실제로 행동들이 믿음에 뒤따라야 하는지는 곧 바로 질문됩니다. - 이론적 근거의 어려움은 그럼에도 그의 자비가 모든 그의 행동들에 넘쳐흐르게 하는 믿음이 인간의 고유한 선한 행동인 원천적인 통찰의 바탕임을 잊어버리게 되는 것입니다. 그리고 그것은 언제 항상 믿음이 작동하는지, 그 믿음은 이것이 초보적이며 불완전하게 이루어지는 것처럼, 이미 행동하는데 있습니다. "루터는 한 사람 기독인은 그리스도와 그의 이웃 안에서 산다는 것을 제기하는데, 믿음을 통하여 그리스도 안에서 그리고 사랑을 통하여 이웃 안에서 산다."는 것을 밝혀주었습니다(기독인의 자유에 관하여).

e) 믿음은 첫 계명을 성취 합니다.

우리가 믿음이 첫 계명을 성취한다는 사실을 기억할 때, 이러한 신학적 관계는 확인되었습니다. 이로써 첫 계명이 전체 계명 안에서 차지하는 그 가치에 대한 몫을 가지게 됩니다. 첫 계명은 열 가지 계명 전체의 중심입니다. 이러한 사실은 십계명의 통일성과 관계성에 근거하고 있습니다. 루터가 "대요리문답서"에서 강조한 것처럼, 그 안에 다른 모든 것이 달려 있습니다. 이와 같이 우리의 이웃에 대한 관계를 조절하고 결정하는 것들 즉 모든 계명들은 계명을 주신 분이 하나님이며 또한 하나님으로 인정되었기 때문에 다만 효력을 가지게 됩니다. 그렇지 않을 때 그분의 요구는 대체로 근거를 잃어버리게 될 것입니다.

루터는 아름답고 간결한 말로 그의 "소요리문답서"에서 이것을 분명하게 해주었습니다. 소요리문답서에 의하면 개별적인 계명들에 대한 총체적인 해석들은 첫 계명에서 말하고 있는 방향전환과 함께 시작합니다. "우리는 경외하고 사랑해야 합니다"라는 서문은 단지 하나님에 대해 인정하는 것만을 말한 것이 아니라, 그것들에 근거하여 하나님의 계명을 우리들로 하여금 진지하게 받아들이게 합니다. 그것은 근본적으로 모든 계명들이 이미 첫 계명에 포함되어 있으며, 이러한 계명의 폭과 효력의 범위가 나타내 보이는 그것들을 뛰어넘어서 분명하게 합니다.

사람들을 내적으로 인도하는 삶의 움직임인 믿음은 첫 계명의 성취와 함께 모든 다른 계명들에 대한 순종을 또한 포함합니다. 완전한 것은 아니지만(어떤 사람도 완전하지 않음) 그래도 우리가 믿음 안에서 성숙으로 이해할 수 있는 한 과정의 경과에 따라 좋아질 수 있습니다. 믿음은 그 본질 상 행동 없는 믿음이 있을 수 없다는 것은 분명한 사실입니다.

f) "사랑과 의욕에서 벗어나 계명(誡命)들에로"

그리고 거기서 강요나 또는 어떤 표면적인 순응에서 일어나지 않아야 하는 행동들은 중요합니다. 그것들은 "사랑과 의욕"을 벗어나 오히려 믿음 안에서 계명들로 이루어집니다. 루터는 "대요리문답서"에서 무엇이 성화이며, 거기에 무엇이 포함하고 있는 지를 정확하게 파악했습니다. 그것은 원칙적으로 하나님의 영을 통하여 삶에서 부름 받고, 삶에서 보존된 하나의 과정입니다. "올바른 믿음 안에서 거룩하게 되는 것", 그것은 사람이 영의 능력을 힘입어 자발적이면서 동시에 자유롭게 선한 행동을 하게 되는 삶의 움직임을 말합니다. 즉 사랑과 의욕에서 나아올 때 입니다.

4. "....믿음이 기독교의 전체인 것처럼....." - 믿음이 거하는 장소

이러한 믿음의 생명의 운동[거룩]은 어떤 범주에서 시작될 수 있을까? 우리가 분명히 했던 것처럼 믿음의 설득은 당연한 것이 아닙니다. 설득은 어떤 때에라도 있었으며, 그렇지만 그것은 인간이 세상 가운데서 자신 스스로나 또는 무엇을 달리 그의 행동의 표준으로 삼는 다른 삶의 설계들의 다수와 함께 오늘날 더 많이 경쟁합니다. 그것은 인간이 복음의 소식을 초대하는 모습에서 듣고 인지하는 한 공간을 필요로 합니다. 그래서 그는 마음으로 믿을 수 있습니다. 이러한 공간이 - 그들의 사용 목적에 따라 - 교회입니다. 남녀 기독인의 공동체(共同體)["성도의 공동체"]에서는 믿음의 양식과 능력을 제공하는 만남과 복음의 교환이 이루어질 수 있으며, 이루어져야 합니다. 예수 그리스도의 영 안에서 이루어지는 이러한 커뮤니케이션 없이 믿음은 생겨날 수 없으며, 성장하거나 성숙할 수도 없습니다.

우리는 원칙적인 방식으로 공동체에 온전히 의존되어 있습니다. 인간은 만남과 의사소통을 통해 만들어지고 또한 그러한 성향을 가진 존재입니다. 그것은 분명히 우리의 육체성보다 더 미미하게 만들어진 것은 아닙니다.

"몸은 ... 우리의 (독일)언어 사용에서 두 가지 온전히 다른 의미들을 가집니다. 사람들이 말할 수 있는 몸은 피부를 통하여 한정되어 있으며, 그것은 정수리에서 발꿈치까지 입니다. 정확히 말하면 키 168cm, 몸무게 61kg 이라고 말할 수 있습니다. 몸은 동시에 무엇인가 다릅니다. 예를 들면 사람은 환경과 연결하여 눈을 가집니다. 나의 몸은 적어도 자신이 볼 수 있는 최대한 멀리 보면서 동시에 인식합니다. 그는 듣기 위하여 귀를 가지고 있습니다. 그는 걷기 위하여 발을 가지고 있습니다. 그는 받고 또는 주기 위하여 손을 가지고 있습니다. 몸은 이와 같이 의사소통의 수단이며 동시에 거리를 좁히고 다른 이들과 나를 연결하는 다리가 되는 것입니다."(에두아르드 슈바이쳐, Eduard Schweizter).

우리는 우리의 몸을 통하여 다른 것과 다른 이들을 위하여 열려있는 사람들입니다. 이것은 또한 교회라는 공간에서의 삶을 위하여도 유효합니다. 우리의 육체성에 근거하여 우리는 복음을 통하여 말할만 합니다. 그러나 가르침으로 변화되게 하는 일은 바로 그렇게 적용됩니다. 즉 복음을 통하여 일러주고, 접촉하는 것, 우리의 육체성은 다시 새롭게 우리에게 해명할 수 있습니다.

"아! 너의 귀머거리가 된 귀, 너의 둔감한 머리, 너의 피상적인 이해력, 메말라 쭈글쭈글해진 너의 마음!", 프리드리히 니체는 한 때 이렇게 탄식하였습니다. 그 어떤 삶의 역사에서도 몸과 영혼의 굴곡들이 일어나지 않았지만, 그러나 하나님의 구원이 충만한 소식과의 만남을 통하여 흔들리게 되고 구원을 받게 될 수 있는 것입니다. 그것은 우리를 새로운 것으로부터 몸과 영혼, 눈과 귀와 모든 지체들, 이성과 모든 감각기능들로써 믿기를 뜻하는 자유로운 의사소통에로 열어주기를 원합니다. 이러한 방식으로 믿음을 배우는 것은 하나님에 대한 기쁨에서 삶에 의욕을 발견하는 것을 뜻합니다. "왜냐하면 의욕은 우리에게 속한 모든 것의 수행과 허용 아래에서 다양함으로 삶의 할 수 있음과 해도 좋음의 품행의 감정이기 때문입니다. 즉, 그것은 몸과 영혼, 마음과 이해력, 과거와 미래입니다. 우리들의 현존재(現存在)의 의욕이 충만한 계기들에서 우리의 약함은 우리를 불안하지 않게 하며, 우리의 강함은 우리를 교만하지 않게 해 주는 것입니다. 우리에게 삶의 품성과 통일과 전체를 느끼게 해 주는 그러한 경험들은 우리에게 의욕으로 가득 채워지게 합니다."(일리어트 헤름스, Eilert Herms).

교회의 표지(標識)들(라틴어, notae ecclesiae)은 믿음을 도우며 동시에 원천적인 전체의 경험이 가능하기를 원하는 총체적인 특징들입니다.

"1530년 아욱스부르그 신앙고백은 교회를 모든 믿는 자들의 모임으로 정의합니다. 그들에 의하여 복음이 순수하게 설교 되고, 거룩한 성례들이 복음에 적합하게 이루어지게 되는 것입니다." 이러한 목적은 루터의 초기 통찰에 일치합니다. "표지(標識)는 필요합니다. 그리고 그 표지에 대해 우리는 세례, 떡 그리고 모든 다른 일들 이전에 복음을 말할 수 있습니다. 이상의 3가지가 기독인의 참된 표지이며 또한 특징입니다. 세례와 떡과 복음을 당신이 경험하는 그곳이 - 장소와 사람들로부터 온전히 예측된 - 의심 없이 교회입니다." 후에 루터는 그의 교회 이해를 7가지 특이점들로 구별하였습니다. 1. 하나님의 말씀, 2. 세례, 3. 성만찬, 4. 열쇠(참회), 5. 설교의 직무, 6. 기도, 공적으로 하나님을 찬양하며 감사하는 예배, 7. 십자가와 고난 입니다. 숫자가 결정적인 것이 아니라, 믿음의 전달, 즉 복음의 정신 안에서 서로 서로 나누어진 삶에 의존된 근본적인 시각이 결정적인 것입니다.

교회의 이러한 특징들을 통하여 성령(聖靈)은 활동하시며 작용하는 것입니다. 즉, 그것들은 성령께서 개인의 몸과 영혼에 대하여 일러주고, 변화시키며, 새롭게 하는 수단입니다. 성령은 몸과 영혼 안에 내주하시며, 이와 같이 설교의 전파된 말씀 안에서, 성례(聖禮)의 감성적인 표지 안에서, 죄 용서의 자유와 해방의 말씀 안에서 입니다. 따라서 우리에게로 친히 향하신 하나님의 인애(仁愛)와 신실하심과 신뢰로 인해 인간은 하나님의 면전에서 빛을 발할 수 있는 것입니다. 하나님의 영(靈)은 언제 어디서나 원하는 곳에서 그의 일을 행하시는 모든 수단과 방법들이 됩니다. 교회는 하나님의 활동에 근거하여 모든 기독인들을 만들며 지탱하는 중심이 될 것입니다.(마르틴 루터, Martin Luther) 믿음의 집은 바로 교회입니다.

5. "....땅에서 부름 받는다." - 세계의 모순들 가운데 있는 믿음

그러나 믿음은 교회 안에서만 살아 있는 것이 아닙니다. 믿음은 동시에 (더욱이 믿음과 함께 스스로 관계되는, 그에게는 표면적이거나 낯설지 않은 근거들에서) 세상에서도 살아 있습니다. 믿는 자가 성도들의 공동체에 영접되는 입지(立志)의 강화는 우리의 현존재(現存在)가 세상적인 관계들에서 삶을 유익하게 합니다. 그것은 어떤 관계들이며 무엇이 그것들을 눈에 띄게 할까요? 믿는 자는 어떻게 그것들 안에서 살게 되나요?

교회는 사회학적으로 보면 언제나 특정한 사회보다 더 큰 관계 안에 자리 잡고 있습니다. 즉 그들 구성원은 동시에 이러한 사회의 구성원입니다. 따라서 교회는 그들 안에 침묵하면서, 또는 세세하게 교회와 결합된 자체를 느끼지 못하는 사람들이나, 그룹들과 함께 존재합니다. 교회는 사회적으로 다원적인 환경에 존재합니다. 이미 "사회"라는 표현이 개별적으로는 여러 가지 과제와 기능들의 최고의 복합적인 구조를 표현하고 있기 때문입니다.

무엇이 사회일까요? 많은 사람이 - 특별히 교회와 비교하여 - 먼저 특히 국가를 가정할 때, 사람들은 잘못 생각하게 될 것입니다. 그리고 그것은 여러 관점에서 대체로 하나의 문제가 되는 통찰방식입니다. 한편 그것은 그들 안에서 사회적인 실재에 상응하지 않으며, 오히려 이러한 실재의 단면이나 관점을 인지합니다. 다른 한편, 그것은 한 사회를 상상하며, 하물며 국가와 동등시 여기기를 바라는 혐오 사상일 것입니다. 그것은 실제로 전제국가일 것입니다. 아니요, 물론 경제와 노동세계의 중요한 영역이 사회에 속하며, 수많은 교육시설들, 단체들, 당파들, 관심들의 대변자들, 거의 과도하게 평가되는 의미를 지닌 대중 매체들이 거기에 속합니다(빌프리드 헤얼레, Wilfried Haerle).

분리 독립된 사회질서의 다양성은 물론 그들의 여러 구별된 영역들과 기능들에 단지 관련되어 있지 않습니다. 그것은 형식적일 뿐만 아니라 특별히 내용적인 면을 가지며, 그 안에서 세계관들의 다양성을 보여줍니다. "다원적 사회"의 개념은 특히 구별된 가치관들의 이러한 병존과 대립들을 의미합니다. 동시대 사람들의 삶과 행동은 - 공적인 영역에서처럼 사적인 영역에서 - 여러 구별된 세계관적인 근본신념들을 지향합니다. 사람들은 그것을 탄식하거나 환영할 수 있으며, 교회의 소리들이 실제로 모든 것에서 분리되지 않았던 인간적인 삶의 특정한 시각을 위해 최고로 구별된 소리들과 확신들의 이러한 표준에 서 있는 것은 마찬가지로 덜 논쟁하게 됩니다. 교회의 소리들이 이러한 표준에서 실제로 모든 것에서 분리되지 않은 인간적인 삶의 한정된 시각을 위하여 최고로 구별된 소리들과 신념들에 머물러 있는 것은 마찬가지로 논쟁되지 않습니다. 기독교적인 통일의 질서는 어쨌든 더 이상 유럽사회를 위한 가능한 모델은 아닙니다.

이것을 수용하는 것은 믿음을 위한 체념의 그 어떤 행위를 설명하지 않습니다. 믿음은 스스로 가장 잘 아는 것에 상응하며, 즉 말하자면 그의 현존재가 스스로에 관해 이해하지 못하는 것을 믿음은 스스로 가장 잘 아는 것에 상응합니다. 그러나 그것은 전환의 결단에서, 믿음은 - 항상 도처에서 전제될 수 없기 때문에 - 그 어떤 사회적인 중요성을 갖지 못한다는 것을 의미할까요? 공적인 여론형성의 과정에는 넓은 흐름이 있습니다. 예를 들면 그것을 정확하게 주장하는 독일연방사회 입니다. 그의 권리는 개인의 사적인 영역에서 예외적으로 믿음에 허용되었습니다. 믿음은 공적인 의미에 귀속되지 않은 것으로서 보호된 사적인 일로 해명되었습니다. 그리고 더욱이 "세계관(世界觀)적인 중립성"의 관점 아래서 공적인 삶이 정치, 입법, 경제, 과학 안에서 이루어지기 때문만은 아닙니다. 이러한 표준은 믿음을 통한 공적인 영향력 행사를 발단에서부터 배제하게 될 것입니다. 믿음은 물론 그의 과제에 불성실해지는 것 없이 이러한 역할 배당을 수용할 수는 없을 것입니다. 왜냐하면 믿음의 삶의 운동은 개인을 교회에서처럼 세상 가운데로 인도하기 때문입니다. 비록 예수 그리스도의 교회가 그들 운동에서 확산되지 않는다 할지라도 그들의 부르심은 오히려 "땅 위에서" 일어납니다. 기독교적 신념들이 세계관으로서 중립적으로 진력하는 공적인 사회에서 어떻게 영향을 미치게 할 수 있을까? "세계관적인 중립성"의 관념은 그것이 일반적으로 부과되었을 때보다도 다르고 더욱 분명한 의미를 지닐 때 가능합니다.

이러한 생각은 무엇을 말해주는 것일까요? 그것이 어디서 나오는 것일까요? 유럽에서의 그들 역사적인 뿌리들은 30년 종교전쟁(宗敎戰爭, 1618-1648)의 경험에 놓여 있습니다. 즉 황폐하게 되었던 결과들과 함께 각각 신학적이며 교회적인 영향력 행사가 배제되었기 때문에 평화가 가능했던 특별한 사건정황에서 입니다. 그 배경 즉 신앙고백적인 대립들은 서로 배제했습니다. 그것들은 평화스러운 공동생활의 그 어떤 길도 보여주지 못했습니다. 즉 평화가 공동생활의 공적인 사회

제도들 안에서 그들 세계관적인 신념들에서 독립적으로, 그들이 원칙적으로 모든 사람들을 위하여 열려 있을 때, 그 만큼 지배하게 되는 것이 그 때문에 유효하였으며 또한 유효한 것입니다. "세계관적인 중립성에 관한 말이 이러한 사건정황 보다도 아무것도 다른 것이 없다는 것을 생각하는 한… 그것은 역사적이며, 사회적인 진리를 말하는 것입니다. 물론 사람들은 이러한 사건정황을 세계관적인 관용이란 표현과 함께 더 잘 표시하게 될 것입니다."(아일러트 헤름스, Eilert Herms).

세계관적인 관용은 하나의 개방적인 사회가 손실 없이 단념될 수 없다는 첫 서열의 사회적 성과를 실제로 내 세웁니다. "세계관적 중립성"이란 표현은 그것에 비하여 그의 포기할 수 없는 의미 외에 또한 베일에 가려지는 차원을 가집니다. 왜냐하면 그 표현은 "개방적인 기관들 안에서 함께 작용하는 개별인간들의 행동이 이번에는 자체 안에 스스로 세계관적이며 윤리적인 방향설정으로부터 자유로운 것과 같은 인상을 일깨우기 때문입니다"(아일레르트 헤름스, Eilert Herms). 그것은 그러나 잘못입니다! 오히려 원칙적으로 유효합니다. 즉 각각의 사회적인 행동은 사람에 대한 사람의 근본확신의 바탕 위에서 이루어집니다. 그리고 그것은 결코 중립적인 것이 아니라 언제나 내용적으로 결정되며 전부 윤리적으로 적절하였습니다.

사람들은 우리 사회를 위한 근본적인 기본법들의 예(例)에서 그것을 분명하게 할 수 있습니다. 그것들과 함께 독일연방공화국의 기본법은 고유한 국가 영역에서 공동생활을 위한 보편적인 인권들을 구속력 있게 밝혔습니다. 그것은 자신에 관하여 얼마나 적게 이해하는지를 다른 국가들의 법 실재에 대한 하나의 모습이 보여줍니다. "만일 사람들이 간략하게 외부의 관점을 받아들일 때, 하나의 가시적이며 형식적이며 공정하게 입증된 법국가의 중립성이 실재(實在)로 인간의 자유와 사람의 품위에 관한 내용적인 확신들의 대표자라는 그 점에 재빨리 이르게 됩니다."(트루츠 렌토르프, Truzt Rentorff).

만일 그것이 옳다면, 교회가 함께 영향을 미칠 수 있을 뿐만 아니라, 공동본체의 근본토대를 넘어서 공적인 여론형성에 함께 작용할 수 있습니다. 그것은 교회가 공공의 기관들에서 자칭 "중립적" 행위를 실제 영향을 미치는 근본확신들에 대하여 문의하는 것으로 시작합니다. 그리고서 교회는 참고, 견디며 인간적인 삶의 견해를 앞서 경험하며 말로 표현하는 것에서 현존하는 동기의 진지한 수용에 이르게 됩니다. 교회는 믿음의 이러한 증거를 그 교회가 처한 모든 사회에 빚지게 됩니다.

그것이 어떻게 전망될 수 있는지는 디트리히 본회퍼(1906-1945)가 해석하였습니다. "교회는 다만 타자를 위해 존재할 때만 교회이다...교회는 인간적인 공동생활의 세상적인 과제들에 참여해야하며, 지배하는 것이 아니라 도우며 섬겨야 합니다. 교회는 모든 직업에서 일하는 사람들에게 그리스도와 함께하는 삶이 무엇인지, '다른 이를 위하여 존재한다는 것'이 무엇을 뜻하는지를 말해야 합니다. 그것은 인간적인 '모범'의 의미가 될 것이며... 과소평가해서도 안 되며, 개념들을 통해서가 아니라 모범을 통하여 교회의 말은 강조와 힘을 얻는 것이다."(저항과 복종, Widerstand und Ergebung).

남여 기독인들의 증거는 그들의 관계에서 서로가 평화의 모범을 제시할 때 다만 거기에 존재할 수 있습니다. 현 시대와 세계를 위한 교회연합의 의미는 교회가 신실하게 개인이나 그룹들이 다른 존재 안에서 상대적으로 서로 인정하고 존중할 수 있는 것처럼 교회들이 먼저 모범을 보이는 것에 놓여 있지 않습니다. 이러한 방식으로 믿음은 다만 세계의 모순들 가운데서 사는 것은 아닙니다. 즉 믿음은 그렇게 역시 모순들의 극복에 기여하는 것입니다.

다른 것의 활동적인 인정은 기독교의 연합운동을 넘어서 기독교의 관계를 위한 근본적인 의미를 매우 다르게 갖게 되는데, 특히 유일신 종교들(유대교, 이슬람교)과의 관계에서입니다. 현대 유럽 사회들은 다른 종교를 믿는 자들의 만남의 공간들로 점점 더 확대되었습니다. 즉 한 사회의 다양성은 바로 그들 종교적인 신념들의 다양한 목소리로 보여집니다. 이러한 상황은 다른 종교적 전통의 풍성함과 아름다움을 인지하게 되는 더 깊은 만남들의 기회를 보장합니다. 이것은 반대로 자체의 신앙 전승의 의미를 다양한 관점에서 보면서 그것들을 다른 종교의 거울에서 새롭게 발견하는 쪽으로 유도할 수 있습니다. 여러 경우들이 있지만, 특별히 종교들 사이에서 그러한 개방된 만남은 아직 이루어지고 있지는 않습니다. 상반된 인식은 이따금 낯선 감정을 통하여 제자리를 찾지 못하지만, 그러나 혼돈이나 구체적인 위협의 환상들이 결부되어 있지는 않습니다. 그것에 비하여 종교들 사이에 개방적인 대화는 사회전체를 위한 평화의 산 증거들이 될 수 있습니다. 즉 대화를 도우고 그 대화를 실제화 하는 일은 긴급한 요구입니다.

종교들 사이에 이러한 대화는 그들 고유한 믿음의 파트너들이 분명히 있다는 것과 분명한 근거로써 대화를 능동적으로 대변할 수 있다는 것에 의존되어 있습니다. 각자의 의미 있는 대화는 다른 사람의 태도를 위한 동시적인 개방에 의하여 적어도 자체 신념들의 명확성을 전제합니다. 이것이 바로 종교적인 대화를 위해서 유효합니다. 그 대화에서 진리가 나에게 주관적으로 해명되었던 것처럼 - 마찬가지로 나의 상대편이 그가 진리라고 생각하는 그의 고유한 믿음의 경험들로 살고 있는 그것들이 결코 나의 것들로 덮어씌워지지 않아야 하는 자의식과 함께 나는 믿음의 진리를 표현하게 됩니다. 그의 명성을 얻게된 한 종교적 대화는 결합을 깨뜨리거나 또는 교제를 단절하는 일 없이, 그가 이러한 차이를 잘 견뎌낼 수 있도록 하는 그의 강함과 주체성을 그 안에서 증명합니다. 그는 세상에서의 모순들과 함께 가치를 평가하면서, 계속 주도하면서 교제를 유도하는 것입니다.

종교 중립적 대화의 전망에서 그 때문에 빌프리드 헤얼레(W. Herle)는 다음과 같이 강조합니다. "유익한 공동생활에 대한 자질은 이견(異見), 즉 근본적인 것에서의 모순(矛盾)이 생겨나는 거기서 바로 증명됩니다. 그리고 그 때문에 어떤 이견(異見)도 존경감이 없거나 또는 무분별한 대화를 서로 정당화 하지 못합니다. 근본적인 신념들 안에서의 합의(일치)는 그럼에도 불구하고 어떤 사람도 만들 수 없는, 공동적인 진리의 확실성으로부터 수용될 수 있을 때만, 비로소 생겨날 수 있습니다. 모든 상반된 역사적 경험들에도 불구하고 오류와 거짓이 아닌 진리를 최후의 말씀을 소지함(고후 13:8)에 대한 신뢰는 기독교적 시각에서 아직 밖에 머무름의 극복에 대한 소망에서 모순되는 절대적 요구들의 소득을 가능하게 합니다."

6. "…. 모든 죄는 매일 넉넉히 용서된다." - 믿음이 유지되는 곳

세계는 그 안에 사는 사람들을 통해 모순적입니다. 분명 믿는 자도 선한 일과 악한 일을 행합니다. 그것은 각 사람들처럼, 믿는 자를 모순이 가득한 모습이 되게 합니다. 믿는 사람은 신학적으로 말해서 "의로운 자이면서 동시에 죄인입니다." 라틴어로 "simul justus et peccator"(M. Luther). 왜 믿는 자가 죄인인가요? 무엇이 그를 의인이 되게 할까요? 우리가 죄에 대하여 각각의 잘못된 행위들에만 한정하면, 죄의 실재를 파악하지 못합니다. 죄는 도덕적인 불충분성과 동일한 것은 아닙니다. 죄는 더 깊게 뻗어 있습니다. 죄는 인간이 스스로 만든 일그러진 형상 안에 뿌리를 내리고 있습니다. 그것은 하나님과 인간에 대한 관계의 장애입니다. 더욱이 그것은 첫 계명을 지키지 못함에서 나타나는 관계의 장애입니다. 인간이 하나님을 거절하는 확신은 그를 자신 스스로 또는 무엇인가 세상에서 다른 것을 그의 삶의 근거로 삼도록 강요합니다. 그것은 인간 자신이 창조주의 자리에로 옮겨가는 것입니다. 전적으로 인간은 그 자신의 실재(實在)와 그의 가능성을 오인합니다. 인간은 자신이 실제로 하나님의 피조물인 것보다 더 나은 자신이기를 원합니다. 우리는 이와 같이 죄의 근원과 그들의 작용을 구별해야만 합니다. 죄의 근원은 인간이 하나님을 인정하지 않거나 또는 그리스도가 요한복음에서 말한 것처럼(16:9) "그들이 나를 믿지 않는" 거기에 놓여 있습니다.

이러한 하나님을 인정하지 않음은, 또한 이웃과의 관계에 작용하며 함께하는 피조물에도 영향을 미칩니다. 이것은 인정된 동반자의 위치에서 벗어나 위협이 되었습니다. 죄 가운데서 인간은 그의 자유를 남용하며, 그것을 그릇되게 사용합니다. 죄는 거짓말로부터 살인에 이르기까지 행동들에서 명백하게 표현됩니다.

하나님은 인간의 이러한 모순적인 상황에 대하여 어떻게 반응하실까요? 하나님은 인간에게 지금 그의 편에서 동반자 관계를 깨는 일로 반응하지 않습니다. 하나님은 죄인을 다르게 만나십니다. 그는 은혜로 죄인을 만나십니다. 죄를 덮으시는 은혜로써 심판하시며 동시에 죄를 용서하시며, 전적으로 더 많은 것을 제공해 주십니다. "그러나 죄가 더한 곳에 은혜가 더욱 넘쳤나니"(롬5:20)란 말씀처럼 하나님의 의(義)는 하나님의 은혜의 증거 가운데 존재합니다.

"하나님의 의(義)의 개념"(롬1:17)에서 루터는 그의 근본적인 종교개혁적 인식을 만들었습니다. 오랜 투쟁과 가득한 의심가운데서의 찾음에서 그에게 저 표현의 신학적인 의미는 떠올랐습니다. 의무 가운데서 행동하는 자로 인간을 취하고, 그것들에 근거하여 하나님이 불의한자들에게 벌하시는 "능동적인 의(義)"를 생각한 것은 아니었습니다. 오히려 "수동적인 의(義)"를 헤아리게 된 것입니다. 그것은 하나님이 죄인과 불의한 자들을 스스로 자유롭게 하며 인간이 스스로 획득할 수 없는 의를 약속하는 거기에 생겨납니다. 루터는 이렇게 해방시키는 관점 즉 새로운 생명을 열어주었습니다. 그것이 인간에게 "낙원으로 향한 문"이 되었습니다.   ↗ 하나님이 계시하신다, 칭의

"의롭게 된 자" – 이와 같이 하나님의 은혜에 관한 말씀의 깊은 의미에서 우리는 의롭게 된 것입니다. 이러한 통찰은 그들의 이름을 실제로 얻게 되는 적은 신학적인 혁명들 중의 하나입니다. 우리는 그것을 간략하게 특별한 문장으로 표현할 수 있습니다. 즉 하나님의 의(義)는 그가 우리를 의롭다 하신 그 안에 존재합니다. 그것은 구체적으로 다음과 같은 것을 뜻합니다. "의로운 자는 믿음으로 살게 됩니다."(롬1:17). 물론 사람들은 이러한 말을 근본적으로 오해할 수 있습니다. 인간은 그 어떤 행위를 통하여서가 아니라, 지금 그의 믿음을 통하여 하나님 앞에서 의롭게 될 수 있다는 가정과 함께 더욱 그러합니다. 바로 그것과 함께 칭의론(의롭다하심, 稱義論)은 다시 그들의 결정적인 관점들이 초래되었습니다. 오히려 원칙적으로 유효한 것은 어떤 행위도 하나님 앞에서 인간을 의롭게 하지 못한다는 것입니다! 그것은 믿음이 인간적인 행위인 만큼 믿음 그 자체에도 유효합니다. 인간적인 행위로서의 믿음은 개인적인 삶을 지도하는 확고부동한 근본토대가 아닙니다. 믿음은 변화들이 제외되었으며 흔들림 역시 제외되었습니다.

믿음은 의심과 경악스러운 경험들을 통하여 고난 당하며 위협되었습니다. 그것은 피곤할 수 있으며 힘이 빠질 수도 있습니다. 그렇다면 믿음은 무엇인가요? 믿음은 무엇을 행하며, 무엇을 얻게 하는가요? 믿음은 신뢰가 충만한 인정(認定)의 행위와 동일합니다. 이러한 한계 안에 그의 규모와 그의 언약(言約)이 놓여 있습니다. 우리를 의롭게 하시는 그의 의(義)가 그 안에 있는데, 인간은 믿음으로 의로우신 하나님의 약속에서 신뢰가 충만해지는 것입니다. 사람들이 그렇게 되기를 원할 때, 즉 믿음 안에서 인간은 그의 인격의 무조건적인 인정을 수락합니다. – 인간은 그것을 확실히 마음에 받아들입니다. 고유한 인격의 인정은 결코 노력하여 얻을 수 있는 것이 아닙니다. 그것은 항상 받아들였고, 사로잡히게 된 것입니다. 믿음은 이러한 신적인 제안을 결연(決然)하게 수용합니다. 그는 믿음에 붙들리며, 전적으로 붙들려졌습니다.　　　／칭의

　　이로써 우리의 삶과 행동의 모습은 변화가 생겨납니다. 즉 자유를 호흡하며 평안함이 흘러들어오는 모습입니다. 믿음 안에서 인간은 그의 신적으로 영접된 상태의 확실성을 마음껏 펼치게 됩니다. 더욱이 그의 모든 행동에서 그의 신분과 가진 모든 것으로 즉 마음과 입과 손으로 실행하게 됩니다. 믿음에서 그에게 확고한 기대가 자라게 됩니다. 그 기대는 자신의 실수에 대하여 의심할 필요가 없는 것입니다. 왜냐하면 그것은 하나님의 의(義)가운데서 제거되었기 때문입니다. 인간은 믿음 안에서 은혜를 입은 죄인으로서, 그렇게 알며 경험합니다. 그것은 좋은 말, 유머, 삶의 기쁨들이 믿음의 특징에 속하지 않는 가능성들로써, 말하자면 놀이적인 대화를 사람에게 열어줍니다.

7. "....영원한 생명이 주어지게 됩니다." - 믿음이 바라는 것!

　　인간이 땅 위에 사는 동안 그는 불완전하며 그의 존재는 모순적입니다. 복음의 만남에서 자라며 믿음에서 드러나는 새로운 생명의 완성은 아직 이르지 않았습니다. 우리는 그것을 인내 없이 선취할 수 없으며, 그것은 바랄 수 있으며 또한 소망해야 합니다. 기독교의 희망은 우리가 죽음을 통하여 최후의 문에 도달하게 될, 하나님과의 영원한 교제 안에 있는 생명을 향하여 가는 것입니다. 먼저 영원한 생명을 위하여 우리의 고유한 존재를 넘어서 최종적으로 구원의 명백함이 우리에게 약속되었습니다.

　　바울은 이렇게 말합니다. "우리는 지금 어두운 말씀 안에 있는 거울을 통하여 봅니다. 그런 후 얼굴과 얼굴을 대하여 봅니다. 지금 나는 부분적으로 알게 됩니다. 그런 후 내가 알았던 것 만큼 또 알게 될 것입니다."(고전 13:12).

깊은 인식으로 인도되는 "얼굴과 얼굴을 대하여 보는", 이러한 상황을 희망하면서 움직입니다. 우리는 믿음 안에서 단지 그것을 우리 자신을 위하여 바라는 것이 아니라 전 세계를 위하여 바라는 것입니다. 먼저 믿음은 땅 위에 있는 인간에게 그가 신적인 약속의 완전한 모습으로 성숙하게 되도록 필요한 시간을 배려하지는 않습니다. 루터의 아름답고, 언제나 효력을 가진 말들은 전혀 다르게 생각한 것이 아닙니다. 즉 "이러한 삶은 경건한 존재가 아니라 경건하게 되는 것이며 건강이 아니라 건강하게 되는 것입니다. 완성된 본체가 아니라 되어져가는 것입니다. 쉼이 아니라 연습입니다. 우리는 아직 그러한 상태가 아닙니다. 그러나 우리는 그렇게 될 것입니다. 그것은 행하여졌거나 이루어진 것이 아닙니다. 그것은 과정에 있으며 논의 가운데 있습니다. 그것은 끝이 아닙니다. 아직 도중에 있습니다. 달아오르고 있으며 모든 것이 빛나게 되도록 하지는 않습니다. 그러나 모든 것이 정결(淨潔)해 지고 있습니다."(모든 신조의 근거와 원인, 1521).

형성

"그것은 분명히 참입니다." - 루터는 이러한 말들과 함께 3번째 신앙조항에 대한 그의 해석을 확인합니다. 이러한 말들은 끝없는 미사여구의 부속물이 아닙니다. 그것들로써 다시 한 번 믿음에 유효한 것이 무엇인지가 밝혀졌습니다. 그것들은 앞서 언급된 모든 것을 포함합니다. 동시에 그 말들은 고백 가운데서 믿음을 지탱하는 근거로 스스로 생동적이며 유효한 산 믿음의 표현입니다. 믿음은 생생하고 힘 있게 되며, 믿음은 물론 많은 것을 통하여 남게 됩니다. 생각하는 것은 나에게 깊은 사고와 새로운 방향 설정을 가능하게 하는 하나님 말씀의 만남, 안식 시간의 찾음과 지킴, 예배(禮拜)의 공동체적인 축제(祝祭)에 대한 것들일 것입니다. 그러나 역시 기도, 명상, 성서 읽기와 같은 영성의 개인적인 형태들이 거기에 속합니다. 마침내 잊지 않아야 하는 것은 '다른 이들을 위한 현존재(現存在)'의 모험과 부분에서 보여주는 일상에서 경험된 '경건의 실천'입니다. 영성은 믿음에서 탐색하고, 지속적인 삶의 의욕을 필요로 하는 형태들과 가능성들의 넓은 분야를 포함합니다.

그렇지만 살아있는 믿음의 가장 인상 깊은 증언들은 그것에 대한 무조건 앞서 예견되지 않은 위치에서 빈번히 빛을 발하게 됩니다. 믿음은 실제로 삶의 한복판에서 그의 자리를 갖게 된다는 것이 분명하게 될 것입니다. 삶의 한복판 거기가 하나님의 영(靈)이 활동을 시작하기를 원하는 바로 그 자리입니다.

어떻게? 어거스틴(354-430)이 그의 고백록에서 서술한 것처럼 예를 들면 다음과 같습니다

"서로 말하고 웃습니다.
서로 친절을 증명합니다.
함께 아름다운 책들을 읽습니다.
고개를 끄떡이며 서로를 존경합니다.
사람들이 한때 스스로 그렇게 잘 행했던 것처럼
함께 미움이 없이 논쟁합니다.
종종 견해들이 갈라지지만
이로써 일치가 흥을 북돋우게 합니다.
서로 가르치고 서로 배웁니다.
부재한 사람들은 애타게 그리워하며
도착하는 사람들은 기쁘게 맞이합니다. -
마음에서 나아오는 사랑과 미움에 따라서
얼굴표정과 말과 수천 가지 친절한 몸짓들과 일치하면서

기폭제들이 정신을 불태우는 것처럼
그렇게 많은 것들에서 통일을 이루게 됩니다."

[참고도서]

- 바이어(Bayer O.) : 믿음으로 산다, 칭의와 성화에 대하여, 1984.
- 본회퍼(Bonhoeffer, D.) : 항거와 복종, 감옥에서의 편지와 스케치들, 1970.
- 헤얼레(Haerle, W.) : 교의학, 수정 3판, 2007.
- 헤얼레(Haerle, W.) : (편집), 교회와 사회 - 분석-성찰-전망, 1989.
- 헤름스(Herms, E.) : 경험적인 교회, 교회론 논문들, 1990.
- 헤름스(Herms, E.) : 루터의 신조 3항목의 해석, 1987.
- 헤름스(Herms, E.) : 감동된 기억, 그의 '실천을 위한 이론' 안에, 신학에 대한 논문들, 1982.
- 융겔(Juengel, E.) : 영의 임재, 설교 I. II., 1979.
- 융겔(Juengel, E.) : 그리스도인의 자유, 루터의 글에 대한 기억, 1991.
- 루터(Luther, M.) : 소·대요리문답서.
- 렌토르프(Rendtorff, T.) : 서방은 어떻게 기독교적인가? 국가의 논쟁적인 중립성,
                Tutzinger Blaetter, 안에, 3/1996.
- 슈바이쳐(Schweizer, E.) : 부활 - 실재 또는 환상?, Herrenalber Texte, 34/1981.
- 트로비취(Trowitzsch,M.) : 하나님의 채색된 은혜. 믿음의 형성능력, 1988.

1. 하나님

1.1 하나님의 계시

인지 ────────────────────────────

2006년, 쉘-청소년 연구에 따르면 12세부터 25세 사이의 독일 청소년들 가운데 3명 중 한 명은(33%) 인격적인 하나님이 계신다는 것을 확신하였습니다. 계속해서 19%는 더 높은 권세를 가지신 분으로 생각하였습니다. 4명 중 한 명은(25%) 나는 무엇을 믿어야 할지 잘 모르겠다고 하였습니다. 증가하고 있는 주민들을 포함하여 생각하면 평가들은 분명히 더 높게 나올 것입니다. 2005년 엠니드 설문에서 14세 이상 독일인 65%는 하나님을 믿는다고 했습니다. 물론 동독과 서독은 현저히 차이가 있습니다. 즉 서독의 자체 보고에 따르면 단지 23%가 하나님을 믿지 않는 반면, 이러한 비율은 동독에서는 77%로 상승합니다. 이러한 결과들은 많은 사람이 하나님을 믿는 믿음이 자라고 있음을 보여주며, 다른 이들은 당연히 하나님을 불신하고 있음을 보여줍니다. 하나님은 우리의 일상에서 증명되지 않습니다. 사람들은 하나님 없이 생활할 수 있습니다. 하나님에 따른 질문에서 논쟁적인 실재(實在)가 문제입니다.　　↗ 저항 가운데 계신 하나님

나는 하나님을 믿습니다… 이를 두고 더 자세히 질문하는 자는 새로운 질문에 직면하는데, 즉 믿게 된 분은 실제로 어떤 하나님인가? 어떤 이들은 '그들의' 하나님을 자연 가운데서 발견한다고 말합니다. 다른 이들은 인격적인 상대자로서 하나님을 경험합니다. 또 다른 이들은 무한히 더 높은 능력을 가지신 분으로 생각합니다. 이미 교회에 속한 분들 중에서도 개인적인 차이를 보입니다. 예수 그리스도 안에서 인식하도록 해 주었던 한 분 하나님이 계시다는 것은 서독에서처럼 동독에서도 거의 개신교인들 절반이 믿고 있습니다. 4명 중 한 명은(25%) 다음의 신조에 동의합니다. "나는 더 높은 능력을 가지신 분을 하나님으로 믿는다. 그러나 교회가 말하는 한

분 하나님을 믿는 것은 아닙니다." 그리고 아직 25%는 다음과 같이 대답합니다. "나는 언제나 의심을 가지며, 불확실함에도 불구하고 하나님을 믿습니다." 그것은 하나님이 믿는 자의 공동체를 위하여 분명히 이해되지 않은 것처럼 보입니다.

그것은 "하나님은 누구인가?"란 질문에 대한 재빠른 대답들에서 주의를 기울이게 합니다. 왜냐하면 그렇게 질문하는 사람들은 오늘날 어려운 상황에 놓여 있기 때문입니다. 그들은 여러 가지 대답들을 듣게 됩니다. 다양한 견해가 존재하고 여러 가지 다양한 문화적 전통들의 만남이 이루어지는 사회 속에서 "하나님이 누구인지?"에 대한 질문의 대답은 특정한 종교의 대답만 있지는 않습니다. 많은 종교들이 하나님에 관하여 말하고 있습니다. 또한 하나님과의 경험들에 온전히 새로운 접근을 약속하는 많은 종교들의 대답들이 있습니다. 누가 정당성을 가지는지를 어떻게 결정해야 할까요? 또는 모든 종교들 안에 진리가 숨겨져 있습니까? 그리고 이러한 종교들의 콘서트(연주)안에서 기독교는 어떻게 절대적인 것으로 이해되는가? "세 번째 천 년의 시작에서 종교의 회귀(回歸)"에 관하여 간혹 언급되었습니다. 설문들은 이러한 회귀가 강력한 범위로 가정되어서 - 어쨌든 소위 "불신앙자들 가운데서" - 종교적인 주제들과 함께 먼저 지적인 일들 안에 놓여 있음을 암시합니다. 그럼에도 불구하고 기독인들은 하나님의 경험들과 지속된 믿음에 관하여 말합니다. 어디서, 어떻게 하나님은 경험될 수 있는가? 어디서, 어떻게 그분을 알게 되었는가? 믿으며, 알아보고, 살아가게 되는 것은 어떤 관계에 있는가? 하나님에 대한 질문은 여러 모난 면들을 가지게 됩니다. 그러한 발자취를 따르는 것은 여러분들에게 참으로 가치 있는 일입니다.

방향

1. 하나님은 자신을 계시(啓示)하신다.

"계시"(啓示)의 개념은 종교적 설명으로만 사용된 것이 아닙니다. 어떤 사람은 "계시가 있었다."고 말합니다. 예를 들면 특별한 콘서트의 경험이나 모든 기대를 능가한 탁월한 요리음식에 감격했을 때입니다. 한 사람의 여러 특성은 먼저 오래전에 그리고 인상 깊게 안다면 "명백"하게 됩니다. 우리들의 일상적인 실재들이 갑자기 깨닫는 경험이 중요하다면, 그것들은 계시에 관한 것으로 언급되기도 합니다. 거기서 계시는 종교적인 개념을 가집니다.

기독교 신앙에 관해서 사람들은 말할 수 있습니다. 즉 그것은 하나님의 계시를 힘입는 것입니다. 이것은 엄청난 말입니다. 그것은 이미 신앙의 통찰(通察)을 말하는 것이며, 먼저 다음과 같이 말하고 싶어 합니다. 즉 신 인식(神認識)은 인간에게 주어지며 인간은 그것을 스스로 실행할 수는 없습니다. 그리고 그는 하나님을 스스로 밝힐 수는 없습니다. 하나님을 파악하는 것은 인식 가능성이 저편에 놓여 있는 그 무엇입니다. 하나님은 인간들에게서 분명하게 되도록 자신을 스스로 나타내야 합니다. 그것은 하나님이 스스로 신 인식(神認識)의 주체(主體)임을 뜻합니다. 하나님의 계시(啓示)는 인간을 위한 하나님 자신의 스스로의 밝힘입니다.

지금 "계시"(啓示)란 말에는 초자연적인 사건과 하나의 특별한 영감(靈感) 방식을 생각하는 것에 더 가까워 보입니다. 이러한 의미에서 교회에 남녀 입교자들이 종종 질문을 받고 다음과 같이 대답합니다. "여러분들이 하나님을 분명히 믿을 수 있게 된 것은 어떤 이유에서인가요? 무슨 일이 일어나야 했나요? 예를 들면 이렇게 말할지 모르겠습니다. "번개가 하늘에서 번쩍이고 거기서 말하는 소리가 들렸는데, '나는 하나님이다.' 그래 모든 것이 분명할 것이다." 또는 이와 비슷한 것으로 특별한 현상, 예를 들어 그 현상은 성서에 기록되어 있는 것처럼, 한 천사의 출현입니다. 그럼에도 불구하고 계시에 관하여 말해졌다면, 먼저 초자연적인 사건이 생각된 것이 아니라 지금까지 숨겨져 있던 그 무엇이 드러나는 것입니다. 그런일이 한 번 거기에 있었습니다. 오랜 기간 골머리를 앓았던 어려운 수학 문제처럼풀려집니다. 갑자기 해답이 명료해 집니다. 마치 아이가 자전거를 탈 수 있게 되는 순간처럼 말입니다. 자전거를 탈 때면 언제나 항상 넘어졌지만 - 한 번에 가거나 타고 달릴 수 있게 된 것입니다. 즉 자전거 타기가 그에게 해결된 것입니다. "계시"(啓示)에 관해서 말할 때도 대체로 그것은 밝힘의 사건이라는 것이 일반적인 생각이었습니다. 그러한 밝힘들은 언제나 우리의 실재(實在)안에 있습니다. 어떤 것들은 - 자전거 타기에서처럼 - 우리는 경험들의 배경에서 예측할 수 있습니다. 다른 것들은 - 수학문제의 해답처럼 - 어찌할 수 없게 남아 있습니다. 대체로 해답이 있다는 것은 처음부터 확고한 것은 아닙니다. 사람들은 먼저 그것이 밝혀지게될 때 그것에 대하여 알 뿐입니다.

하나님이 자신을 나타내신다면, 이것은 하나님이 스스로 자신을 사람에게 밝히는 것입니다. 이것은 경험에 근거하여 예견되는 것이 아닙니다. 인간이 하나님으로 하여금 이렇게 하도록 동기를 제공하는 것이 아니라 하나님이 스스로 하십니다. 그러므로 거기에 초자연적인 현상들이 필요한 것은 아닙니다. 하나님의 밝힘은 "매일" 있을 수 있습니다. 그것에 대한 하나의 예는 마르틴 루터에 의한 소위 종교개혁적인 관철입니다. 이러한 관철은 집중적인 성서 연구의 한 복판에서 일어납니다.

"그 동안 시편을 새롭게 해석하기 위하여 이미 나는 매년 다시 시편으로 되돌아갔습니다... 나는 분명히 바울의 편지 로마서에서 그를 이해하는 놀라운 동경에 사로잡혀 있었습니다. 그러나 지금까지 나에게는 차가운 심장의 피가 방해된 것이 아니라 유일한 말씀이 방해 되었습니다... 왜냐하면 나는 모든 박사들의 언어 사용과 습관을 따라 하나님은 의로우시며, 죄인들과 불의한 자들을 벌하시는 소위 형식적이거나 능동적인 의로서 하나님을 철학적으로 이해하도록 가르치고 있었기 때문에 '하나님의 의(義)'라는 개념(概念)은 나에게 바로 미움이 되었습니다... 마침내 나는 밤낮으로 이어진 심사숙고 끝에 하나님의 자비를 통한 소위 '말씀의 연결'을 유념하게 되었습니다. 하나님의 의(義)는 성서에 기록된 말씀처럼 복음 안에 나타났습니다. 즉 '의인(義人)은 믿음으로 산다'는 것입니다. 거기서 나는 하나님의 의(義)는 의인이 하나님의 은사를 통하여 사는, 말하자면 믿음으로 사는 것과 같은 일임을 이해하기 시작했습니다... '하나님의 의(義)'는 복음을 통하여 계시되었는데 말하자면 자비로우신 하나님이 우리에게 믿음을 통하여 의롭게 되는 그 수동적인 것입니다. 즉 의인은 믿음으로 사는 것입니다. 지금 나는 전적으로 새롭게 탄생되었음을, 그리고 열려진 문을 통하여 낙원에 스스로 들어간 것을 느꼈습니다. 거기서 동시에 성서 전체의 다른 모습이 보여 졌습니다.”(라틴어 성서 1권의 머리말에서, 1545, G. Sauter교수의 번역).   ↗ 칭의

루터의 종교개혁적인 발견에서 하나님의 계시(啓示)는 하늘의 번개처럼 내려오는 것이 아닐뿐 아니라, 하나님이 인간에게 자신을 밝히는 거기서, 동시에 하나의 실재(實在)와 고유한 자체의 새롭고 포괄적인 이해를 열어주는 것을 보여줍니다. 어쨌든 루터에게서 그분의 전체 개념과 하나님 개념이 머리 위에 떠오르는 하나의 자유로운 시각이 결합되었습니다. 즉 "의인은 믿음으로 살리라"는 것입니다.

기독교 신앙은 하나님의 계시에 힘입고 있습니다. 이러한 신앙의 통찰 역시 자체 안에서 경험을 포함합니다. 즉 하나님은 실제로 자신을 계시하셨습니다. 그것은 이루어졌으며, 하나님이 말씀하셨으며, 하나님은 나타나신 것입니다. 믿음은 항상 이렇듯 이루어지고 성서 안에 증언된 계시에 다시 연결합니다. 그 믿음은 하나님이 역사 속에서 자신을 알려주셨던 그 확실성으로 살게 됩니다. 그것은 이스라엘의 역사와 나사렛 예수라는 사람에서입니다. 거기서 믿음은 하나님이 누구인지를 묻는 질문에 대답을 찾게 됩니다.

2. 하나님이 자신을 나타내는 장소 - 인간들과 함께 하는 하나님의 역사

a) 하나님 개념과 인간과 함께 하는 구체적인 역사

신학적인 숙고에서 - 그 시대의 철학과의 대화에서 - 하나님에 관한 서술들과 개념들이 발전되었습니다. 그것들은 하나님에 대하여 접근하는 것들이기를 원하며, 정의들은 아니지만 그러나 "충분하지 못한 하나님의 개념들"(빌프레드 헤얼레, Willfried Haerle)을 발견하기 위하여 하나님에 대한 질문의 길목에서 한 방식의 표지들로 이해합니다.

그러한 접근들은 여러 가지 표현들을 만들었습니다.

- 캔터베리의 안셀름(1033-1109)은 "하나님은 그 어떤 것도 더 위대한 것으로 여겨질 수 없는, 하나님이 아닌 모든 그 이면에 있는 하나님의 탁월함을 그러한 표현의 예로 제시했습니다.

- 19세기, 프리드리히 다니엘 슐라이어막허(1768-1834)는 "우리의 민감하고 만족할 만한 현존재(現存在)들이 어디에서 형성되었는지", 이로써 하나님은 근거를 가진 관계 안에서 세계의 현 존재에로 초래되었다는 공식을 가집니다.

- 폴 틸리히(1886-1965)는 "인간에게 무조건적으로 행하시는 것"에 관하여 말할 때, 하나님에 대한 그의 숙고(熟考)에서 인간의 실존적인 관계를 하나님으로 꽉 붙들었습니다.

- 모든 3가지 칭해진 관계들을 재발견하는 "모든 것을 결정하는 실재(實在)"로서의 하나님에 관한 공식은 루돌프 불트만(1884-1976)에게서 온 것입니다.

모든 이러한 신학적이며 철학적인 하나님에 대한 접근들은 매우 추상적입니다. 그들은 구체적인 예를 통해서 어떻게 하나님의 탁월함이 표현되는지, 탁월함을 위해서 그것은 무엇인지에 대한 어떠한 정확한 정보는 아직까지 제시하지 못합니다. 그 때문에 이러한 보편적인 하나님의 개념들은 다양함을 요구합니다. 즉 구체성에 따른 요구입니다. 그들은 하나님을 밝혀줄 수 없으며 그들 편에서 스스로 하나님에 관하여 밝혀져야 할 것입니다. 그렇게 보편적인 하나님의 개념들은 성서적인 전통에서 하나님에 관하여 이야기되었던 그것에로 언제나 되돌려 주었습니다. 하나님이 누구인지, 어떤 분이 하나님인지, 이러한 이야기들에서 밝혀집니다. 이로써 하나의 길(방법)이 결합되었는데, 그것은 성서적인 이야기의 충족을 위하여 특별한 주의가 요구됩니다. 즉 그것은 하나님으로부터 이야기하는 것을 아는 하나의 보화로서 그것을 읽는 일입니다.

"한 걸음씩 충분한 시간을 가지고 시작에서부터, 하나님의 역사에서 옮겨진 삶의 경험 그리고 하나님에 관하여 이야기하는 역사들을 통하여 하나님에 관한 질문은 그렇게 서서히 대답될 수 있을 것입니다. 하나님은 재빨리 민첩하게 정의하는 것이 아닙니다. 수 천 년 동안 사람들은 그들이 경험하며, 기쁨과 불안 가운데서 불렀던 하나님에 관하여 이야기했습니다. 하나님은 구출해 내며, 백성들의 간청을 들으며, 고난을 보시며, 그들의 아우성 소리를 듣기 때문에 긍휼을 베풀어 주십니다. 비록 희망이 없었던 곳이었지만 기도하는 사람들은 하나님이 그들을 경멸하지 않으심을 경험하였습니다. 하나님의 버림받음 안에 있음을 느끼는 자가 소리치며 사망의 어두움에 있었던 자는 그럼에도 불구하고 소생되었습니다. 하나의 진주와 보화의 놀라운 발견에 대한 기쁨은 하나님의 실재(實在)에 관하여 이야기합니다. 온전히 기대하지 않았으며 기대할 수도 없는 새로운 시작의 역사는 하나님의 실재(實在)에 관하여 이야기합니다. 불신의 특별한 표정을 짓는 사람들 때문에(마20:1-15) 의(義)를 과도하게 제시하는 인애(仁愛)에 관한 비유는 하나님의 실재(實在)에 관하여 이야기합니다. 이러한 이야기들은 사람들이 지향할 수 있는 하나의 지평을 표시하며, 그것들은 삶을 위한 토대를 놓아줍니다."(군다 슈나이더 프룸메, Gunda Schneider Flume).

이러한 이야기들에 대한 특수성은 우리의 인간적인 이야기들이 보통 그렇게 행하지 않는 것처럼, 그것들이 낡아지지 않게 하는 바로 그것입니다. 하나님은 이러한 역사들과 결합되어 있기 때문에, 그것들은 사람들이 그들의 질문과 고난과 함께 발견하는 항상 다시 새로운 이야기가 되는 것입니다. 그러므로 기독교회는 그 어떤 과거의 사건으로서가 아닌, 하나님이 지금도 자신을 나타내시는 이야기를 전파합니다. 그것은 하나님이 오늘도 우리에게 행하시는 현실적인 사건으로 하나님의 계시에 관하여 말하는 것입니다. 그 계시는 사람들이 그 사건에 관하여 이야기하고 있는 한 현실성이 있게 될 것입니다.

b) 하나님은 자신을 나타냅니다. - 이스라엘의 역사에서

구약에서 하나님의 경험들: 구약을 읽는 사람은 하나님의 계시에 관해 다양한 방식으로 표현된 말씀들이 있음을 확인합니다. 그것은 기대하지 않은 채 이루어지며(모세), 이따금 하나님의 직접적인 부르심의 경험입니다(이사야). 하나님은 인간의 특별한 소리를 듣는 것과 바라보는 것들의 체험에서(예, 사6) - 소위 듣는 것들과 보는 것(환상)들 가운데서 - 꿈들이나(예, 창20) 또는 천사(예, 창16)와 같은 중재(仲裁)의 본체(本體)들을 통하여 자신을 나타내십니다. 신약 성서가 알려주는 것과 똑같은 것은 오늘날 우리에게 매우 낯설게 작용할 수 있을 것입니다. 의심할 여지없이 알지 못하는 힘들의 신비한 작용을 예상하는 또 다른 세계의 경험과 관계를 가집니다. 물론 그러한 하나님의 경험에 대한 보도들은 우리에게 하나님의 계시의 중요한 관점을 주목하게 할 수 있습니다. 그러한 계시를 받아들이는 사람들은 세상과 사람들과 그들의 예상 밖의 다른 경험들의 습관적인 맥락에 머물러 있을 수 없습니다. 그들은 얼마간 황홀경에 빠져 하나님을 인식하는 특별한 상황에 처하게 됩니다. 그것은 하나님이 이런 방식으로 계시된다면, 그 하나님은 세상과는 거리를 두고 있음을 암시하는 것입니다. 그분은 세계 안에 직접 들어오셔서 자리를 갖지 않습니다. 그는 오히려 하나님을 그의 영광 가운데서 인지하도록 그러한 상태에 있는, 사람들을 하나의 특별한 심적인 상태에로 데려갑니다.

그러한 경험들은 이스라엘의 종교적 환경에서는 아주 특별한 것이 아니었습니다(왕상19:8 이하). 구약 성서 대부분의 텍스트의 관심은 그 자체로 특별한 경험들에 집중하지 않습니다. 다른 종교들이 보이고 있는 것처럼, 그것들에서 이스라엘이 관계했던 두 가지 권세들이 나타날 수 있습니다. 그것에 비하여 하나님이 그와 같은 계시사건을 통하여 이스라엘 백성들에게 무엇을 알려주는지가 결정적입니다. 거기서 사람들은 하나의 의미 있는 것을 관찰할 수 있습니다. 이스라엘을 위한 본질적인 계시사건은 항상 이 백성의 역사에서 하나님의 행동의 전달과 관계를 가집니다. 그 안에 그 당시 환경의 종교적인 계시들에 대한 본질적인 차이가 놓여 있습니다.

하나님의 이름: 이스라엘의 신앙이해를 위한 중요한 텍스트 중의 하나인 출애굽기 3장에서 아주 특별하게 인상 깊은 것이 가시화됩니다. 모세는 하나님의 이름을 묻고 "나는 스스로 있는 자"란 대답을 받습니다. 사람들은 히브리어 원문을 '나는 내가 나를 증명하는 자이다'(출3:14)란 말로 번역할 수 있거나 또는 이러한 하나님의 이름 안에서 울리는 "존재"(있는 자)를 위해서 히브리말은 항상 관계의 말이기 때문에 "나는 (너를 위해서)거기에 존재하게 되리라"로 번역됩니다.

출3:14에서 하나님의 이름은 또한 '테트라그람'(= 4가지 글자들)으로 칭해졌습니다. 그것은 4개의 음절(JHWH)에서 구성된 것입니다. 하나님은 이러한 이름 안에서 스스로 그의 비밀을 나타내셨기 때문에, 사람들은 그분을 직접 입으로 부르지 않습니다. 하나님이 미래에 불리어지고 말해질 수 있도록 히브리어의 음절들에 첨부하는 모음부호 위에다 하나의 언어 형태를 삽입시켰습니다. - 이는 '아도나이'(Adonaj)인데 '주(主)님'이란 뜻입니다.

이스라엘은 그때부터 하나님을 이러한 이름으로 불렀고, 이로써 이스라엘에게 행동하시는 자로서 약속했던 하나님에게로 향한 것입니다. "나는 (너를 위하여)거기에 있게 되리라" 이스라엘을 위하여 이러한 하나님의 이름의 계시와 함께 하나님이 애굽에서의 구원처럼 역사적인 활동들 가운데서 이 백성의 하나님으로서 보여주는 그 경험과 결부 되었습니다. 이스라엘은 하나님의 약속하에서 미래가 시작될 때, 그의 하나님이 확실해졌습니다. 계시적 하나님은 그 백성과 함께 여정(나그네 길)에 있을 때 - 마찬가지로 그의 그 백성을 앞서 가시며(출13:21) 그의 약속을 성취하시는 이 백성을 위한 하나님이었습니다. 이스라엘이 그의 하나님에 대한 신앙을 고백할 때, 저편에 계신 최고의 본체로서 자신을 말해주신 것은 아니었습니다. 오히려 하나님이 그의 백성을 택하시고 그들을 인도하셨던 역사가 더 많이 이야기되었습니다(비교, 신26:5-9). 이스라엘은 언약의 성취로부터 하나님께서 그의 길을 떠나지 않으리라는 확신을 얻었습니다. 거기에 있게 될 분으로써 모세에게 소개하는 그 하나님은 물론 미래를 분명히 확정하지 않고 오히려 열어 놓으십니다. 그의 백성과 함께하는 시대의 과정에서 하나님의 역사하심의 경험을 통하여 그 어떤 하나님 상(像)의 변화나 확대가 나타나는 쪽으로 이끌었습니다. 어떤 이들은 신 이해의 전개에 해당하며, 신약에서처럼 구약에서 주목할 수 있고 믿음의 진화적인 관점에 관하여 말하기도 합니다. ╱ 유대인과 기독인의 하나님

숨겨지신 하나님: 구약의 역사에서 하나님은 어디든지 계시는 편재하는 하나님 경험은 결코 아닙니다. 하나님은 언제나 당연하고 친절한 대화방식으로 믿음의 조상 아브라함에게 스스로 나타나신 것처럼(창15) 이러한 직접적인 하나님과의 만남은 더 이상 일어나지 않는 역사 속의 이야기가 되었습니다(창16, 비교). 하나님이 함께하는 이스라엘의 길에서 그의 백성들에게 완전히 숨어 계신 모습으로 나타난 시대들이 주어졌습니다. 그것은 하나님의 인도가 더 이상 인식되지 못했던 각각의 사람들로부터 개인적 삶의 역사를 위해서 역시 유효합니다. 즉 욥기서와 탄원의 시들은 고난과 불의가 사람들 위에 들이닥칠 때, 사람들이 하나님에 대하여 어떤 의심

에 빠져들 수 있는지를 보여줍니다. 한편 전체 백성들에 있어서는 BC 8세기 중반부터 국가의 짧은 번영기 이후에 그 시대의 거대한 권력이 이스라엘에 가했던 내적 분열과 더불어 가장 쓰라린 패배의 경험을 겪어야만 했습니다. 예루살렘의 성전은 파괴되었고, 그 땅은 다른 통치자의 손에 넘어갔으며, 백성의 대부분은 바벨론으로 끌려갔으며, 이스라엘의 국가적 소유 존재는 끝나게 되었습니다.

선지자들은 그 백성을 하나님에 대한 배신으로 부터 다시 하나님을 향하여 이끌어 가고자 했지만 결국 파국을 맞이할 수밖에 없었습니다. 그럼에도 불구하고 하나님은 그 파국의 한 복판에서 언제나 새롭게 그의 백성에게 말했습니다. 구약(舊約)은 하나님이 미래를 위한 그의 언약을 새롭게 한다는 것을 이야기 합니다. 그 하나님이 지난 역사에서 어떻게 이스라엘에게 신의(信義)를 지탱했던 지를 기억합니다. 이러한 과거의 역사는 하나의 위로와 하나의 희망이 될 것입니다. 더욱이 지금 이스라엘의 고난 받는 백성들은 이러한 희망 가운데 포함되었습니다(사60, 비교). 그들은 분명 - 상응하는 텍스트의 전망이 그러한데 - 이스라엘과 함께 평화의 나라에서 살게 될 것입니다. 하나님에 대한 신뢰 가운데 새 하늘과 새 땅에 관한 비전이 그렇게 생겨납니다(사65:17). 그리고서 애통함과 눈물도 더 이상 주어지지 않을 것인데, 그 이유는 인류가 하나님과의 완전한 조화와 일치 가운데 살게 될 것이기 때문입니다(계21:1이하).

교회의 성서로서 구약: 구약 성서는 "거기에 존재하게" 될 자로서 자신을 나타내시는 하나님 안에 뿌리 내린 미래와 관련된 많은 형상들과 관념들 안에서 말씀합니다. 이스라엘의 왕과 같은 구원자요, 새로이 기름부음 받은 한 사람(메시아/그리스도)의 보내심의 기다림이 거기에 속하여 있습니다. 그러나 그것들은 구약에 기록된 것처럼, 이러한 희망들이 그러한 방식으로 성취되지는 않았습니다. 그것들은 여전히 열려 있습니다. 유대교는 현재도 하나님이 세상을 가시적으로 변화하게 하리라는 미래를 희망하고 있습니다. 그것이 현재에 이르기까지 하나님과 함께 하는 자체의 희망의 역사들을 가진 것입니다.

기독교 신앙은 이스라엘과 함께 하나님의 역사 안에 뿌리를 두고 있습니다. 거기서 구약 성서로서 히브리어 성서는 기독교 공동체의 성서가 되었습니다. 신약이 말하는 하나님은 예수 그리스도 안에서 "육신으로 나타나신"(딤전3:16) 그분인데 그 때문에 예수 그리스도의 제자들과 증언들을 위해서 일부러 알려지지 않았던 하나님은 아니었습니다. 예수님은 유대인이었으며, 그는 자신의 현세적인 삶에서 이스라엘 백성의 하나님을 전파하였습니다. 그는 이러한 하나님을 자신의 "아버지"(마11:27, 막14:36)와 사람들의 아버지(마6:32,비교)로 불렀습니다. 그럼에도 불구하고 그리스도 공동체는 "그리스도"라고 예수님을 고백하였습니다(행2:36, 비교) - 그것은 그 공동체가 그분 안에서 하나님으로부터 약속된 이스라엘 백성의 구원자 곧 모든 세상의 구원자를 보았음을 뜻합니다. 그 교회공동체는 지금 그들의 희망의 역사를 온전히 예수 그리스도에게 확고히 하였습니다. 이로써 그 공동체는 그들의 뿌리에 대한 연결을 포기하지 않았습니다. 즉 예수 그리스도를 만나는 자는 그 때문에 이스라엘과 함께 하는 하나님의 역사를 만나게 되며 동시에 "나는 너를 위하여 거기에 있으리라"고 말하는 그분으로서 모세에게 계시하는 그 하나님을 만나게 됩니다.　　　↗성서

c) 예수 그리스도 안에서의 하나님의 계시

"예수는 그리스도이시다"란 고백은 신약 성서에서 하나님이 인간들에게 하나님과 인간 사이의 관계가 단 한 번의 사건으로 정리하시는 인간적인 구세주를 보내셨음을 생각합니다. 하나님의 계시는 여기서 구약 성서에서처럼 저편의 사건 정황의 "초자연적인" 전달처럼 그 무엇은 아닙니다.

그것은 인간을 위해 인간적인 역사 안에 개입하시는 하나님의 한 행위입니다. 하나님의 계시로부터 예수 그리스도 안에서 말하는 대부분의 텍스트는 분명 하나님의 인간에게로 향하여 오심의 표현입니다. "그 안에서 하나님의 사랑이 우리에게 나타나셨다는 것"은 예를 들면 요한 1서 4:9에서 하나님은 "우리가 그를 통하여 산자들이 되도록 그의 독생자를 세상에 보내셨음"을 뜻합니다. 또는 바울이 예수 그리스도의 오심에 관하여 말합니다. 즉 "지금 ... 하나님 앞에서 유효한 의(義)가 계시되었으며 그를 믿는 모든 자들에게 예수 그리스도를 믿는 믿음을 통하여 이르게 되는" 그것입니다(롬3:2 이하). ╱ 예수 그리스도

신약 성서가 말하고 있는 계시는 그 때문에 구원의 계시로 표시되었습니다. 이는 인간과 하나님과의 관계가 올바른 질서 가운데 있지 않음을 전제한 것입니다. 그것은 하나님을 부인하고 그를 알기를 원하지 않거나 그의 이름을 모든 가능한 목적들을 위하여 남용하는 자들에게 유효한 것입니다. 그러한 사람들을 위하여 하나님은 분명하게 될 것입니다. 그는 인간들에게 그의 사랑과 의를 그리고 은혜와 자비를 베푸시기 때문에 인간으로부터 파괴된 하나님과의 관계를 회복시키십니다. 그것에 관해서 역시 구약 성서도 알고 있었습니다. 신약적인 증거 안에서 하나님 계시의 특수성은 온통 예수 그리스도가 여기서 하나님에 대한 믿음을 위하여 얻는 그 놀라운 의미와 연결된 것입니다.

예수 안에서의 하나님의 임재: 여기서 한 인간의 삶과 죽음은 하나님이 예수안에 온전히 함께 하시며, 그의 사랑과 의가 우리에게로 향하고 있는 것으로 이해되었습니다. 그것은 하나님의 인도 하에 있는 인간적인 역사 때문만은 아닙니다. 하나님은 인류의 역사 가운데 등장하신 인간적인 존재가 되신 것이 중요합니다. 신약 성서는 예수님이 초대교회 공동체의 신앙고백에서 그리스도뿐만 아니라, 하나님의 아들로 불렸음을 말해주었

습니다. 고대 교회는 예수님이 참된 사람일 뿐 아니라 참된 하나님이었음을 구체화시켰습니다. 그 때문에 예수님을 하나님과 인간의 혼합된 형태로 소개해서는 안 됩니다. 하나님은 절대적이며 불가시적인 신적인 방법으로 완전히 인간 편에 서 계신다는 것이 오히려 생각되었습니다. 예수님은 거기서 온전히 한 인간으로 머물러 계십니다. 그는 하나님과 서로 얽혀져 있는 분이 아닙니다. 그는 하나님을 그의 아버지로 불렀던 특별한 관계에 있는 한 사람입니다. 그는 다른 사람들처럼 사람들 가운데 살았습니다. 그러나 하나님은 그와 함께 하나이시기 때문에, 그의 삶과 죽음은 동시에 하나님 자신의 운명입니다. 우리가 예수님을 만날 때, 그것은 곧 하나님을 만나는 것입니다. ↗ 예수 그리스도

하나님의 고난: 하나님이 예수 그리스도의 삶과 죽음 안에서 우리에게 분명하게 된다면, 바로 역시 이러한 삶과 죽음에서 하나님이 우리를 위하여 계신 자라는 것이 명백해 집니다. 그것은 당황해 하는 어떤 이들에게 쇼크를 주는 진술입니다. 바로 그것은 삶의 실재에로 깊이 이끌어갑니다. 기독교 신앙은 하나님을 역사 안에서, 특히 압도적인 권력행위 안에서 발견하지는 못합니다. 그분은 하나님의 압도하는 영광과의 접촉에 이르려고 세계의 모든 한계를 뛰어넘어 현실에서 멀어지지 않았습니다. 마지막에 두 강도 사이에서 한 강도처럼 사형당했던 그리고 가난한 삶을 이끌었던 오히려 한 사람이며, 그는 믿음을 위하여 세상 안에서 하나님의 독서책이 되시는 분이십니다. - 골로새서는 그리스도를 '하나님의 보이지 않는 형상'(골1:15)임을 말해 줍니다. 하나님은 독특한 확신으로 하나님의 사랑을 모든 사람에게 선포하고 앞서 살았던 이 사람 안에서 인간들로부터 거절당하심으로 함께 고난 받으시는 것입니다. 역시 십자가에서의 죽음은 하나님의 죽음입니다. 이스라엘의 기다림을 위해 이러한 주장은 유대인인 바울의 말에 따르면 "하나의 비방(스캔들)"입니다. 세속적인 것 이상의 신성

을 추구하는 희랍종교를 위해, 그것은 "확정된 어리석음"입니다(고전1:18). 고난을 당하시며, 인간적인 극심한 파멸의 분노를 무능력에 빠지게 하시는 한분 하나님은 그들을 위한 신(神)이 아닙니다. 그럼에도 불구하고 기독교적인 공동체의 경험을 위해서 그것은 근본적으로 다릅니다. 이러한 고난에서 그 경험을 위하여 하나님의 역동성(루터의 번역은 "하나님의 능력")은 바로 우리를 거기서 구원하기 위하여 우리의 인간적인 하나님과의 멀어짐에 끼어들어 효력을 나타내십니다.

부활의 경험: 이러한 경험은 완전한 새로운 전망을 열어줍니다. 예수에 대한 이러한 파국(죽음)이 일어났을 때, 예수님의 제자들은 완전한 두려움에서 도망쳤습니다. 예수님은 시편 22편에 기록된 "나의 하나님, 나의 하나님, 왜 나를 버리시나이까?"(막15:34)라는 외침의 소리와 함께 침묵하였습니다. 그리고 신약 성서의 말씀들이 부활하신 자로 그의 나타나심에 관하여 알려주고 있는 것처럼, 새로운 만남을 통하여 먼저 예수님은 그의 제자들과 많은 다른 사람들에 대하여 하나님의 계시(啓示)가 되었습니다. 이 본문은 그가 세상의 삶으로 돌아갔고 그가 다시 죽어야한다고 말하지 않습니다. 오히려 그들은 예수님과의 만남을 묘사하여 신비한 방식으로 하나님의 삶에 참여하고 있음을 확신하게 되었습니다. 바울은 다시금 그것을 '예수 그리스도의 계시"로 부르게 됩니다(갈1:12). 이제 세상의 눈앞에서 인간의 삶과 죽음에 숨겨져 있던 것이 사람들에게 분명히 드러납니다. 하나님은 그의 삶과 죽음에 현존(現存)하여 계십니다. 그는 이러한 삶과 죽음을 자신의 것으로 삼았으며 - 그리고 전적으로 신앙의 희망의 역사에서 그것을 받아들였습니다. 예수 그리스도의 삶과 죽음과 부활에서 하나님의 역사는 기독교신앙을 위하여 구체화되었습니다. 그것에 대하여 그는 분명하게 말합니다.

오늘도 예수 그리스도를 선포한다: 2000년보다 더 이전에 모든 시대를 위하여 결정적인 하나님의 계시가 실행되었다는 것은 직접적으로 분명하지는 않습니다. 어떻게 한 사람의 우연한 역사가 작은 팔레스타인의 땅에서 우리를 위해 결정적인 정당성을 요구할 수 있는지? 무엇이 그것에 대하여 보편타당한 것일 수 있는지? 그것은 바로 그럼에도 불구하고 구체적으로 진리가 보여줍니다. "그 우연이 바로 진리"입니다(키에르케고르).

기독교 신앙은 예수 그리스도의 구체적인 역사 안에서 모든 사람들을 위한 구속력과 유용성을 발견하려고 합니다. 그것은 얼마나 넓게 이러한 역사가 지탱되는지를 판단할 수 있기 위하여 그와 함께 만들었던 경험들에 관계하는 것의 필요를 뜻합니다. 그것은 하나님의 계시와 경험의 진리에 대하여 외부로부터 추상적으로 판단할 수 없는 것에 관계됩니다. 왜냐하면 하나님은 한 상점에서처럼 자신이 가장 좋은 것을 찾아내기 위하여 나란히 세울 수 있는 사물이나 사건 정황들 하에서 자신을 그의 계시와 혼합시키지 않기 때문입니다. 하나님은 이스라엘과 나사렛 예수의 역사에서처럼, 한 역사에서 특별한 체험을 통하여 내·외적으로 움직이기 때문에 오히려 사람들을 만나십니다. 그래서 그들은 그분을 신뢰하기를 시작합니다.

하나님에 대한 이러한 인격적 신뢰는 강요될 수 있으나 그 누구에게도 그렇게 해서는 안 됩니다. 왜냐하면 이러한 신뢰는 자유로운 기쁨의 은혜 안에서 기꺼이 선택하는 것이어야 하기 때문입니다. 세계관들은 사실들에 관한 힘과 논증들의 논리를 통하여 찬성하는 사람들을 필요로 하는 것에서 나옵니다. 계시에 근거하는 저 하나님에 대한 신뢰는 오직 자유 안에서 생겨질 수 있습니다. 그것은 기독교 신앙이 하나님의 계시에 부름 받는다면 다른 사람들을 위해서 강요에 결부된 것이 아니라 초청에 결부된 것임을 뜻합니다. 그들은 자유 안에서 나사렛 예수와 이스라엘 역사의 경험들에 참여하며 - 많은 다른 사람들이 하나님과 함께 만들었으며, 항상 새롭게 만들게 될 그 경험들에 초대된 것입니다.

예수 그리스도의 역사는 통치자의 역사가 아니라 끈기 있게 "아래로 향하는 행렬"(빌프레드 헤얼레, Wilfried Haerle)로 특징 지워진 것이며, 이는 그들 역사의 특별한 표식입니다. 십자가의 말씀(고전1:18)과 하나님이 온전히 인간에 관계하시며, 그분이 가장 어두운 삶의 장소에까지 들어와 끝까지 관철한다는 소식은 하나님의 역사가 인간을 위한 오늘날에도 개방되어 있는 것입니다. 그것은 분명히 전달하기 힘든 것입니다. 왜냐하면 그 십자가는 사람들이 편안하게 들어와서 한 사람에게 적합한 곳에 자리 잡을 수 있는 비결을 가지고 있지 않기 때문입니다(코슈케 코야마, Kosuke Koyama). - 그렇지만 바로 그의 완강한 거절에서도 그것은 삶의 깊은 경험들과 연결됩니다.

3. 누가 하나님인지 - 마르틴 루터의 통찰

a) 믿음과 하나님은 한더미와 같습니다.

루터에게서 이것은 근본 토대였습니다. 우리가 하나님에 관해 말한다면 우리 삶의 근본 질문이 중요하며, 우리의 마음이 어디에 달려있는지 그것이 중요합니다. 그 때문에 하나님과 믿음은 함께 속한 것이며 바로 하나님을 "신뢰하는 그 일"입니다.   ╱ 믿음으로 산다

b) 숨어 계시면서도 자신을 나타내시는 하나님

사도 바울(롬1:20, 비교)처럼 루터 또한 자연적인 하나님 인식의 가능성을 수용하였습니다. 그러나 그는 하나님이 거기 계실 뿐만 아니라 나를 위해 거기 계신다는 하나의 확실성을 거기서 얻게 해주지는 않는다는 것을 암시하였습니다. 세계 실재는 하나님에 관한 말(게하르트 에벨링, Gerhard Ebeling)에 대항하여 논증들의 비창조적인 저장고(貯藏庫)처럼 보입니다. 그 안에서 우리를 놀라게 하며 흔들어놓는 너무 많은 것들이 일어납니다. 즉 폭력, 자연재해들, 고난, 죽음 등입니다.

하나님은 사람들이 그의 자비에 대한 믿음을 상실할 만큼 숨어 계시는 분으로 보입니다. 마르틴 루터는 "숨어 계신 하나님"(라틴어, deus absconditus)에 관하여 말했습니다. 루터는 숨어 계신 하나님을 자신의 깊은 의심가운데서 경험하였습니다. 그러나 이것이 전부가 아니라 그는 하나님이 예수 그리스도 안에서 사람에게로 순수하게 향하여 오심과 은혜로서 자신을 열어주고 계심도 경험하였습니다. 그것은 예수 그리스도 안에 "계시하시는 하나님"(라틴어, deus revelatus)을 만난 것입니다. 여기서 하나님은 나를 위하여 거기 계심이 분명합니다. 그럼으로 인간은 그가 숨어 계신 하나님 앞에서 놀랐다면, 나타내시는 하나님께로 피할 수 있습니다.

c) 십자가의 신학

하나님의 불가시적인 본체가 피조된 것을 통하여 인식되고 바라보게 된다는 하나님에 관한 한 말씀에 대한 그의 비판에서 루터는 그의 십자가의 신학(라틴어, theologia crucis)을 내세웠습니다. 다만 하나님의 향하신 본체가 고난과 십자가를 통하여 보며 인식하는 한 신학자로 정당하게 불려질 수 있을 것입니다. 거기 십자가에서 인간을 자유하게 하며 바르게 하시는 하나님의 능력은 반대(라틴어, sub contrario)편에서 보는 것입니다. 믿음은 그것을 목표합니다.

"우리의 하나님은 이미 거기에 계시는 것과 함께 자랑하는 것이 아니라 없는 것을 있는 것 같이 부르시는 분입니다(롬4:17). 그럼으로 이를 통해 하나님은 하늘과 땅의 창조주이시며 모든 만물을 없는 것에서 만들어내신 것을 말하게 됩니다... 기독인이기를 원하는 자는 아무것도 없는 것 가운데 계신 분과 교제하는 한 분 하나님을 기리도록 그의 마음을 그에게로 향합니다... 그것은 내가 그 안에서 아직 학생으로 배워야 하는 고도의 기술(예술)입니다. 아담은 우리에게 여전히 매달려 있으며 현존하는 그분과 광채를 내는 그 하나님만을 원합니다. 거기서 그러나 아무것도 없는 것과 교제하는 하나님에게서 그는 의욕을 갖지 못합니다. 그러므로 우리의 삶은 전혀 그것을 말씀 안에서만 파악합니다. 우리가 그리스도를 가지며 영원한 생명을 가지며 영원한 의와 도움과 위로를 가집니다. 그러나 그것이 어디에 있습니까? 우리는 그것을 상자 안에서도 아직 손안에서도 보지 못하며 홀로 어떤 말씀 안에서 뿐입니다. 하나님은 그렇게 온전히 아무것도 없음에서 그의 일을 이해 하였습니다."(1530년 삼위일체 주일 후 16째 주일, 눅7장 설교).

d) 세상 가운데 하나님의 임재

루터는 하나님에 관한 그의 말에 대한 계속적인 충돌을 성만찬에 대한 논쟁에서 가지게 되었습니다. 거기서 그에게 반론이 제기되었습니다. 만일 예수님이 하나님 우편에 계시다면 그분은 만찬에 육체로 임재 할 수가 없습니다. 다만 영적인 힘들만 만찬에 나아올 수 있을 것입니다. 그렇지만 루터에게서 "하나님의 우편"은 지정학적인 장소가 아니었습니다. "하나님의 우편"은 곳곳을 뜻하는 편재성을 말합니다. 그리스도가 하나님 우편에 계심을 말할 때는 그리스도가 하나님의 권세의 완전하심에 참여하게 됨을 생각한 것입니다. 그분은 그가 어떻게, 언제 원하는지, 그가 어떤 수단들을 통하여 현재화하기를 원하는지를 의미하는 것입니다. 따라서 이와같이 회중가운데 있는 떡과 잔, "안에, 함께, 아래"에 있을 것입니다.　／주의 만찬

"아무것도 그렇게 작지는 않으나 - 하나님은 이보다 더 작습니다. 아무것도 그렇게 크지 않으나 - 하나님은 이보다 더 크신 분입니다. 아무것도 그렇게 짧지 않으나 - 하나님은 이보다 더 짧은 분이십니다. 아무것도 그렇게 길지 않으나 - 하나님은 이보다 더 긴 분이십니다. 아무것도 그렇게 넓지 않으나 - 하나님은 이보다 더 넓으신 분이십니다. 아무것도 그렇게 좁지 않으나 하나님은 이보다 더 좁은 분이십니다. 그리고 그렇게 계속 생각하거나 생각할 수 있는 모든 것에서 위로, 밖으로 말할 수 없는 본체이십니다."(그리스도의 만찬에 관하여, 1528).

루터가 성만찬의 가르침에 대한 깊은 생각에서 얻었던 통찰들은 하

나님에 관하여 말하는 방식을 위한 결과들을 가집니다. 두 가지 모순적 (paradoxe)인 진술들은 하나님의 비밀의 윤곽을 분명하게 하기 위하여 필요합니다. - 그의 초월성은 하나님이 창조주로서 세계의 이면에 계심을 뜻하며, 그의 내재성은 하나님이 온전히 이 세상 가운데 들어오셔서 인간을 만나심을 뜻합니다.

4. 이성과 계시

철학과 신학의 역사에서 항상 세계에서 이성의 도움으로 하나님을 밝혀보려는 것과 또는 이성을 위하여 하나님을 쉽게 납득할만한 분으로 만들어 보려는 방법들이 항상 논쟁이 되었습니다. 이러한 방법들과 이로써 결부된 질문들을 여기에 간략하게 소개해보려고 합니다.

a) 형이상학

형이상학(形而上學)이란 하나님에 관한 사고의 기독교적인 특별한 방식이 아닙니다. 오히려 물리학, 즉 현세적인 사물과 그들의 운동에 관한 가르침에서 질문했던 희랍의 고대철학(古代哲學)의 표현물이 중요합니다. 형이상학은 존재하는 모든 것의 원인자(原因子) 또는 최종적인 근거에 대하여 질문합니다. 아리스토텔레스(BC 384-332)의 형이상학은 '하나님이 움직이며 바꾸는 세계의 처음이요, 마지막 원인일 것'이라는 이성의 논증들로 설명했던 질문에 대답했습니다. 중세 기독교 신학은 하나님에 관한 이러한 사고의 포괄적인 수용에 이르게 되었는데, 특히 스콜라주의자 토마스 아퀴나스(Thoma von Aquin: 1225-1274)에 의해서 입니다. 그러나 이러한 수용은 이미 초기 기독교에서 시작했던 기독교 신론(神論)의 오랜 전통을 통하여 준비되었습니다. 계시하시는 하나님을 알지 못하던 사람들이 그들의 피조성(皮造成)과 이성사용(理性使用)에 근거하여 이러한 하나님을 개략적이나

마 알 수 있을 것이라는 생각을 증명하려 했던 것입니다.

b) 자연신학(自然神學)

이러한 개관의 출발점들은 이미 성서에도 있습니다(행17, 롬1:19-21, 비교).
그러나 고대종교의 세계에서도 기독교 확장의 행렬에 그리스 철학의 신
(神)의 이해를 위한 의도와 함께 계시하시는 하나님에 대한 신앙의 일치를
증명하려는 노력이 증대하였습니다. 사람들은 '자연신학'(自然神學)을 계시
신학(啓示神學)과 구별하여 노력하는 신학이라고 부릅니다. 그것은 이러한
철학에서 파생된 하나의 개념(概念)입니다. 그것은 하나님의 한 본체(本體),
즉 하나의 본성에 대한 이성적인 질문을 특징지어 줍니다. 자연신학의 기
독교적 사용은 인간의 이성이 어떻게 하나님의 인식(認識)에 이를 수 있는
지 그 길을 보여주기를 원합니다. 이것은 매우 부정적인 것이 분명합니다.
왜냐하면 인간의 이성(理性)은 계시의 주인이신 삼위일체 하나님을 인식할
수가 없기 때문입니다. 하나님의 인식에는 믿음이 필요합니다. 그럼에도
불구하고 자연신학의 대변자들은 인간이 하나님의 피조물이며, 창조된 세
계에 힘입고 있는 어떤 방식으로 인간의 이성(理性)으로써 하나님의 이성
에 참여할 수 있다는 것을 전제합니다. 그러나 분명한 것은 인간은 믿음이
없이는 하나님의 존재를 인식하거나 그의 본질의 결정적인 특성을 알 수
가 없는 것입니다.

신학의 역사에서 하나님 인식의 가능성은 이성에서 나아와 다르게 판
단되었습니다. 가톨릭의 전통은 하나님의 이성 인식이 이따금 낙관적으
로 판단되었던 반면 개혁교회의 신학자 칼바르트(1886-1968)는 그의 계시
신학적인 방법에서 그러한 신학을 철저하게 거부하였습니다. 폴 틸리히
(1886-1965)와 같은 다른 신학자들도 하나님의 질문에 관한 그들의 의미에
서 그러한 신학을 수용하였습니다.

마르틴 루터는 인간의 자연적인 신인식(神認識)에 대하여 논쟁하지는 않았습니다. 그러나 루터는 하나님이 누구인지와 한 분 하나님이 계심에 대한 지식 사이에 그 차이를 충고하였습니다. 눈먼 젖소가 하나님과 함께 노는 것 같은 이성(理性)은 공허한 실책을 행하며 그 옆을 두드리게 됩니다. 더욱이 하나님이 무엇인지는 알게 됩니다. 그러나 거기서 올바른 하나님으로 부르는 그가 누구이며, 어떤 분인지 이성(理性)은 그것을 알지 못합니다... 한 분 하나님이 있음을 아는 것과 무엇이 또는 누가 하나님인가를 아는 것은 아주 큰 차이가 있습니다. 하나님이 있음을 아는 것은 본성이 알고 있는 것이며, 그것은 모든 사람들의 마음에 새겨져 있습니다. 그러나 누가 하나님인가를 아는 것은 오직 성령께서 가르쳐 주십니다. 종교개혁은 성서적 하나님의 신앙에 대한 깊은 생각에서 하나님의 인식과 예수 그리스도의 구체적인 역사를 얻게 되는 그 길을 걸어갔습니다. 예수의 역사는 그렇게 하나님에 대한 모든 말들을 위한 규범과 표준이 되는 것입니다.

그렇기 때문에 기독교 신앙은 루터가 특별히 하나님을 이성으로 해명하려는 비판적으로 발표했던 거기서 하나님의 계시는 이성을 대항하여 일어나는 것이 아니라는 것을 강조하였습니다. 루터의 종교개혁적 관철이 이것을 보여줍니다(1장을 보라). 그들 안에서 이성은 "유보된 것"이 아니라 장애가 된 이성으로 하여금 새로운 인식을 통해 자유롭게 되었습니다.

형성

1. 하나님에 관하여 인격적으로 말합니다.

성서가 그것을 증언하는 것처럼 사람들과 함께 하는 하나님의 역사는 구체적입니다. 그것은 일반적인 것에 머무르지 않습니다. 이것은 특별히 하나님을 인격적인 상대로 만나는 그 안에서 보여집니다. 즉 하나님은 인격적인 분이 될 것입니다. 그것을 통하여 바로 사람들은 그들 인격의 존재 안에서 그리고 그들 인격의 품위 안에 근거가 되었고, 강화되었으며, 확인되었습니다. 하나님은 인격적이시기 때문에, 사람들에게 가까이 오시며, 사람들을 가까이 그에게로 오게 할 수 있으며, 그를 기도 가운데서 부를 수 있습니다. 기독교 신앙은 그 때문에 하나님의 인격성을 강조합니다. 그리고 하나님이 모든 것 위에, 모든 것 안에, 모든 것을 통하여(엡4:6) 존재하신다는 인식과 함께 인격성을 연결합니다. 기독교 신앙은 인간적인 삶과 경험세계 저편에서 더 높은 본체에 관한 분으로 하나님에 관하여 말하지 않습니다. 그렇지만 인격적인 하나님에 관한 말로써 "소박하게" 신인동형적(인간적인 모습) 신 형상이 결합되지 않으며, 오히려 언어가 해결하는 것 안에서 사람들이 그들의 인격 안에서 "무조건적으로 행하시는 것"(Paul Tillich)을 뜻하는 그것입니다.

2. 다원적인 세계에서 하나님에 관하여 말합니다.

다원적인 세계에는 여러 가지 진리의 요구들이 있습니다. 기독교 외에도 다른 종교들과 세계관들이 여러 말로 그들의 존재를 알립니다. 그들 역시 하나님에 관하여 말합니다. 기독교신앙은 거기서 행동해야 합니다. 근본적으로 기독교회를 위해서입니다. 교회는 믿음의 고유한 인식들을 힘으로써 관철하기 위해 보냄을 받은 것은 아닙니다. 그들의 과제는 오히려 사람들과 함께 하나님의 역사를 증언하는 것입니다. 이것은 그들의 자체인식에 대항하여 기독교 신앙의 진리에 대한 사람의 동의를 요구하는 것은 배제합니다. 그럼에도 불구하고 기독교회의 증언은 상대화하게 하지 않으며, 보편적인 신론으로 해결하게 하지 않습니다.

그럼에도 불구하고 기독교회의 증거는 상대화하지 않으며 보편적인 신(神)의 가르침에서 풀리게 하지도 않습니다. 그렇게 예수 그리스도 안에 있는 하나님의 계시와 함께 특별히 생명으로 향한 길을 연결하는 분명한 문장들이 성서 안에 있습니다.

- "나는 길이요, 진리요, 생명이니 나를 통하지 않고는 그 누구도 아버지께로 갈 자가 없느니라"(요14:6).
- "다른 이로서는 구원을 얻을 수 없나니, 천하 인간에 구원을 얻을 만한 다른 이름을 우리에게 주신 일이 없음이니라"(행4:12).

이러한 성서구절들은 먼저 기독교 공동체 안에서 예수 그리스도의 독특성을 강조하는 기능을 가지게 됩니다. 그것들은 기독교적 자기이해를 위하여 참된 생명으로 가는 임의적인 길은 없으며 예수 그리스도의 생명과 죽음과 부활에서 밝히는 오직 이 한 사람 뿐이라는 인식을 묘사해줍니다. 기독인들은 하나님이 자신을 충만한 구원으로 계시하는 것을 예수 그리스도 안에서 알게 됩니다. 그 안에서 그들은 유익한 계시가 무엇인지를 위한 하나의 표준을 발견합니다. 이러한 표준으로써 그들은 다른 종교들과 세계관들과 함께 대화 가운데 나타납니다. 거기서 "자체의 진리 확신은 무조건적인 효력을 가지며 낯선 진리의 요구들은 경계심을 가지게 된다는 것"이 유효합니다(빌프리드 헤얼레, Wilfreid Haerle).　↗ **하나님과 종교들**

3. 의심과 시험(유혹)

의심하지 않는 믿음은 없습니다. 성서 안에서 드러난 모습이 이를 잘 보여줍니다. 욥, 선지자 예레미야와 엘리야, 세례 요한, 베드로나 도마 등도 동일하게 의심을 알았습니다. 시편의 많은 사람들이 시험을 통하여 성장했습니다.

생각 없이 믿기를 원하지 않는 자는 제외된, 하나님에 대하여 의심하는 사색이 있습니다. 왜냐하면 하나님의 실재와 유익한 관심은 생각에서 스스로 밝혀내지 못하기 때문입니다. 그러나 사람들은 하나님에 대하여 의심하는 그 무엇이 있습니다. 이러한 의심을 마르틴 루터는 시험이라고 부릅니다. 그것은 분명히 믿음의 동반자입니다.

"사람들은 하나님의 침묵에서, 더 많은 삶의 신앙에 대립하는 큰 반론에 시달립니다. 돌이 깊은 목구멍으로 들어가는 것처럼 우리의 기도들이 어두운 심연으로 떨어지는 것에서 시달립니다. 그가 넘어져 부딪치는 것에서 더 이상 듣지 못합니다. 하나님은 한 사람에게 기도를 어렵게 합니다. 사람들은 매일 그에게 세상과 자체의 고난들이 귓전을 때립니다. 하나님은 침묵합니다. 만약 사람이 분노할 힘이 있다면 말입니다. 맹인들의 눈빛과 가난한자들을 위한 권리를 그리워할 능력이 있다면, 시편들이 아주 많이 알고 있는 기적과 하나님의 강한 팔을 그리워 합니다."(풀베르트 스테판스키, Fullbert Steffansky).

시험은 믿음 안에서 간단히 해결되지 않았습니다. 게다가 그 시험은 믿음과 매우 결합되었습니다. 그들 안에서 믿음과 하나님의 기대는 특별히 압박하면서 위협을 받으면서 표현합니다. 믿음은 그 때문에 항상 시험의 면전에서 "그럼에도 불구하고 나는 당신에게 머무릅니다"라고 시편 73편(시73:23)의 의심하는 자는 기도합니다. 그리고 아버지가 그의 병든 아들을 위해 염려가운데서 말합니다. "나는 믿습니다, 나의 믿음 없음을 도와주소서!"(막9:24). 이것은 기독교 신앙을 위해서 분명합니다. 시험을 당하면서 하나님을 의심하는 자는 하나님에게서 분리되는 것은 아닙니다.

항상 스스로를 시험받는 자로 경험했던 루터는 여전히 다른 시험을 알고 있습니다. 그는 이것을 사람들이 전혀 느끼지 못하는 일터에서 봅니다. 왜냐하면 그들에게는 좋지만, 그들은 하나님을 잃어버린 채 살고 있기 때문입니다. 즉 "그럼에도 그것 역시 가장 위험한 시험이라면 어떠한 시험도 거기에 없으며, 모든 것이 잘 견디며, 사람들이 하나님을 잊어버리지 않는다면…… 행복한 시간을 남용한다면, 그렇습니다. 여기서 그는 탐탁지 않은 것들에서 보다도 하나님의 이름을 열

번 이상 불러야 합니다."(선한 일들에 관하여, 1520).

4. 하나님과 관계합니다.

"사람들이 하나님을 인정하는 곳에 그는 거하십니다"란 말은 하나님이 어디에 계시는지에 대한 물음의 대답으로 랍비의 역사가 말해 준 것입니다. 하나님은 자신 쪽으로 강요하지 않습니다. 그는 자신을 스스로 밝히십니다. 그럼에도 하나님이 인간을 위하여 마음대로 하지 않는다는 그 통찰은 영성에 관한 연습을 포기하기 위한 어떤 근거가 아니어야 합니다. 삶의 일상은 역시 믿음의 연습입니다. 기독교적이며 성서적인 전통의 보화에서 하나님을 찬양하거나 그에게 간청하면서 부르기 위하여 여러 형식들이 제시되어 있습니다. 찬송, 시편, 기도 등 입니다. 일상의 삶에서 하나님을 허용하는 것은 간단하게 시작할 수 있습니다. 간단하게 루터의 아침과 저녁의 축복기도와 더불어 아침의 활동과 관계된 행동이 언급되었고, 저녁에는, 만약 낮의 모든 일들이 이날에 조화를 이루었을 때, 행한 것을 뜻합니다.(기도, 878쪽 이하.)

[루터의 아침 축복기도]

다스리시는 하나님 아버지, 아들과 성령이시여, 아멘!
나는 하늘의 아버지, 당신의 사랑하는 아들, 예수 그리스도를 통하여
특별히 이 밤에 해 받음과 위험에서 나를 지켜주심에 대하여 감사합니다.
그리고 나의 행동과 삶의 모든 것이 당신을 기쁘게 하도록
이 날에 죄와 모든 악에서 나를 지켜주시기를 간구합니다.
이는 나의 몸과 영혼과 그 외 모든 것이
당신의 손 안에서 지시를 받기 때문입니다.
악한 원수가 그 어떤 권세로도 나를 찾아내지 못하도록

당신의 거룩한 천사가 나와 함께 하기를 소원합니다.

[루터의 저녁 축복기도]

다스리시는 하나님 아버지, 아들, 성령님, 아멘!
나는 당신이 오늘도 은혜로 나를 지켜주심에 대하여
당신의 사랑하는 아들, 예수 그리스도를 통하여
나의 하늘의 아버지이신 당신에게 감사드립니다.
그리고 이 밤 역시 나를 은혜로 지켜주시며, 내가 불의를 행한 곳에서
나의 모든 죄를 용서해 주시기를 간청합니다.
나는 나와 나의 몸과 영혼과 나의 모든 것이 당신의 손 안에서
지시를 받기 때문입니다.
악한 적이 나에게서 어떠한 권세를 발견하지 못하도록 거룩한 천사가
나와 함께 하기를 소원합니다(루터의 소요리문답서에서, 1529).

[참고도서]
- 바르트(Barth, H. M.) : 교의학, 세계종교들의 정황에서 개신교 신앙, 2001.
- 보흐러(Bohrer, K. H.), 쉘(Scheel, K.) : 하나님에 대하여 질문한다, 종교적인 것에 대하여, 1999.
- 프뢰어(Froer, H.) : 내가 사랑하는 한 사람에 관한 것처럼, 나는 하나님에 관하여 이야기하기를 원한다, 1999.
- 헤을레(Haerle, W.) : 교의학, 3권 수정판, 2007.
- 후페텐(Houtepen, A. W.) : 하나님 - 열려진 물음, 하나님은 하나님 망각의 시대에 생각한다, 1999.
- 밀레스(Miles. J.) : 하나님 - 하나의 생애, 1996.
- 자우터(Sauter G.) : 개신교 신학의 근본 개념으로서 칭의, 1993.
- 슈나이더 프룸메(Schneider Flume, G.) : 교의학 기본코스, 하나님의 역사에 대한 심사숙고, 2판, 2008.
- 차른트(Zharnt, H.) : 하나님과 함께 하는 일, 20세기의 개신교 신학, 1990.

1.2 하나님의 말씀, 성서

인지

성서는 가장 널리 보급되었으며 가장 많이 번역된 모든 시대의 책입니다. 그것은 배포가 금지된 나라를 제외하고 매년 지구상 거의 모든 나라에서 최고의 회수에 이르는 출판물입니다. 성서는 전 세계의 베스트셀러입니다. 2007년에 3억 9천백 만권 이상의 성서가 전 세계적으로 배포되었습니다. 성서는 2,508개의 언어로 또는 적어도 성서의 부분적인 책들이 읽혀 질 수 있었습니다(2009년 통계). 성서 전체는 459개의 언어로 만들어졌고, 신약 성서는 1,213개의 언어로 개별 각 권별 성서는 836개의 언어로 출판되었습니다. 아시아와 아프리카와 남아메리카의 사람들은 하나 이상의 여러 언어들을 사용하고 있기 때문에 거의 90%가 알려진 언어로 성서를 읽거나 테이프나 CD를 통해 들을 수 있습니다.

그것은 어떻게 설명되는 것일까요? 기독교의 특수성은 거룩한 장소와 거룩한 언어로 알게 되는 것이 아니라는 것입니다. 기독교는 거기서 모든 다른 종교들로부터 구별됩니다. 사람들은 하나님을 만나기 위하여, 거룩한 땅으로 여행해야 하거나, 또는 성서적인 원래 언어를 알 필요는 없습니다. 더욱이 구약은 히브리어로, 신약은 그리스어로 저술되었습니다. 그러나 두 언어들은 지구상에 모든 언어들처럼, 번역이 가능합니다. 그 때문에 과거에 그리스도인들은 번역하여 알리는 일에 열중하였습니다. 지금도 모든 사람들에게 성서를 그들이 이해하는 언어로 접근하게 되도록 성서단체들이 노력하고 있습니다. 마르틴 루터(M. Luther)이래로 성서번역은 개신교 기독인의 특별한 관심사입니다. 제2차 바티칸공의회(1962-1965)이래로 개신교와 가톨릭과 정교회 신자들은 가능한대로 성서번역에 함께 노력하고 있기도 합니다.

방향

1. 인류의 책 - 성서의 길에 관하여

성서는 인류의 가장 오래된 기억들에서 기인 되었습니다. 대략 거대한 홍수사건(창6-9)에서, 그것은 자체의 원천적인 것을 넘어서(창2·7)있는 것처럼, 인간의 가장 오래된 깊은 생각을 보존합니다. 살아 있는 강(江)이 항상 새로운 지류(支流)의 모습처럼 그렇게 성서 전승(傳承)은 세기를 지나는 과정에서 새로운 경험들을 그 자체에 수용합니다. 먼저 이러한 강(江)은 히브리어에 동승(同乘)하여 작은 이스라엘의 경계선 안에서 계속 움직입니다. 그렇지만 그 모습은 전 인류와 관계됩니다. 그의 조상들인 아브라함과 이삭과 야곱에 관한 이스라엘의 기억(독일어 'Erz', 그리스말 아르케=처음이란 뜻)은 BC 2천 년 중반기에까지 거슬러 올라갑니다(창12-25).

오랜 기간 동안 모든 것이 구전(口傳)으로 이루어진 사건이었습니다. 즉 이야기들, 법적 조항들, 노래들, 기도들이 한 세대에서 다른 세대에로 계속 전달되었으며, 거기에 새로운 것이 첨부되었고, 많은 것은 또한 잃어버렸습니다. 그렇게 그들은 2백 년 이상 목자와 농부로서 가나안 땅에 살았습니다. 다만 전쟁(戰爭)의 경우에 그들은 한 지도자가 필요했습니다(루터, '재판관'). 그러나 그들은 왕이나 통치자나 아무런 문서적인 것을 필요로 하지는 않았습니다. 비극적인 모습을 가진 사울은 과도기의 인물입니다. 앞서 '재판관'처럼 스스로 카리스마적인 지도자였던 그는 왕처럼(삼상8-31) 통치합니다. 그리고 다윗이 후계자로 그를 뒤따랐으며 모든 시대에 잊지 못하는 왕입니다(삼상16-왕상2). 그는 예루살렘을 그의 도시로 만들었고, 그의 아들 솔로몬은 결과적으로 거기다 성전(聖殿)을 건설하였습니다(왕상6-9장).

군주정치와 함께 은사적인 하나님의 직접 통치는 없어진 것이 아니라 대략 BC 1000년 이래로 왕과 백성에 대한 비판적인 상대로서 선지자의 역할이 등장합니다. 계속해서 그들의 길은 권세를 가진 자로 동반되었습니다(삼하7:11-12). 광대한 반열에 등장한 매력적인 인물들의 마지막은 세례 요한입니다(마11:13). 선지자들에게서는 통상적인 의미에서 예언자와 관찰자가 문제가 아니라 먼저 신학과 정치적인 일들에서 비판적인 조언자가 문제입니다. 다윗의 시대에 글자로 기록한 문서가 이스라엘에 도달되었습니다(지금까지의 상형문자와 음절문자 대신). 그것은 오래지 않은 먼저 페니키아인들로 아마도 비블로스(Byblos)에서 발견되었습니다(이 도시의 이름에서 궁극적으로 '비벨'(Bibel, 성서)란 말이 유래합니다). 지금 옛 것이 기록되었고 계속해서 작성되어 현재의 모습으로 확정되었습니다. 그리고 하나의 '히브리어의 국가문서'가 생겨났습니다(헤르더, J.G.Herder).

다윗의 국가는 거의 백 년간 솔로몬 이후에 북쪽에 '이스라엘'(수도 사마리아 - 오늘날 나브루스) 그리고 남쪽은 유다(수도는 예루살렘)왕국으로 분열했지만 멸망하지는 않았습니다. 북쪽 왕국에서의 선지자들 엘리야(왕상17-19, 21, 왕하1-2), 아모스, 호세아 등이 활동했습니다. 국가분열 이후에 2백 년 경에 그 왕국들은 멸망되었습니다(BC 722년, 왕하17). 그렇지만 전승(傳承)의 강물은 계속 흘렀습니다. 토라(히브리어=가르침, 모세의 5권의 책들)는 오늘날까지 머물렀으며 그것들은 다만 사마리아인들 즉, 한때 북쪽 왕국에 있던 사람들의 성서였습니다. 이것들은 승리가 빛났던 앗시리아에서 온 이주(移住)자들과 함께 혼합되었고, 그 때문에 남쪽 왕국인 유다 사람들로부터 완전한 가치를 가진 이스라엘 민족으로는 더 이상 인정되지 않았습니다. 양 그룹(사마리아와 이스라엘)들 사이에서 신앙의 분리가 생겨났습니다.

남쪽 왕국에서 이사야, 미가, 스바냐, 예레미야, 에스겔 등의 선지자들이 활동했습니다. 북쪽 이스라엘 이후 백 년 경, 역시 남쪽의 유다왕국도 그의 자유를 잃어버렸습니다(BC 587, 비교 왕하2, 대하36, 렘52, 애가). 상부층은 유배되었습니다(바벨론 포로, 렘29). 유다는 계속해서 옛 거대 왕국의 부분으로 상당한 압박을 받았습니다. 페르시아의 통치하에서(BC 332년까지 - 선지자들은 학개, 스가랴, 말라기, 에스라, 느헤미야 등), 애굽과 시리아/셀로이키덴 왕의 통치에서(BC 64년 - 토비아스, 유디트 1/2, 마카비아 등), 마침내 로마의 통치(AD 638년 - 예수스 시락 BC 190년, 에스더 BC 130년, 마나세의 기도, 다니엘, 솔로몬의 지혜서, 대략 BC 1세기)가 등장합니다.

이스라엘의 신앙은 언제나 위협을 당하였고, 소외되었으며, 지워져 버렸습니다(마카비). 그리고 백성은 멸망하게 됩니다(에스더). 정치적인 관계들이 위기에 이를수록, 더욱더 중요한 것은 거룩한 문서들입니다. 이러한 고난의 시대에 그들 중 많은 사람들은 그 문서의 오늘의 모습을 보존하였습니다. - 부분적으로 그 문서들의 이름을 유지해 온 사람들이 죽고 오랜 시간이 흐른 후 입니다.

그러나 벌써 새로운 것이 일어났습니다. 바벨론 포로생활 이래로 유대인들은 여러 나라들로 흩어지게 되었습니다. 특히 가까운 이집트로 - 흩어짐 가운데 있는 하나님의 백성이었습니다(디아스포라). 곧 그들은 팔레스타인에 있는 유대인들보다 더 많았습니다. 많은 사람들은 더 이상 성서를 히브리어로 알릴 수가 없었습니다. 더 중요하게 거룩한 문서들은 비밀 종교의 비밀스런 텍스트로 머물러 있을 수가 없었습니다. 이스라엘은 그의 보화(寶貨)에 대한 부분을 전 세계에다 전해주었습니다! 그래서 성서적인 문서들이 BC 3-2세기경 이집트에서 그 당시 지중해 공간에서 지배하던 언어인 그리스어로 번역되었습니다. - 사람들은 이 번역을 70인역(Septuaginta)이라고 불렀기 때문에 - 전설에 따르면 72명의 남자들에 의하여 번역되었습니다(그리스어 - 70은 로마의 숫자표지 LXX으로 요약하였음). 다시 전승의 강물은 그렇게 나누어졌습니다. 하나의 지류, 즉 유대인들이 기도하며 옛 히브리어를 사용하는 세계 곳곳에서 오늘날까지 예배를 행합니다. 다른 하나의 지류, 즉 70인경은 그리스어를 말하는 세계를 열매 맺게 하였습니다. 많은 이방인들이 유대교로 향하여 오게 되었고 아브라함(창 12:3)에 대한 축복은 계속적으로 살아 있었습니다.

예수님은 유대교의 이러한 히브리 문서들에 관계했습니다. 초기 기독 교회 공동체는 먼저 예수님의 말씀들을 기록하는 것을 생각하지 못했습니다. 그 공동체는 곧 예수 그리스도의 재림의 기대 가운데서 살았습니다. 예수님의 말씀들은 그럼에도 계속 예배 가운데서, 세례학습 가운데서 그리고 공동체의 반대자들과의 논쟁 가운데서 유지되고 있었습니다. 사도 바울은 그의 여러 교회공동체들과 편지로 말씀들을 교환하였습니다. 그리고 거기서 예수님의 말씀들과 초기 신앙고백의 표현들이 수용되었습니다. 예수님의 역사를 더 큰 이야기와 관련하여 제기했던 복음서들이 후에 생겨났습니다. 1세기 말경 거의 모든 신약의 본질적인 문서들이 존재하게 되었으며 책임적인 구분은 4세기경에 포괄적으로 종결되었습니다(비교, 6. 정경의 형성과정).

교회는 이러한 길을 계속하였습니다. 교황 다마수스 I세(366-384)의 위탁으로 히로니무스(Hyronimus)는 지금까지 라틴어 번역들을 원 언어(이탈라: Itala)에 근거하여 진행하였습니다. 그의 작업은 알쿠인(Alkuin, 804년 사망)을 통하여 다시 한 번 수정하여 천년 이상 서방의 성서인 '불가타'(Vulgata: 라틴어 = 보편적으로 확대된 것)가 되었습니다. 동방에서 발원(發源)되어 강물은 그리스와 라틴어를 거쳐 독일어에 이르렀습니다. 그 당시와 오늘날 그 강(江)은 계속적으로 사방으로 뻗치고 있습니다. 항상 새로운 언어로 성서는 번역되었습니다. 유대교와 기독교를 넘어서 성서는 본질에 따라 항상 존재했던, 바로 인류의 책이 되었습니다.

2. 번역의 과제

유대인들(그리고 무슬림)은 오직 거룩한 원본 텍스트안에서 그들의 책을 예배와 기도와 가르침에 사용합니다. 그것이 번역되었다는 것은 당연하지 않습니다. 그러나 우리는 이미 헬라어 번역본에서만 예수님의 말씀을 가지고 있습니다('아바: abba'와 같은 몇 가지 아람어 단어를 제외하고, 막14:36). 기독인들은 대개 하나의 번역(繙譯)본에서만 성서를 알게 됩니다. 그 차이는 단지 표면인 것만은 아닙니다. 번역은 화폐(貨幣)의 다른 것으로의 환산(換算)과 동일한 것이 아니기 때문입니다. 성서의 번역은 오히려 이중적인 내선(內線) 바퀴와 같습니다. 성서는 독일어로, 독일어는 성서에 집어넣었습니다. 양자는 그들이 있었던 그대로 머무르지 않습니다. 이전에 한 목수인 요셉이 교회당 제단의 형상들에서, 마리아가 시민의 아내요 빌라도의 병사들이 미래적인 나라의 종들이었던 것처럼, 그렇게 거룩한 역사가 그 당시 현재의 창 안에서 온전히 나타납니다. 비슷하게 루터는 그의 '사랑하는 독일인들'의 외적이며 내적인 세계 안에서 번역하게 됩니다. 이러한 번역은 그것들을 통하여 성서가 - 그것을 그렇게 말하기 위하여 - 우리의 살과 피 속으로 나아가게 되도록 완전하게 되었습니다. 그것은 일상(日常)과 명언(名言)들과 시(詩)에서 항상 우리 언어들에 오늘날까지 영향을 미치게 됩니다. 사람들은 "그의 열 므나로 풍성하게 하라"(눅19:13), "일하기를 원치 않는 자는 먹지도 말라"(살후3:10)라고 말합니다. - 많은 예들이 100가지 이상 있습니다. 광고도 성서의 언어에 연결합니다. 괴테의 "파우스트"와 많은 시 작품들은 사람들이 기둥들을 지탱하고 있는 집처럼 무너질 것입니다. 사람들은 모든 성서적인 인용들을 호소하는 것들과 비유들을 칭송하게 될 것입니다. 또한 그것들에 대하여 보여주는데, 만일 성서가 한 언어로 생명을 옷 입히게 되면 그 안에서 엄청난 방식에 이르기까지 풍성하게 하며 심화됩니다. 반대로, 모든 언어는 번역에서 그들의 경험들과 생각들을 성서적인 전승으로 가져오게 됩니다.

3. 성숙함은 성서 말씀의 본질(本質)입니다.

"기록은 언어의 남용입니다"(괴테). 성서의 전승은 본질적으로 구전에 의한 것입니다. 그리스도인이 되기 위해서 사람들은 먼저 진지하게 읽어야 합니다. 하늘은 문맹자들에게 닫혀져 있지 않습니다. 성서 전승의 문자화(文字化)는 당연하지 않습니다. 이따금 그것은 고난에서 탄생되었습니다. 사람들은 그 고난을 들으려하지 않았기 때문에, 예를 들면 예레미야는 그가 말하려 했던 것을 내려썼고 그것을 낭독하게 했습니다(렘36). 바울이 그의 공동체들에 함께 있을 수 없었을 때, 그는 그들의 질문에 문서로 대답을 밝혀야만 했습니다(고전7:1). 빌립보교회를 향한 편지는 바울이 그가 받아쓰게 한 것입니다(빌1:12). 아마도 그는 한 번 의도적으로 거리를 두었다가, 공동체 평화의 관심으로 먼저 쓰면서 말씀으로 알렸습니다(고후2).

사람들은 한 사람이 붓을 잡고 또는 받아 적었던 것이 어떤 필요성 때문이었는지를 질문할 수 있습니다. 기록되기 전에 말씀이 구두 적인 것이었다면, 그것은 음악 악보들에 의한 것처럼 종이와 잉크에서 다시 구두(口頭)로 하는 말이 되도록 이루어집니다. 생생하게 소리를 얻고, 그 입으로 하는 말로써 살아 있는 증인이요, 형제요 또는 자매가 거기에 있다는 소리를 듣는 것입니다. "하나님이 사람을 통하여 울리게 하는 그의 구전(口傳)적인 말씀에 우리를 연결합니다"(루터). 그밖에도 사람들은 생각하게 되는데, 우리 시대의 거대한 도서 시장과 책 인쇄에 이르기까지 성서는 예배에서 낭독하는 한 권의 책으로 머물러 있습니다.

4. 문서의 영감

예수님은 스스로 기록한 문자의 글줄을 하나도 남기지 않았으며, 모든 것은 불안함이 없이 구전(口傳)적인 말에 의탁하였습니다. 그것은 변질 되거나 또는 잊어버릴 수도 있습니다. 그는 사람들이 - 말과 행동에서 - 그것을 자각(自覺)할 수 있도록 그렇게 말해주었습니다. 그것을 넘어 그는 그의 말이 분명해지도록 시도하지 않았습니다. 그는 모든 것을 '아버지께' 내맡겼습니다. 그러나 - 특히 후에 예수님의 생애 시기보다도 다른 상태에 있었기 때문에, 제자들이 어떻게 모든 것을 자각하게 되고, 이해할 수가 있었는지? 그들은 실제로 예수님의 말씀에 붙들렸습니다. '아버지께서', '위로자'(성령)를 보내실 것이며 그분이 그들에게 오셔서 모든 것을 가르치시고 예수님이 그들에게 일러준 모든 것을 기억하게 하실 것이라고 말씀하셨습니다(요14:26). - 그렇게 그들은 이를 경험하였습니다. 제자들은 예수님의 많은 말씀을 신실하게 잘 보존했습니다. 분명 그들에게 많은 것들이 이해되지 않았지만 잊지 않고 기억하였습니다. 그러나 그들이 예수님의 죽음 이후에 관하여 말한 것과 기록한 것은 예수님이 아람어로 한 말씀들의 단순한 반복보다도 그리스어 안에서 더 많았습니다. 그것은 그 당시의 것에 대한 자체의 기억보다 더 많았습니다. 그들은 세상의 빛으로서 태양처럼 빛을 발하면서 그들이 이해하고, 그들에게 떠올랐던 예수님을 선포하였습니다.

그러므로 교회는 복음이 성령으로부터 영감 되었다는 사실을 말하게 됩니다(라틴어 = 입김을 불어 넣었다). 누가는 엠마오를 향하는 청년들의 이야기에서 그것을 그렇게 기록합니다(눅24:13-35). 즉 예수님의 제자들은 하나님이 이스라엘의 희망들을 예수 안에서 성취하리라는 것을 알고 믿었습니다. 십자가 위에 새긴 글씨도 이러한 희망을 증언합니다. "이분이 유대인의 왕이시다"(눅23:38). 예수님이 사형 당하신 이후 일요일에 그의 두 추종자들이 실망한 채 예루살렘을 떠나 엠마오로 가게 됩니다. 한 낯선 사람이 그들과 함께 가면서 그들에게 보여줍니다. 예수님의 길은 거룩한 문서들에 기록된 내용에 일치합니다. 거기서 그들의 눈은 열려졌습니다. 그들은 위로를 얻을 방법을 몰랐으나 그분(예수님)이 바로 그들에게 문자를 이해하도록 해 주었던 그분이었습니다(눅24:27). 이러한 기적은 다만 저 두 사람들과 후에 11명의 제자들에게서만 경험된 것이 아니었습니다(눅24:44-47). 언제나 새롭게 사람들에게 나타납니다. 문서(구약)는 예수님에 관하여 증언하는 내용입니다(요5:39). 죽음을 통하여 행하시고 새로운 생명으로 부활하신 예수님이 그 기록된 문서들을 열어주신다는 것 - 이러한 경험은 기독교 성서의 근원입니다. 신약의 문서들은 그 때문에 예수님의 전기(傳記)로 이해하는 것이 아니라 예수님이 '그리스도'(요20:31)라는 증언으로 이해해야 하는 것입니다. 영감의 기적에 있어서도 성서의 저자들이 받아쓰기의 도구들로 오해하는 잘못된 이해가 행해집니다. 사람들의 느낌, 생각, 원함이 오히려 "배제된 것"이 아니라 하나님의 계시를 증언하기 위하여 섬김 가운데서 수용된 것입니다. 영감(Inspiration)은 한 사람이 하나님의 현존으로부터 그것이 예수 그리스도 안에서 보이는 것처럼 그렇게 사로잡혀 그의 기록과 말씀이 온전히 거기서부터 결정된 것임을 뜻합니다. 이러한 말과 기록은 한 인간의 정황을 통하여 그의 언어와 문화를 통하여 세대와 교양을 통하여 한정되어 있으며 - 그러나 동시에 이러한 한정된 정황을 뛰어넘어 계시의 증거로서 가르치게 됩니다.

5. 성서는 - 하나님의 말씀

성서는 '하나님의 말씀'입니다. 그것은 무엇을 뜻하는 것일까요?

a) 창조적인 말씀

성서가 먼저 스스로 "하나님의 말씀"이란 것은 단지 태초에 말씀이 된 것이 아니라 계속해서 행하며(시33:9) 어떤 사람도 이해하지 못하는 바로 창조적인 말씀입니다(창1장, 요1장). 이러한 말씀이 성서를 증언하며, 성서가 그 말씀 자체는 아닙니다.

b) "주님은 그렇게 말씀합니다."

성서는 하나님의 말씀을 말하는 사람들에 관하여 말합니다. 한 가지 예는 아모스 선지자의 책 시작에서 발견합니다. "이것은 아모스가 드고아의 양치는 목자들과 함께 있을 때, 보았던 이스라엘에 대한 것입니다(북쪽 왕국)... 그리고 그(아모스)가 말했습니다... 주님은 그렇게 말씀합니다"(암1:1-3). 아모스는 다른 사람들이 보지 못하는 그 무엇을 봅니다. 그는 알게 됩니다. "그것을 내가 공개적으로 말해야만 합니다." 그는 이러한 당위성을 아주 깊게 경험하고, 그가 말하는 것은 그 자신의 소원을 넘어서 하나님으로부터 무엇인가 임하여오는 것입니다. 즉 "주님은 그렇게 말씀하십니다." - 비슷한 것이 행4:19 이하에도 나오는데 공의회(公議會)가 베드로와 요한에게 예수님을 공개적으로 계속 전파하기를 금지했을 때, 그들은 "우리가 하나님보다도 여러분들에게 더 순종하는 것이 하나님 앞에서 옳은지를 스스로 판단하십시오! 우리는 우리가 보고 들은 것을 말하지 않을 수가 없습니다."라고 대답하였습니다. 그들은 예수님에게서 그의 길과 그의 행동을 보았고, 그의 말씀들을 들었습니다. 그러나 그들은 지금 예수님이 십자가에 달리신 이후, 부활의 주님을 만난 이후 열려진 눈과 귀로써 새롭게 보고 들었습니다. 그래서 그들은 그것에 관하여 말해야 하며, 그들의 삶으로써 그것에 대하여 책임지도록 압도당한 모습으로 있었습니다.

성서는 물론 참되고 거짓된 예언 구별하기를 알고 있습니다. 성서 전체는 그렇게 잘못된 예언에 대한 경고가 온통 배여 있습니다(렘6:13 이하, 마7:15, 마24:23-26). 순교자의 죽음은 스스로 그것이 하나님의 일을 위한 증거가 아니라 거기서 죽게 된 자들을 위한 것입니다(고전13:3).

c) 예수 그리스도가 하나님의 말씀입니다.

마침내 예수 그리스도는 스스로 로고스(그리스어 = 말씀, 요1:1, 히1:1-3)입니다. 기독교 신앙은 그 때문에 홀로 그가 말한 것을 지향하는 것이 아니라 하나님의 말씀이신 그에게로 향하는 것입니다. 그렇게 마르틴 루터에게는 성서가 "기독교를 움직이는" 지의 질문에서 거룩한 문서의 텍스트를 위한 시금석(試金石)이 되었습니다.　　　↗ 말씀과 설교

d) 성서는 자체에 대하여 스스로 말합니다.

교회는 "성서에 대한 어떤 믿음"을 요구하지 않습니다. 그렇지만 사람들은 성서가 증언하는 말씀으로부터 적중된 일이 발생합니다. 수 세기의 과정에서 성서 텍스트들은 수없이 많은 것들을 가지게 되는데 - 성서적인 형태 안에서, 찬송 구절이나 또는 신앙의 가르침의 문장에서 - 길과 진리가 삶과 죽음에서 입증된 것들입니다. "성서가 나에게 하나님의 말씀입니다"란 말은 감사할 만한 경험의 한 표현입니다. 그러나 아무도 그것을 따라 말하지 않아야 합니다. 그렇지만 성서는 그 경험들이 자신을 위하여 이제 스스로 하나님의 말씀으로서 경험되도록 우리를 초대합니다.

6. 정경(正經)의 형성과정

기독교 성서는 처음부터 헬라어 성서인 70인역(LXX)에 관계되었습니다. 교회는 성서에 고유한 문서들의 가장 중요한 것들을 두 번째 부분으로 추가했습니다. 신약의 문서들은 모든 것을 - 많고 적고 간에 - 70인경의 그리스어로 기록되었습니다. 이미 200년경에 기독교 성서의 범위가 본질적인 것 안에 정경(Kanon, 표준)이 확고히 서 있었으며 오늘날까지 교회들에 공동적인 것으로 머물렀습니다.

a) 구약

"구약"(舊約)이라는 이름은 "신약"(新約)의 표시처럼 바울에게로 돌아갑니다(b번 이하를 보라). 우리가 지금 "히브리어 성서" 또는 "첫 번째 언약"으로서 구약을 말할 때, 우리는 이 책이 자체의 형성과정에 힘입고 있는 것과 히브리적이며-랍비적인 유대교의 역사에서 이루어진 것임을 존중합니다.

그들 양쪽 부분들에서 성서는 신적인 권위를 가진 인간들의 말로 이해할 필요가 있습니다. 지금 이스라엘은 결코 지나간 과거의 것을 보존하거나 거룩한 것으로 유지하려는 것이 아니라, 현재적인 것으로 해석하고 거기서 거룩한 하나님의 흔적을 발견하기를 원합니다. - 우선적으로 선지자들이 내세웠던 과제를 찾는 것입니다. 수백 년간 그러한 전승들은 구전으로 계속 전달되었습니다. 거기서 역사적인 관심을 유도하려는 것은 아니었습니다. 오히려 그 전승들이 구체적인 상황에서 하나님의 얼굴아래에서 한 사건이 옮겨지는 통찰을 위한 눈들을 열어야 했었습니다. 모세 시대와 조상들과 원 역사(창1-11)의 주제들이 언제나 새로운 언어와 새로운 모습에서 그렇게 현실화되었습니다. 전승된 말씀에 대하여 새로운 것이 첨부되었습니다. 즉 옛 것은 그렇게 그 당시의 현재로써 하나의 대화가운데 이르렀습니다. 후기 편집적인 수정작업은 여러 가지 전승의 역사들을, 모세의 책들로 우리에게 놓여 있는 것처럼, 통합에로 융합되었습니다.

전승에서 긴장되는 것들과 이중성을(예를 들어 창6-8의 노아홍수 이야기에서)가진 것으로부터 나아가면서 그들 원천적인 구성요소들 안에 있는 텍스트를 재구성하는 학문적인 연구가 18세기에서부터 시작되었습니다. 19세기에 율리우스 벨하우젠(J.Welhausen)의 연구 이래로 모세의 책들 안에서 4가지 원천 문서들이 고전적으로 구별되었습니다.

- BC 950년 경, 그 시대에 나온 '야비스트'(J). 이것은 다른 것들 가운데서 낙원의 이야기와 두 번째 창조 이야기를 포함합니다. 그는 예를 들어 하나님의 이름으로 테트라그람(글자넉자, JHWH)의 사용에서 식별됩니다. 인간적인 실수의 증거와 하나님의 은혜로운 지도 안에서의 통찰이 그의 프로필에 속합니다.

* 하나님의 이름을 엘로힘(elohim)으로 사용하는 BC 800년 경 기간에 나온 엘로히스트(E)입니다.

* 바벨론의 망명기(첫 창조 보도와 함께 다른 것에서)에 나온 사제문서(P). 바벨론의 망명생활의 황량함에서 그들 백성들에게 삶의 용기와 희망을 되돌려주기를 원했던 어떤 사제의 작품으로 효력을 가진 것입니다. 그것들은 온 힘으로 울적함에 대항하며, 여러 예들에서 하나님의 영원한 신뢰성을 보여줍니다. - 창조의 7일 사역의 안정적인 시간 주기와 함께 시작하면서입니다(창1:1-2:3).

* BC 7세기 경에 나온 신명기(D). 예루살렘 성전에서 요시아왕 시대에 발견(열하 22이하)된 언약의 책과 함께 동일시되었습니다.

오늘날 연구는 이렇게 세분화하는 일들을 더이상 행하지 않습니다. 세계 창조의 시작과 소위 땅(가나안)의 접수와 함께 끝나는 자체 이야기들을 가진 하나의 원천(源泉)으로서 사제문서의 평가위에서 합의가 이루어집니다. 소위 야웨 하나님의 역사적인 작품이 자체의 근원에서 서술하고 있는 것인지는 이미 논쟁되었습니다. 만일 그렇다면, 그것은 지금 6세기경 안에 연대가 결정되었으며 낙원의 추방에서부터 발람이야기에 이르기까지(민22-24)수집작품으로 이해되었습니다. 그에게서 특이한 것은 한 장소에서 확고한 관계가 아니라 사람들의 그룹에 대한 현저한 관계가 결정적인 특이점으로서 하나님을 경험하게 된 "한 이방인들의 역사"(크리스토프 레빈, Christopher Levin)가 서술된다는 것입니다(알브레이트 알트, Albrecht Alt). 신명기 책에서부터 열왕기하에까지 이르는 소위 신명기적인 역사작품은 마찬가지로 6세기경 안에 연대로 확인되었습니다. 그 안에서 옛 이야기 갈래들과 연대기들이 수정되었고 역사해석에 종속되었습니다. 즉 그것들은 다윗 왕권의 이상에서, 그리고 예루살렘의 성전에서 특별한 야웨경배에 대한 요구에서 엄격하게 이스라엘 역사를 판단합니다.

구약의 대부분 다른 책들은 그들의 역사를 가지고 있으며, 특히 선지자들의 책들에서입니다. 왜냐하면 그들의 사명에서 시대 비판적으로 절절히 조치되었으며, 열정적으로 투쟁되었고, 또한 다른 것들로부터 동일하게 강화되었기 때문입니다. 그것은 제자들의 범주에서 기록된 선지자들의 말씀의 수집들로 통용되었습니다. 선지자가 하나님의 말씀으로서 결정적이며 이따금 아주 정확히 재구성할만한 상황을 말해주었던 것은 하나님에 대한 대답들을 불러냈던 것입니다. - 때때로 간청과 호소의 시편이나 또는 찬양의 시로 만들어졌으며 - 그리고 역사적인 보도를 통하여 보완되었습니다. 근원적인 이사야서의 역할(사1-39장)은 예를 들어 더 후기의 선지자들의 두 가지 계속적인 수집들에 따라 자체 안에 수용했습니다. 개별적인 책들은 오랜 기간 숫자에 따른 것처럼 내용에서도 변경할만 한 것으로 유효했기 때문입니다. 다시 한 번 강조되어야만 하는데, 즉 성서는 완전한 책으로서가 아니라, 다만 개방적이며 지역적으로 구별된 문서 두루마리의 수집이 있었습니다. 하나님은 한 권의 책에서 결코 말한 것이 아니라 항상 한정된 사람들의 입을 통하여 각 시대를 따라 말씀하신 것입니다. 거룩한 것과 덜 거룩한 문서들 사이에 예리한 분리는 사해의 필적들에서 분명히 인식되지는 않습니다(쿰란, 약 BC 150년 경에서 AD 70년 경까지).

물론 이스라엘은 그의 종교적인 문서를 점차 정경화(正經化)화 하며 그리고 결정적인 문서들이 상승된 명성에 상응하게 하는 일을 피할 수가 없었습니다. 사제(司祭)적인 가르침, 선지자적인 해석과 올바른 목적들이 수집되었습니다. 느부갓네살(BC 587)과 바벨론 포로를 통한 예루살렘의 정복은 하나의 결정적인 충돌을 주었습니다. 왜냐하면 그때까지 이스라엘의 정체성을 확실하게 해 주었던 모든 것, 즉 성전, 국가, 땅, 백성들을 다 잃어버렸기 때문입니다. 후기의 신약처럼 정체성을 세워주는 전통의 능력이 나타나는 근본주의적인 위기에서 그의 표준화는 구약성서에 힘입고 있었습니다. 구약적인 정경형성의 과정은 페르시아와 그리스 통치권의 계속되는 세기에도 지속되었습니다(BC 6-2세기). 그리고 종교의 모든 위협과 유대교의 현존은 신앙의 근본들에 대한 재고(再考)를 강화했습니다. 특히 마카비 전쟁들은 그들의 율법과 선지자의 엄격한 해석에서 또는 묵시적인 역사해석에서 참된 이스라엘과 그들의 책임에 대한 질문을 야기시켰습니다. 그러나 아직 첫 기독교 후기 세기에 구약은 유대인들에게도, 그리스도인들에게도 결정된 정경

(正經)으로서 제시되지 않았습니다.

3가지 다른 그룹들이 그들의 입장을 관철하려고 시도하였습니다.

(1) 묵시론자들은 - 예를 들면 쿰란과 같이 - 하나의 확대된 정경(正經)을 대표하였습니다. 왜냐하면 하나님의 실제적인 임재가 영 안에서 모든 것을 지배했기 때문입니다.

(2) 사두개인들은 가혹하게 모세오경에 한정된 정경을 대변하였기 때문입니다. 그들은 옛 규범에서 불변적인 것으로 확고하게 붙들려 했던 아주 보수적인 전통주의자들이었습니다.

(3) 율법사들과 바리새인들은 중간 입장을 대변하였으며, 문서들과 선지자들에 대한 관심과 함께 토라의 경건(모세오경)이 연결되었습니다.

그것은 다시금 유대 전쟁(AD 66-73)과 예루살렘의 붕괴와 함께 바리새적인 성서학자들의 정경개념의 관철에 힘입는 역사적인 위기의 박진감입니다. 첫 기독교후기 세기 말에 24개의 문서들의 정경이 확정되며, 즉 율법서(Tora), 선지서(Nebiim), 문서(Ketubim) 등 3부분으로 나누어진 것이 분명합니다. 이러한 발전은 표시하는 특이점을 가지게 됩니다. 구약은 권위적인 결정들로 형성되지 않았으며, 그것은 스스로 권위로서 그러한 범주들에서의 제도들로부터 독립적으로 관철되었습니다. 그 제도들은 이스라엘 백성의 정체성이 정통을 통해서 보존되기를 원했던 것이며, 분명히 거룩한 문서들의 실용적인 적용을 제시했던 분들을 가리킵니다(바리새파들의 합의). 교리적인 결정이 정경을 만들지는 않았습니다(지 반케, G.Wanke).

b) 신약

'신약'(新約)이란 이름은 초기교회에서 먼저 점진적으로 관철되었습니다. 그리고 먼저 책의 제목으로서가 아니라 신학적인 표현으로서 사용되었습니다. 거기서 "언약"(testamentum, 테스타멘툼)은 "최후의 의지적인 법령"

이 아니라 단순한 '언약'을 위한 그리스어 'diatheke'(디아데케)와 히브리어 'berith'(베리드)의 라틴어 번역입니다. 중요한 것은 "새로운 언약", 즉 하나님과 인간 사이에 새로운 관계입니다. 바울은 예를 들어 고후3:6 이하에서 렘33:31의 언약을 붙들고 "옛 언약"에 대한 "새로운 언약"을 내세우게 됩니다. 그것은 구별됨과 동일한 예속성을 보여줍니다. 예수님과 그의 제자들의 '성서'는 히브리어 성서였습니다(율법과 선지서, 즉 '구약'(舊約)입니다).

- 가장 초기에 문자적으로 고착시킨 기독인의 진술들은 신앙고백들(고전15:3)과 찬양(빌2:6 이하)들입니다. 성만찬 제정(制定)의 말씀들(고전11:23-25)은 아주 일찍이 그들의 확고한 모습을 갖게 되었습니다. AD 50년 경 예수님의 말씀들이 수집되었습니다. 그래서 말씀들의 원천적인 자료인, 소위 말씀들의 원천인 '로기엔 쿠벨레'(Logien-quelle)가 생겨났습니다. 유감스럽게도 이러한 수집은 - 아마도 루스리프방식의 수집인데 - 분실되었습니다. 두 가지 복음서들이 마가복음을 거쳐 마태와 누가복음으로 나아가는 전승의 유산들에서 불확실하게 재구성될 수 있습니다.

- 신약의 가장 오래된 문서들은 사도바울의 편지들입니다. 50-60년 사이에 한정된 교회공동체들 안에서 현실적인 작성으로 이루어졌습니다. 그것들은 질문들과 물음들에 대답한 것입니다. 그리고 사람들이 비판적으로 말할 수 있는 것처럼, 많고 또는 적게 '기회의 문서들'이기도 합니다. 그렇지만, 바로 그것은 우리의 신약 성서에 대한 전형(典型)입니다. 복음은 항상 구체적인 상황에서 하나의 구체적인 사명을 초래합니다. 요한계시록은 한정된 교회공동체들에 회람 편지 방식으로 제시한 것입니다. 바울의 편지들은 하나의 공동체에서 다른 공동체로 이르게 되었으며, 작성되고, 수집되었습니다. 베드로 후서 - 신약의 간격을 가진 가장 최근의 문서(AD 약 150년 경) - '바울의 총애하는 형제들'의 '모든 편지를' 암시할 수 있었습니다(벧후3:15 이하).

- 복음서들은 매번 특정한 교회공동체들 상황에서 기록되었습니다. 성서학문 연구는 마가복음이 가장 오래된 것으로 간주합니다(AD 70년 경). 즉 복음서 저자들인 마태와 마가는 그것을 알았으며, 그것을 지향했습니다. 추가정보로 그들은 그들 편에서 - 서로 독립적으로 - 두 번째 원천자료로서 "로기엔 쿠벨

레"(Logien-Quelle)를 삽입시켰습니다. 이러한 이론에 의하여 소위 "두 가지 원천이론"이 중요합니다(그림 참고). 그 외에 각 복음은 계속적으로 전승의 유산을 가집니다. 그들의 복음서들이 이러한 생성의 역사에서 거대한 일치를 보이는 마가, 마태 누가는 3명의 공통된 관점들(共觀, 그리스어, 함께 보는 자들, synoptiker)로 불리게 되었습니다. 요한복음(대략 90년 경에 생겨남)은 그것들의 이면에 하나의 분명한 자체의 언어로 말합니다.

두 가지 원천자료이론　　　마가복음　　　말씀들의 원천들

마태복음　　　누가복음

• 대략 90년경 신약의 가장 중요한 문서들이 공개 제출되었습니다. 그렇지만 하나의 교회공동체는 이 문서를, 다른 공동체는 저 문서를 각각 소유하고 있었습니다. 어떻게 문서들이 수집되었을까요? 탁월하게도 로마에 있는 교회공동체에서 추방된 이단자 마르시온(Marcion)은 AD 144년 경 신약 성서의 수집인 문서들의 정경(표준)형성을 위하여 활기를 불어넣었습니다. 그가 구약을 인정하지 않기 때문에, 하나의 고유한 성서를 필요로 하였습니다. 그는 누가복음과 물론 '유다이즘'(Judaism)으로부터 깨끗이 정리했던 바울의 10편의 편지를 수용하였습니다. 그에 비하여 큰 교회들은 복음서의 4가지 문서를 결정적으로 붙들게 됩니다. 이레네우스(Ireneus)는 200년경 겔 1:10과 계4:7에서 4가지 동물의 모습과 연결하여 4가지 숫자를 가져옵니다. 그 때문에 조각하는 예술에서 그 이래로 천사로서 마태, 사자로서 마가, 황소로서 누가, 독수리로서 요한이 상징화되었습니다.

　200년경 계속해서 신약을 연결하는 문서들에 이와 같이 정경(正經)에 속한 것이 무엇인지가 확고하게 서 있었습니다. 이 시대에 나아온 가장 중요한 문서는 소위 무라토리정경(Canon Muratori)입니다. - 로마에 있는 교회공동체에서 벗어나 효력을 가진 문서들의 한 목록은 유감스럽게도 단지 단편으로 보존되었습니다. 그 안에 신약의 모든 문서들의 이름이 거명되었습니다(히브리 서신, 베드로 서신들, 야고보 서신, 요한 서신 하나는 제외하고). 이러한 목록은 정경(正經)을 위한 표준으로 부르게 됩니다. 즉 저자들은 사도나 또는 사도제자들이었습니다.

- 4세기까지 물론 신약의 가장자리는 항상 불분명했습니다. 베드로후서와 요한 2, 3 서신, 유다서와 야고보서 등이 성서에 속해야 했는지 아닌지가 논쟁되었습니다. 서방에서는 그밖에도 히브리서가 비판적이었으며, 동방에서는 요한계 시록이 비판적이었습니다. 그럼에도 불구하고 마침내 이러한 모든 문서들은 수용되었습니다. 알렉산드리아의 아타나시우스(Atanasius)감독의 부활절 편지는 AD 367년에 오늘날 신약 성서의 모든 27권을 구속력 있는 것으로 헤아렸습니다. 이러한 정경을 마침내 히포레기우스(393)와 카르타고(397)의 두 총회(Synoden)에서 확인되었습니다.

- 그것들에 비하여 다른 문서들은 1, 2세기 말경에 현저히 제외되었습니다. 예를 들면 바나바 서신, 디다케(12사도의 가르침), 클레멘 서신, 7개의 이그나티우스 서신들, '헤르마스의 목자' 등 입니다. 이러한 문서들은 오늘날 '사도적인 교부들'로 표시합니다. 묵시적인 복음서들, 즉 그것들의 역사적인 가치는 미미하며, 그 가운데 다만 이름에 따라 또는 부분적으로 전승된 것들인데, 마찬가지로 전설적인 도마의 어린이 복음서들이나 또는 야고보서, 예를 들면 베드로의 것처럼 영지주의의 묵시적인 것들은 정경(正經)의 수용에서 찾을 수 없는 것들입니다. 114가지 말씀들(예수의 말씀들)을 포함하는 것으로 1974년 다시 발견된 도마-복음은 분명히 영지주의적인 특성을 가진 것입니다.

- 마르틴 루터는 비록 그가 비판적인 질문들을 문서들의 가장자리에 명시해 놓기는 했지만 이러한 정경을 넘겨받았습니다. 그는 야고보 서신을 하나의 "밀짚처럼 메마른 편지"라고 불렀으며, 히브리서에서 그가 두 번째 회개의 가능성을 포기하도록 그를 방해하며(히6:4), 유다서는 베드로후서 외에 실제로 불필요한 것으로 여겼으며, 요한계시록은 올바른 사도적인 방식을 갖추지 않은 것으로 여겼습니다. 이러한 비판에 근거하여, 그는 신약성서들의 순서를 바꾸었으며 히브리서와 야고보서, 유다서는 요한계시록 앞부분 끝에다 갖다 놓았습니다. 거기서 루터 성서는, 예를 들면 가톨릭의 통일번역 성서나 또는 '좋은 소식'(Gute Nachricht)이란 번역 성서 보다 오늘날까지 다른 순서를 가지고 있습니다.

- 우리에게 친숙한 성서 장(章)의 분배는 켄터베리의 주교 스테판 랑톤(Stephan Langton)에게서 생겨났습니다(1228년 사망). 루터가 아직 알지 못했던 성서구

절의 나눔은 책 인쇄업자인 로버트 스테파누스(R.Stephanus, 1551)가 만들었습니다(1551).

총체적인 성서처럼, 신약의 생성과정을 돌아봄에서 사람들은 상당수가 우연에 힘입은 것이 아닌지 비판적으로 질문할 수 있습니다. 그렇지만, 정경형성은 총체적으로 정경적인 문서들이 역시 '스스로' 관철했던 복합적인 과정이었습니다. 그것들에서 교회는 기독교 신앙을 위하여 확실하고 신뢰가 가는 원천적인 자료들을 소유하고 있습니다. 전 세계 기독교의 모든 교회들이 신약의 정경을 인정합니다.

7. 책으로서 성서(聖書)

사람들이 한 권의 책으로서 손에 가질 수 있는 성서는 4세기경 이래로 존재하게 됩니다. 그때까지 사람들은 그것들이 오늘날까지(손으로 기록한 것)유대교의 예배에서 사용되었던 것처럼 두루마리 위에다 기록했습니다(렘36:4). 그렇게 하나의 두루마리에서(루터는 책으로) 예수님은 나사렛의 회당예배에서(눅4:17), 그리고 국고를 맡은 에티오피아의 내시는 그의 마차위에서 읽었습니다(행8:28). 바울은 몇 가지를 그 자신과 함께 이끌면서 - 성서를 값비싼 소유(딤후4:13)로 부릅니다. 눈앞에 있는 이러한 두루마리를 신약은 거룩한 문서의 원본 텍스트에서 이따금 더 많은 수로 말합니다. 즉 문서들(눅24:27, 32, 고전15:3)입니다. 역시 '성서'란 말은 실제로 복수형을 가리킵니다(그리스어, 비블리아 = 문서 두루마리들). 라틴어에서 이것을 하나의 단수로 이해했습니다. 즉 "거룩한 문서"(성서, biblia sacra)입니다. 루터는 그의 '비블리아'에서 '거룩한 문서 전체'인 "독일어"를 따랐습니다.

문서 두루마리가 중요하기 때문에, 성서들의 하나의 확고한 순차는 제시할 수는 없었습니다. 그렇지만 서열의 질서는 가능합니다. 예수님시대

이전에 벌써 사람들은 문서들을 3그룹으로 요약했습니다(비교, 예수시락서의 서문). 즉 '율법서', '선지자서'(다니엘서 없이 여호수아에서 말라기까지), 그리고 '문서들'(다니엘서와 함께 시편들에서 역대기까지). 눅24:44에서 이러한 3가지 나눔이 나타납니다.

8. 성서와 그것의 학문적인 연구

수세기 이래로 세상의 그 어떤 책도 성서만큼 철저하게 연구되지 않았습니다. 특히 3가지 학문들은 그들의 것과 함께 과학적으로 논쟁합니다. 역사과학들은 고고학과 함께 인문과학들과 문서학과 언어학문들입니다. '구별하기'위한 그리스어(크리네인, krinein)에서 비판과 기준(= 구별의 특이점들)이라는 말들이 유도되었습니다. 개별 학문적인 방법론들, 예를 들어 본문비평으로서 또는 종교비판으로서 이해된다면 어떤 이들이 부당한 것으로 두려워하는 것처럼, 거기서 다만 성서를 분해하고 파괴하려는 것이 아니라 성서를 구별하면서 관찰하는것이 생각되었습니다. 성서 연구에서 학문적인 방법들은 개별 성서 텍스트들이 원천적인 의미에서 어떻게 생각된 것인지를 밝혀내려고 합니다. 그렇게 역사비평적인 연구에 의하여 성서 이면에 대한 신뢰가 중요합니다.

- 역사비평의 한 특별한 영역은 본문비평입니다. 우리가 구약과 신약의 문서들을 다만 사본들 안에서 가진 것이기 때문에, 본문비평은 손에 의한 문서들에서 가능한 한 가까이 원문으로 다가가서 본문을 탐구하기를 힘쓰게 됩니다. 이러한 학문은 고대의 어떠한 다른 책도 성서처럼 아주 양심적으로 전승되지 않았던 만족스러운 사실 내용을 끄집어내지는 않았습니다. 만일 오늘날 전 세계적인 번역들에 의하여 공동적인 원문 텍스트를 근거할 수 있다면 - 이것은 지난 세기에 이르기까지 이해하지 못했던 일로 - 이것은 그렇게 성서의 학문적인 연구의 결실이라 할 것입니다.
- 문서비평은 왜 성서에 이중성들이나 대립들이 등장하게 되는지, 예를 들어 4

복음서들의 해석에서 또는 모세의 다섯 권의 책들에서 흘러 들어간 여러 가지 원천들의 해석에서 밝혀내려고 노력합니다.

- 장르비평은 한 본문의 근원적인 환경을 조사합니다. 즉 '그 본문의 삶의 정황(자리)'에 관한 것입니다. 거기서 장르비판은 구별된 본문의 장소들 때문에, 예를 들면 찬송들, 신앙고백의 형식들 또는 축제의 동기를 가진 예전들, 예를 들어 예루살렘 성전으로 들어가는 행렬에 의하여, 세례에 의하여 사용되었던 것들을 분명하게 할 수 있습니다.

- 편집비평은 다시금 문서들의 마지막 모습을 분석하고, 예를 들어 누가의 특별한 사명이 마태복음의 것에서 어떤 차이가 있는지를 질문합니다.

- 역사과학들에서 다시금 특수과학에서 분류된 성서고고학이 여기에 속합니다.

20세기는 성서 연구를 위하여 인문과학의 방법들을 끌어들였습니다. 즉 그것들은 사회학, 문화인류학, 심리학 등입니다.

- 거기서 사회학의 관심은 우선적으로 이스라엘 백성과 초기 기독교회들의 정치적이며 경제적인 관계들에 집중합니다.

- 문화인류학은 사회적인 관계들에서, 가족과 씨족 등 지방과 도시에서의 삶의 스타일과 함께 다루게 됩니다.

- 심리학의 관심은 모든 종교에서처럼 성서에서 앞서 나타나는 인간적인 무의식의 심층에 이르기까지 다다르는 상징들과 의식들에 해당합니다. 우리는 그것들에서 성서가 인간적인 현존재의 한 심층 차원을 표현할 수 있는 지식을 힘입고 있습니다.

- 해석학적인 학문은 본문의 이해와 함께 논쟁합니다. 그것은 다른 것들과 함께 이해의 조건들과 '선이해'(先理解)들을 생각합니다. 거기서, 예를 들어 그것은 대략 창조이야기들 안에서 신앙의 증언들이 자연과학이나 역사학의 진술들로 현대적인 관점에서 나아와 오해되었던 것을 극복하도록 도우는 것입니다.

성서의 비판적인 연구는 그들의 특별한 권리와 교회가 이해하는 것으로서 해석공동체를 위한 중요한 의미를 가집니다. 그 연구가 원문 텍스트의 이해를 위해서 노력할 때, 그렇게 하는 일이 곧 진리를 섬기는 일입니다. 그러나 그것은 스스로 진리의 요구를 들어낼 수는 없습니다. 성서의 진리는 그것들의 사용에서 밝혀집니다. 즉 기도에서, 노래에서, 예배의 축하행위에서, 세례와 성만찬에서, 시험과 고난과 사랑 안에서 그렇습니다. 요약하면 교회공동체의 삶과 일상에서입니다. 성서는 그것을 위하여 기록되었습니다.

형성

1. 공동체의 책, 성서

성서는 공동체의 책입니다. 누군가 자신을 위하여 홀로 성서를 읽는다는 것은 예외적인 것은 제외하고 새 시대적인 현상입니다. 그것은 특히 인쇄술의 발견(1450년경 구텐베르크)을 통하여 그리고 각 사람들이 자신의 모국어 성서를 적절한 가격에 구입하도록 조치해 준 성서공회의 작업(독일에서는 1710년 이래로)을 통하여 가능하게 되었습니다.

예루살렘에서 이사야의 두루마리를 사서 집으로 향하던 여로에 그 두루마리 이해에 깊이 빠져있던 에티오피아의 내시가 "누가 나를 지도해 주지 않으면 내가 어떻게 이해할 수 있겠습니까?(행8:26-31)"라고 질문을 던졌던 것처럼 오늘날까지 혼자 읽는 성서 독자들에게서 성서읽기는 계속 진행되고 있습니다. 예수님은 "(적어도) 두셋이라도 내 이름으로 모인 그곳에 나도 그들 가운데 있느니라"(마18:20)고 말씀합니다. 그것은 성서의 독서를 위해서 참으로 유효한 일입니다. 공동적인 청취(들음)는 성서 안에서 스스로 가치를 가집니다(수24, 에8, 골4:16). 성서말씀은 청취에서 참된 진리로 수용되었으며 찬양되었으며 언급되었고 이야기되었습니다. 수도원에서 사람들은 일찍이 매일 시간마다의 기도에서 낭독을 통하여 성서를 암송하였습니다. 먼저는 시편들이었습니다. 성서가 더이상 대중 언어로 읽혀지지 않았을 때, 주된 내용들이 평신도들의 기억에 남아 있었습니다. 왜냐하면 그것들이 이따금 교회들의 그림들 가운데서 그려져 있었기 때문입니다. 그리스도의 탄생극 - 수난의 행렬 - 부활의 축제들 그리고 다른 것들에서도 그러한 모습들이 살아 있었으며, 많은 것들이 예배에서 경험되었으며, 예를 들면 종려주일이나 그리스도의 수난의 날 행진 때에 나귀를 타신 그리스도의 행렬 등에서 였습니다.

주일예배에서 구약과 서신서와 복음서에서 낭독되었고, 회중이 그 말씀들을 노래하고, 기도하며, 고백에 적용할 때 회중은 우리 앞에서 기도하고 노래하며 축하하는 그들과 함께 거대한 공동체에 등장합니다. 회중은 성서가 증거하는 그 안으로 들어가게 됩니다. "가지고, 먹으라..."고 한 그 말씀입니다. 그 말씀은 낭독하는 자의 소리에서 그리고 거룩한 만찬에서 생생하게 경험될 것입니다. 그 말씀은 홀로 밝혀지는 것이 아니라 생생하게 인지 되어지기를 원합니다. 즉 무릎을 꿇고 (빌2:10), 병자에게 손을 얹으며(막16:18), 그들이 기름을 바르며(약5:14), 예수와 함께 행렬가운데로 인도하며, 금식하며, 그것은 기쁨으로 포기하는 것을 뜻하며(마6:17, 9:15, 17:21), 세례 샘의 물(소위 봉헌의 물)로써 그의 세례 받은 존재를 기억하고 그리고 다른 것들을 또한 인지하게 되는 것을 뜻합니다.

2. 그룹에의 성서공부

함께 성서 읽기와 성서 이야기와 자신의 삶의 물음들과의 연결은 새롭고 전통적인 많은 형태들을 가지게 됩니다. 여러 교회들에서 성서 세미나가 오랜 전통으로 시행되었습니다. 개신교와 가톨릭 기독인들 사이에서 성서의 만남에 대한 기회가 매년 그 당시 구별된 성서 장들의 텍스트 해석에 대한 자료들이 제시되어 교회연합의 성서주간 행사도 열렸습니다. 여러 교회들에서 성서를 함께 읽고 자신의 믿음에 대하여 서로 대화하기 위하여 거주하는 집(아파트)에서 소그룹의 가정모임들도 있었습니다. - 개인적인 환경에서 열정적인 만남들과 공동적인 발견들이 나타납니다. 역시 이따금 영적인 생명공동체와 같은 형태들이 거기서 발전합니다.

그룹에서 성서공부의 근본 관심은 모든 참여자들이 한 사람이 말하는 것을 듣기만 하는 것이 아니라 직접 참여하여 성서의 경험들을 함께 말하게 되는데 있습니다. 교회는 그렇게 하나의 해석공동체입니다. 성서 본문에서 개인들의 여러 다른 관점은 성서의 보화들에서 여전히 많은 것을 발견하는 기회를 제공합니다. 역시 하나의 성서공부는 문자적인 과정에 한정되어 머물지 않아야 합니다. 성서 이야기들은 그 때문에 그림으로 그려졌으며, 현실적인 사진들의 도움으로 분명해지며, 역할놀이 극으로 옮겨놀이가 장면으로 이루어졌으며, 춤추는 모습으로 묘사되었습니다.

• 성서 본문에 대한 새롭고 창의적인 접근 방식들을 찾음에서 심리 드라마에서 생겨난 비블리오드라마(Bibliodrama)가 발전하였습니다. 즉 한 그룹이 유도하는 구조화된 놀이과정이 성서적인 이야기에서, 동시에 이것과 함께 자신 스스로의 믿음을 만나는 일입니다. 거기서 몸과 혼과 모든 감각들을 가진 성서적인 모습들, 동기들 또는 상징들이 놀이에서 얻어지며, 구체화되었으며, 역할을 넘겨받음에서 또한 질문되었습니다. 이로써 새로운 인지들과 경험들과 신앙과 자신의 몸과 자신의 삶의 역사의 표현가능성들을 위한 공간들이 열려지게 되는 것입니다.

• 특별히 시도된 '성서코스'에서 사람들은 여러 가지 방법들로 성서를 만날 수 있습니다. 그러한 코스들은 실제로 그룹에서의 작업을 위하여 교수방법적인 재료와 함께 준비되었으며 공동모임과 지역모임에서 시행될 수 있습니다. 이러한 코스를 인도하려는 사람들을 위하여 '안내 핸드북'이나 특별한 개론서들에서처럼, 도움을 주는 여러 수단들이 제시되었습니다. 하나의 예는 3x10의 크기 안에서 중심적인 성서본문들과 주제들과 코스 참여자들이 대화 가운데서 이끄는 "말씀과 대답"을 나누는 코스입니다. 그것은 독일루터교회연합의 교회공동체대학에서 운영하고 있습니다(www.gemeindekolleg.de). 독일 성서학회는 성서

코스를 위한 교수방법적인 여러 자료들, 예를 들면 "성서를 알 수 있는 것들"을 제공합니다.

- 공동적이며 영적인 성서 경험의 한 모델은 그 뿌리가 남아프리카에서 온 것인데, "성서 나눔들"이란 것입니다. 어쨌든 중심에는 성서 텍스트가 놓여 있습니다. 각 성서부분들에 의하여 7가지 공동단계가 제시되었습니다.

1. 초대/ 기도. 우리는 예수님을 초대합니다.
2. 성서 텍스트를 읽습니다. 즉 남자나 여자 한 명이 성서 본문을 읽습니다.
3. 숨겨진 보화를 찾습니다. 그리고 각각 말씀과 마찬가지로 문장을 말합니다. 돌아가면서 각자 그것을 말합니다.
4. 그룹은 함께 들었던 것을 가지고 잠시 동안 묵상합니다(침묵시간).
5. 서로 서로 나누게 됩니다. 그들의 마음을 움직였던 것을 두, 세 명의 소그룹으로 이야기 합니다.
6. 행동: 귀결되는 것. 2-3명의 소그룹에서 서로 충고합니다. 어떤 과제(실천을 위한)가 우리에게 제시되는지?
7. 기도의 시간. "성서-나눔들"에서 그것이 개인적으로 우리를 위하여 의미하는 예수님이 스스로 몫을 나누어주시는 것, 서로에게 몫을 나누어주는 것이 중요합니다(오스왈드 히르머).

3. 개별적인 성서 독자

1980년대와 90년대의 설문은 독일 국민의 약 5%가 규칙적으로 성서를 읽는 독자라는 결과를 발표했습니다. 그것은 매일 성서를 읽는 사람이 가톨릭 신자들보다 개신교 신자에 의한 것이 더 확산된 것으로 그리스도인 수, 약 400만에 상응합니다. 15%는 총 14일간 성서 본문을 읽는 물음에 대답하였습니다. 설문의 결과는 일반적으로 가정했던 것보다 성서가 더 많이 읽혀지고 있음을 보여줍니다. 헤른후터(Herrnhutter)의 형제교회나 또는 매년 한 판이 200만 이상에 달하는 노이키르헨(Neukirchen)의 캘린더 (교회월력)의 성서읽기들이 넓게 확산되었습니다. 부모들은 아이들과 함께 성서이야기들을 어린이 성서에서 읽고 있습니다.

- 개별적인 성서 독자는 성서를 그의 신앙생활에 도움을 찾으려는 의도로 습관적으로 읽습니다. 많은 사람들은 동일하게 매년 출판되는 '성서읽기 계획표'를 이용합니다. 그것들은 독자들에게 몇 년 과정을 통하여 성서 전체를 읽을 수 있도록 하는 장점을 가집니다. 각 성서 독자는 성서 본문에서 쉽게 이해 되지 않는 어려운 경험을 가질 수가 있습니다. 루터도 그것을 달리 수용하지 않았습니다. 그는 이렇게 말합니다. "태양보다 더 밝은 것은 아무것도 없습니다. 그 태양은 성서(聖書)를 뜻합니다. 구름이 나타날 때도, 이러한 밝은 태양보다 그 뒤에 다른 것은 아무것도 없습니다. 성서에 어두운 말씀이 있다면 의심하는 것이 아니라, 그것은 다음 장소에서 분명한 그 배경에 같은 진리가 확실히 있습니다. 그리고 어두운 것을 이해할 수 없다 할지라도, 그는 빛에 머무르게 될 것입니다." 이 외에도 만일 성서에 익숙하지 않은 독자가 예를 들어 다음과 같은 질문을 제기할 때, 유용한 것을 제시하였습니다.

  1. 성서본문에 묘사된 것이 오늘날도 또한 일어나는가?
  2. 하나님은 무엇을 원하시는가?
  3. 무엇이 새로운 것인가?
  4. 나는 무엇을 할 수 있을까?

- 모든 성서 독자는 좋아하는 성서본문을 가집니다. 루터가 기뻐할 때 읽는 성서는 시편 103편이었습니다. 그가 우울한 감정에 사로잡힐 때면 시편 118편을 읽었습니다. 시편들은 인간들이 실망, 의심, 호소 그리고 찬양과 감사를 느끼는 것을 말로 표현하는 기도의 시들입니다. 성서를 읽는 자는 언어적인 능력을 소유하게 될 것입니다.

- 기도하고, 읽으며, 기도하는 것: 성서는 역시 항상 기도할 때 열려졌습니다. 그것은 말씀에 시간을 허용하고, 나의 영혼에 깊이 잠기며, 그것을 받아들이도록 나의 영혼에 시간을 허용하는 그것이 좋은 것임을 뜻합니다. 성서본문을 기록하고 암기하는 것이 간단한 도움이 될 수 있습니다(예를 들면 산보할때도). 예배할 때나 사적으로 성서를 깊게 이해하는 일에 하나의 큰 장애는 현대적인 시간사용입니다. 즉 TV에서, 왕래하는 교통에서 - 곳곳에 재빨리 갈수 없습니다. 우리는 그것들에 비하여 성서를 천천히 충분히 읽을 수가 없습니다. 그 때문에

역시 사적인 읽음에서 소리내어 읽거나 적어도 입술로 소리내는 것이 의미 있는 일일 것입니다. 내가 소리내어 읽는 곳에서 나는 읽는 자로서 스스로 말씀을 듣는 자가 될 것입니다.

4. 이성과 모든 감각기관의 사용으로 성서 말씀을 인지함

성서 말씀은 오늘 나에게 직접적으로 향하지 않습니다. 그것은 나에게 이를 때까지 먼 곳에서 오며, 넓은 길을 뒤로 하였습니다. 그러나 읽기나, 귀를 기울여 청취하는 것에서 모세가 백성에게 말하는 것처럼, 선지자들이 왕에게 또는 예루살렘 도시를 향하여 나타났던 것처럼, 기도자가 하나님을 부르는 것처럼, 예수님이 그의 제자들과 그의 반대자들과 말하는 것처럼 또는 사도들이 그의 교회들에 편지쓰는 것처럼 다시 한 번 증인이 될 것입니다. 그때에 귀 기울여 듣는 자는 무엇인가 자신을 위하여 듣게 됩니다. 성서 말씀은 약속을 갖습니다. "마찬가지로 비와 눈이 하늘에서 떨어지는 것처럼...내 입에서 나오는 그 말씀도 역시 그래야 합니다. 그것은 다시 공허한 것으로 나에게 되돌아오는 것이 아니라 나의 마음에 감동이 오는 것을 행하게 될 것입니다. 그리고 내가 그것을 보내는 목적대로 그것이 그에게서 이루어질 것입니다."(사55:10 이하).

성서를 읽는 사람은 그 때문에 이성과 모든 감각기관들로 그것을 인지해야 합니다. 즉 거기에 있는 것을 보고, 듣고, 느끼고, 냄새 맡는 것과 사람들이 그것을 무대나, 아마포에다 가져오기 원했던 때처럼 텍스트를 연출합니다.

- 본문은 어디에서 놀이를 하는가? 그 안에서 또는 자유로운 하늘 아래에서인가? 사람들은 하늘과 땅에서 공간과 농촌 풍경으로부터 집과 도시로부터 무엇을 보게 되는가?

- 누가 등장하는가? 남자들, 여자들, 아이들? 젊은이, 노인, 가난한 자, 부자, 건강

한 자, 병자? 그들은 어떻게 보이며, 어떻게 옷을 입었는가? 앞에 누가 있으며, 배경에 누가 있는가?

- 누가 말하는가? 누구에게 누구와 함께? 어떤 소리로?

- 무엇이 일어나는가? 사람들은 어떻게 행동하는가?

- 나에게는 어떠한가? – 말하자면 온전히 다른 시대에 파송된 자로서 – 내가 이러한 본문 안에서 질문을 한다면? 나에게 무엇을 일러주는지? 나를 놀라게 하는 것은? 나에게 감동을 주는 것은? 거리감을 갖게 하는 것은 어떤 것인가?

5. 오늘날 성서 출판물들에 대한 안내

현대 성서 출판물들은 독자에게 많은 도움을 줍니다. 즉 연대표, 지도, 낱말해설집, 성서에서의 친숙한 내용들의 안내 등이며 다른 것들은 개별 성서의 부록에서 이따금 발견합니다. 성서 각 권들 내에서 매(每) 장이나, "성서 구절들", 주제들, 이따금 소위 핵심적인 자리들의 고딕체 인쇄, 본문 안에 성구 위치의 언급들이 있습니다. 그것들을 유의하는 것은 중요합니다. 이 모든 것들은 원본 텍스트에 속한 것이 아니라, 더 후에 이해를 위한 도움들입니다. 그것은 더 나은 이해에 도움을 줄 수 있으며 종종 "확고한 흔적들"을 준비해 둡니다. 그리고서 다시 한 번 성서 본문을 직접 읽는 것은 많은 도움이 될 수 있습니다.

한 예로: 레위기 19장에 있는 율법 부여의 목적들에서 루터 성서는 고딕체로 된 3가지 "핵심자리"를 보여줍니다. 마지막(32절)은 옛 것 경외하기를 엄하게 경고합니다. 그것은 동시에 열 가지 계명들 가운데서 부모공경을 기억하는 가장 중요한 계명입니다. 고딕체는 그것에 대하여 직접 동일한 비중으로 10가지 계명에 대한 유사성과 함께 요구된 것임을 유도할 수 있습니다. 즉 그것은 그 땅에 외국인을 압박하려는 것이 아니라 토착민처럼 그를 받아들이고, 사랑하기를 요구한 것입니다(레19:33). 어쨌든 레위기에서 양자는 관계 안에서 유효하며 하나의 계명이

다른 것보다 더 중요하다는 것은 아닙니다.

가장 유명한 독일 성서는 마르틴 루터에게서 나온 것입니다. 그것은 독일의 언어형성에 결정적인 영향을 미쳤습니다. 이는 가톨릭 성서번역에도 영향을 주었습니다. 그것은 시대의 과정에서 더 많은 우리들의 현재적인 언어에 동화되었습니다. 그것은 최후로 1984년에 수정되었으며 독일교회(EKD)전체에 표준적인 번역으로 유효합니다.

그 외에도 모든 것들을 다 열거할 수 없는 다른 성서 번역들의 한 순서가 있습니다. 그들 가운데 현저하게 질적인 차이들이 있습니다. 그럼에도 불구하고 개별적인 번역들을 제시해 볼 수 있습니다.

- 대략 40년 이래 전 세계적으로 소위 대화체 언어의 성서번역들이 이루어졌습니다. 그것들은 빈번히 교회적이며 공식적인 그리고 전통적인 성서번역들 외에 두 번째 성서로 이용되었으며 평가된 것들입니다. 유럽의 독일 언어의 영역에서 이러한 방식으로 가장 잘 알려진 것은 "좋은 소식 성서" 입니다. 그것은 성서본문의 의미를 바꾼 것이 없으며, 각자가 이해할 수 있는 하나의 언어로 번역된 것입니다. 개신교와 가톨릭 성서사역들의 공동작품이며 또한 현재 독일에서 유일하게 중립적인 신앙고백의 성서 출판물입니다.

- 가톨릭 교회 안에서 1980년 이래로 예전과 신앙학습을 위하여 "통일번역"이 사용되고 있습니다. "통일번역"이란 이름은 그 성서가 모든 독일어를 사용하는 가톨릭의 교구 주민들을 위한 통일된 번역으로서 기안되었던 것에 근거를 가집니다. 시편과 신약 성서는 독일 개신교회의 위임으로 출판되었습니다. 이러한 문서 부분을 위해서 통일번역은 교회연합의 원문 텍스트로서 유효하며, 루터성서 외에 이따금 교회연합적인 동기로 사용되었습니다.

- "슈투트가르트 해설 성서"는 성서 학문의 연구결과로서 작업된 루터 원본주석에 보충적으로 제시된 것입니다.

- 특별히 성서 강해에서 배우기를 원하는 사람들과 청소년들을 위하여 독일성서공회는 "당신을 위한 루터성서"를 발전시켰습니다. 그 안에서 루터 번역성서는

성서독자들을 위한 조언과 성서세계에 대한 근본정보들도 함께 1984년의 현실적인 수정으로 발견됩니다.

• 2006년에 "바른 언어 안에서의 성서"(Bigs)의 첫판이 출판되었습니다. 그것은 정의에 대한 네 가지 도전에 책임을 다한 것으로 보입니다. 그것은 성서 원전에서 정당화되기를 원하는데, 성별적으로 올바르게 한 번역이 제시되며, 반유대교적인 해석들을 포기하고 사회적 의(義)를 주의 깊게 취하는 것으로, 그것은 사회의 현실을 번역 가운데서 가시화하는 것을 뜻합니다. 그 책은 출판과 함께 빈번한 논쟁들을 해결하게 되었습니다. 그 책에 대한 비판은 번역과 해석의 관계에 따른 질문에서 분명하게 하였습니다. 거기에서 성서 각권 번역들의 질적인 차이가 문제가 되었습니다. 그들의 입장에 있어서 2007년 3월, 독일루터 교회연합회의 감독회의는 이 책이 "성서의 해석문제와 가능성들에 대하여 암시하는" 하나의 도움일 수 있다는 것을 제안하였습니다. 그러나 그것은 유일한 성서번역으로서 예배와 예전적인 사용에 적합하지 않다는 입장을 내 놓았습니다.

고전적인 출판물들 외에도 성서의 지명들에 관한 삽화들과 함께 기독교 예술의 그림들을 가진 성서출판물이 있습니다. 청소년들을 위한 출판물로서 만화에 이르기까지, 특히 수많은 어린이 성서들이 있는데, 그것들은 항상 새롭게 아이들에게 적합한 언어로 성서본문들의 선택과 또한 삽화들이 포함되어 있습니다. 그 사이에 고도로 발달된 컴퓨터 성서들이 있는데, 그것들은 전통적이며 현대적인 성서번역들 외에 히브리어/그리스어/라틴어 텍스트를 포함합니다. 그리고 용어색인을 포함합니다. 마지막으로 성서 각 권에 대한 주석시리즈와 특히 학문적인 영역을 위한 것도 있습니다. 특별히 최근의 새 수정작업을 마친 "구약 독일어"와 "신약 독일어"는 실제로 학문적인 성서해석에서 비신학자들을 위하여 좋은 접근을 제시해 주고 있습니다.

6. 성서와의 현장검증 - 성서의 땅으로의 여행

이스라엘과 요르단 같은 나라들을 여행하는 사람들은 실제로 거기서 관광적 매력 이상의 것을 찾습니다. 그는 나사렛, 베들레헴, 예루살렘이 벌써 오래전에 그려진 지도의 내면을 보고서 드디어 지도의 바깥표지로 가리려 할 것입니다. 유아기와 학교와 교회로부터 자신의 모습이 새겨진 많은 사진들은 실제적인 색채를 얻어야 합니다. 성서의 땅으로 한 번 여행하는 것은 옛 역사를 새롭게 이해하고, 그들 생성의 장소를 파악하는 기회입니다.

각자의 믿음은 한정된 문화 안에서 뿌리를 필요로 하며, 한정된 땅에서 기후적인 특징처럼 지정학적인 특징으로 그 땅의 경험을 필요로 합니다. 실제로 그렇게 '거룩한 땅'이 있습니다. 하나님이 실제로 구체적인 현실의 좌표에서 "현재의 위치"를 알게 하는 것을 기억합니다. 성서가 우리에게 보여주는 1000년 이상의 넓은 신앙 역사 안에서 그가 경험하게 했던 것처럼- 새로운 장소들에서 역시 - 그와 같은 분으로서, 그는 역시 오늘날 우리에게서 경험될 것입니다.

7. 결과

성서를 들여다보는 자는 알게 될 것입니다. 성서는 무한정의 보화의 창고입니다. 사람들은 그것을 결코 개념으로만 가져오기를 원하지 않을 것입니다. 그것은 그 자체를 뛰어넘게 합니다. 그리고 그것이 자신에게 해명되었다고 생각하는 자는 그럼에도 불구하고 시작에 불과합니다.

마르틴 루터가 임종하는 방에서 사람들은 그의 손에 쥐고 있는 한 장의 종이를 발견했습니다. 루터는 그 종이 안에서 성서가 말하는 역사를 순간적으로 보고 묻습니다. 그것은 '에네이스'(Änéis)가 아닌가?, 그것은 비슷한 '에네아스'(Änéas)의 한 역사인데, 트로이 전쟁이 끝난 후에 잘못된 여행으로 마침내 그 목표에 도달했는지를 묻는 것을 뜻합니다. 루터의 그 종이에는 다음의 말로서 끝맺습니다.

"그러므로 그것은 크고 놀라운 일이다.

첫째로 세례요한에 대한 것이며

둘째로 그리스도에 대한 것이며

셋째는 사도에 대한 것이다.

신적인 에네이스(Änéis)를 시험하지 말고

그들의 발자취를 경배하면서 깊이 머리를 숙이시오.

우리는 걸인들입니다. 그것은 사실입니다."

[참고도서]

독일에는 모든 지역 교회들에 성서공의회/성서연구단체들이 있습니다. 그들은 슈투트가르트에 있는 독일성서공의회와 연합하여 일하고 있습니다. 그것들을 통하여 각자는 조언할 수 있으며, 각 성서를 독일어나 또는 외국어와 관계를 가질 수 있습니다. 왜냐하면 그들은 110개국의 성서공의회들과 공동으로 작업하며, 그들과 성서공의회들의 세계동맹에 연합되어 있기 때문입니다. 주소는 Deutsche Bibelgesellschaft(독일성서공의회), Balingerstrasse.31,70567 Stuttgart(Tel.0711-7181-0, Fax 0711- 7181-126). '성서에의 접근들'이란 특수한 영역을 가진 가톨릭 성서사역은 추천할만한 학술지들을 제공합니다. 'Bibel heute'(현대성서), 'Welt und Umwelt der Bibel'(세계와 성서의 환경), 'Bibel und Kirche'(성서와 교회) 등입니다. 주소: 70176 Stuttgart, Silberburg- strasse 121, Tel. 0711-61920-50, Fax 0711-61920-77입니다.

- 어거스틴(Augustin, M.), 케글러(Kegler, J). : 구약의 성서 알림, 2판, 2000.
- 아몰드하이너 컨퍼런스(Arnoldshainer Konferenz) : 하나님 책, 성서에 대한 11가지 접근들, 1992.
  기초 지식 성서, 1999.
- 바일(Bail, U.) : 올바른 언어 안에서의 성서, 2006.
- 베르그(Berg, H. K.) : 불같은 한 말씀, 살아있는 성서해석 방법, 1991.
- 불(Bull,K.-M.) : 신약의 성서 알림, 1997.
- 칼버(Calwer) : 성서사전, 2003.
- 게르츠(Gertz, J. C.) : 구약의 기초 정보, 2006.
- 루터 : 번역에서 거대한 성서대조표, 1984.
- 헤이트(Hecht, A.) : 성서에 접근들 - 그룹들 - 초보자 코스를 위한 방법들, 1993.
- 히르머(Hirmer, O.), 스타인스(Steins, G.) : 말씀 안에서 교제, 성서-부분들에 대한 교재, 1999.
- 케글러(Kegler, J.), 쿤(Kuhn, M.), 피셔(Fischer) : 코스 책 성서, 2009.
  당신을 위한 루터성서, 2006.
- 란드그랍(Landgraf, M.), 뮨드라인(Muendlein, E.) : 성서를 사귀기, CD-Rom, 2006.
- 레빈(Levin, C.) : 구약, 3판, 2006.
- 니부어(Niebuhr, K, W.) : 신약의 기초 정보, 2판 2003.
- 타이센(Theissen, G.) : 신약, 2002.

1.3 하나님의 창조

인지

기독교의 창조신앙은 오늘날, 진화론에서처럼 자연과학적인 이론을 통해서는 덜 도전받고 있으며, 오히려 극단적인 대립의 두 가지 입장을 통해서 도전받고 있습니다. 한편은 '과학주의'(Szientismus)와 다른 한편은 '창조과학주의'(Kreationismus) 내지 '지적디자인'(Intelligent Design)으로 불리는 것들 입니다. 현재 '과학주의'의 활동 증거들은 베스트셀러 중 하나인 리차드 도우킨스(R.Dawkins)의 "하나님의 망상"이며, 그 외 경험적인 연구들이 청소년의 과정에서 과학주의적 입장들이 증대되고 있음을 보여줍니다. 독일의 상황에서 '창조주의' 내지 '지적디자인'의 공개적인 폭발력은 슈피겔지(2005년 성탄절-출판물)와 진화생물학자들(울리히 쿠체라, Ulrich Kutschera)의 도서 출판물이 언론지의 톱 타이틀로 게재된 것이 증명합니다. 그러나 역시 이러한 현상들과 함께 독일개신교협의회(EKD)의 비판적인 논쟁이 또한 증명해 줍니다.

'창조과학주의'의 유사과학적인 요구는 산디에고(Sandiego) 근처에 있는 창조연구기관(ICR)을 통하여 다른 것들과 관련하여 분명하게 될 것입니다. 1930년대의 창조과학주의적 논쟁들과 구별하여 많은 사람들에게 어려움을 주었던 현재 자연과학적인 특별한 질문들이 전면에 등장합니다. 이따금 창조과학주의의 확대에서 영향을 미치는 미학적으로 요구되는 자료들이 도움을 주고 있습니다. 예를 들어 미연방 국민의 40%는 진화론을 인간 생성의 해명으로 수용합니다. 독일연방에서 합류한 한 분파는 벌써 6번째 출판된 작품, 라인하르드 융커(R.Jungker)와 직프리드 쉐레어(S.Sherer)의 "진화, 비판적인 교과서"(2006) 입니다. 공공학교의 상황에서 '창조과학주의' 확대를 막으려 했던 법적인 재판을 피하기 위해, 미연방 상황에서 먼저 도움을 준 "지적디자인"이란 상표 교체는 '창조과학주의'의 대중성에 기여합니다.

자연과학과 신학 사이의 차이점이 서로의 입장에서 오해하고 있는 이러한 양 극단의 현실적인 모습에도 불구하고 먼저 분명히 하는 것은 즉, "하나님", "믿음", "종교"와 같은 신학적인 범주들은 측정할만한 영역을 붕괴시키며, 그들의 언어 형태들은 수학적인 것이 아니라는 것입니다. 하나님-세계-인간의 관계가 시간과 공간의 한계를 초월하고 있는 반면에 자연과학이 연구하는 것은 공간과 시간에 한정되어 있습니다. 기독교적 창조신앙의 근거는 피조물의 경험 안에 생겨납니다. "하나님은 모든 피조물과 함께 나를 창조하셨습니다."(Luther). 이것은 실재(實在)의 이해를 전제하며 그들의 구별된 접근 방식들을 참작하는 가운데 동시에 신학과 자연과학 사이의 대화의 문을 열게 합니다.

방향

여기에 기독교적 창조신앙의 특징들이 먼저 소개되고 마지막에 그것에 대한 자연과학적인 세계이해의 예들을 다루어 봅니다.

1. 기독교 창조 이해의 특징들

a) 성서적 근본토대

창세기 1장과 2-3장에서 구별된 시대에 생겨난 두 창조 이야기를 발견합니다.

창세기 1:1-2:4 전반부에는 이른바 "사제문서"(P문서)에 속하는 것으로 자연과학과의 대화를 긍정적으로 이끌 수 있는 방법을 제시해 줍니다. 성서이야기는 세계 탐험과 거룩한 일들이 여전히 사제(司祭)의 손에 달려있던 그 당시로 거슬러 올라갑니다. 기원전 1000년, 그들은 자연의 개별적인 사물을 합리적으로 분류해보려고 했습니다. 창세기 1장은 그러한 목록을 처리하고 종교적인 맥락에서 대표적으로 자연의 사물들을 보면서 "창조된"것으로 해석하기를 추구합니다. 텍스트 저자가 세계창조를 7일로 구성할 때, 그것들은 주간의 나눔을 지향하고 있습니다. 그것들은 세계의 원 상태를 '황량하고 텅빈', '혼돈'(히브리어, 토후와 보후)의 공간으로 부릅니다. 우리의 구어체 이해가 도움이 됩니다. 그것은 사실 하나님이 단순한 말씀으로 창조하신, 실제로는 혼란스러운 상태를 의미하기 때문입니다. 그는 손으로 무엇인가 직접 만드는 장인(匠人)의 모습으로 행동하지 않습니다. 하나님의 행동은 이에 비교할 수 없습니다. 이것은 전적으로 여기서 사용된 히브리말 '만들다'란 바라(bara)가, 다만 하나님을 조건으로 한 것이 강조되었습니다. 모든 작품들은 창조자의 의도에 적합하게 상세히 '선한' 것으로 품위를 갖추게 되었습니다.

첫날, 하나님은 앞서 혼돈의 상태에서 혼합된 부분들을 빛과 어둠으로 분리합니다. 둘째와 셋째 날, 하나님께서는 원래 혼돈 가운데서 편재(偏在)해 있는 물을 한정된 지역으로 제한합니다. 땅, 대양(大洋) 그리고 대양으로 생각된 하늘이 생겨납니다.

셋째 날, 식물 세계가 존재(存在)로 불러내어 졌습니다. 이러한 헤아림은 여전히 오늘날 열매나 – 곡식의 씨앗에서처럼 식물들로 분류합니다(창1:11 이하).

넷째 날, 은하계가 생겨납니다. 태양과 달과 별들 안에 있는 그의 환경이 신적인 권능을 경배하는 동안에 창세기 1장의 저자는 그것들을 '빛들'로 부르고, 하나님은 그것들을 피조물에 예속시킵니다. 그들의 기능은 은사로 가시화합니다. 즉 그것들은 월력의 계산에 사용됩니다(1,14).

다섯째 날, 하나님은 바다와 공중에 살아있는 생명체를 존재로 불러냅니다. 고대 동양은 바다에서 신들과 관계없는 끔찍한 혼돈의 권세들의 잔유물을 봅니다. 저자가 하늘의 "빛"에 의한 것처럼, 여기서 비개인화와 피조성을 역시 시도합니다. 루터가 번역하는 것처럼, 하나님은 "큰 고래"를 창조합니다, 실제로 상응하는 히브리어 표현은 "바다괴물"로 더 잘 제시됩니다. 왜냐하면 그들은 바다의 반신(反神)적인 혼돈의 권세들의 구체화로 유효하기 때문입니다. 그들의 존재는 논쟁되지 않지만 그러나 달리 정돈되었는데, 즉 하나님으로부터 창조되었습니다. 이와 같이 그들은 독자적으로 반신적인 권세들이 될 수 없습니다. 시편 104:26은 하나님이 그들을 창조하신 목적을 제시합니다. 그분은 그의 피조물들과 함께 놀이하며, 그 피조물들은 신적인 기쁨에 봉사합니다.

여섯째 날, 땅 위에 "동물들"이 생겨나며, 마침내 인간이 남자와 여자로, 관계의 본질로 지음 받았습니다. 인간은 고유한 날에 지음 받게 되는 특별한 지위를 갖지는 못했지만, 그러나 그에게 "하나님의 형상"으로 지음 받아, 다른 피조물을 다스리는 임무가 부여 되었습니다. 이 두 정황들이 원래 어떻게 생각된 것인지, 그것들이 오늘날 어떻게 이해되어야 하는 지는 매우 논쟁적입니다.

일곱째 날, 이날은 더 이상 창조사역이 진행되지 않았습니다. 창조주의 쉼이 노동주간의 끝 날에 인간노동의 안식의 쉼을 정당하게 합니다.

창세기 2:4-3:24는 초기 구약연구에서 소위 "야훼(J)문서"에 귀속 되었습니다. 물론 원천문서의 존재는 많이 논쟁되었습니다. 그래서 현재는 비제사장적인 원 역사에 관하여 먼저 거론되었습니다. 즉 원상태는 더 이상 혼돈의 물이 아니라 광야이며, 창조는 하나님이 사막에 물을 대는 것으로 시작합니다. 이런 방식으로 식물뿐만 아니라 하나님은 토기장이처럼 손의 작품으로 인간을 만드는 점토가 생겨납니다. 그에게서 그리고 후에 같은 방식으로 만든 짐승들에게 생명의 입김을 불어넣었습니다. 그것은 피조물들에게서 그들의 생명은 마음대로 할 수 없음을 뜻합니다. 하나님은 인간을 에덴동산 안에 두며, 그 동산은 하나의 결실이 풍성한 오아시스와 같은 곳입니다. 인간은 그 동산을 가꾸어야 합니다. 여기에 반 광야에서 배회하는 근동인들의 꿈이 정원사로 존재하게 됨을 반영합니다. 인간을 돕는 "보조자들로서" 만들어진 동물들은 인간에게서 이름이 지어집니다.

먼저 사람의 갈비뼈에서 그의 모습에 "상응한 상대자"가 탄생됩니다. "남자"와 "여자"를 위한 말의 유사성과 함께 히브리어 텍스트의 낱말선택은 이미 그들의 공동의 근원을 보여주며 서로의 성(性)에 대한 갈망을 밝혀줍니다.

죄 타락의 역사는 왜 세계가 오늘날 '낙원 동산'의 모습에 더 이상 상응하지 않는지를 밝혀주려고 합니다. 인간에게 시험이 닥쳐옵니다. 그것은 선하고 악한 것이 무엇인지를 분별하여 하나님과 같이 되려는 것이었습니다. 그는 하나님의 질서, 즉, 창조의 질서에 대항하는 것이 필요하였습니다. 결과들은 직접 나타나게 되고, 자연적인 관계 구조에 장애가 즉각적으로 나타나게 됩니다. 사람은 자신의 성적 취향을 부끄러워하며, 자신의 행동에 대한 책임 짊어지기를 거절합니다. 하나님의 징벌에서, 말하자면, 인간과 동물 사이에 적대감, 출생의 수고, 고난과 죽음처럼 농사일과 수고는 자연적인 관계구조의 장애로 명시됩니다. 동물은 본능으로부터 유도되는 한편 실제로 인간은 무엇이 선이며 악한 것인지를 알지 못합니다. 그의 행동들이 선한 것인지, 또는 아닌지, 언제나 불확실한 물음에 직면하게 됩니다. ╱ **인간, 죄와 죄책**

이러한 두 가지 창조 이야기들 외에 구약에서 창조의 다른 관점들을 발견합니다. 신약은 그것들을 수용하여 계속 이끌어 줍니다.

요1:1 이하: "태초에 말씀이 있었고, 말씀은 하나님과 함께 계셨으니 하나님은 말씀이었습니다." 모든 일은 똑같이 행해졌으며, 창세기 1:1이 의식적으로 인용되었습니다. "태초에 하나님이 천지를 창조하셨다...". 이 말은 여기서 예수 그리스도와 동일시되었습니다. 그것은 그 사건들에서 모든 만물의 창조자가 예수 그리스도에 대한 것임을 보여준다는 사실을 말합니다. 즉 예수 그리스도 안에서 시작되는 구원은 그 때문에 불충분한 세계의 구원을 의미할 뿐만 아니라, 세계의 구원 자체를 의미할 수 있습니다.

고전8:6; 골1:16절 이하; 빌2:10, 가시적인 것도 불가시적인 것도 아닙니다. 창조되지 않았거나, 또는 그리스도에게로 이끌지 않는 길, 즉 실재의 어떤 영역도 없습니다. "왕의 보좌, 통치권, 권력 또는 힘" - 모두 그리스도에게 힘입고 있습니다. 상응하는 헬라어 단어들은 아마도 불가시적인 것들로 그 당시의 신화적인 세계관의 구원 또는 비구원(非救援)을 초래하는 영들을 칭하고 있습니다. 벌써 창세기 1장에 나오는 바다의 괴물처럼, 모든 것은 여기에 하나님을 중심에 두고 있으며, 그리스도에 관해서는 새로운 것입니다. 로마서 8:18 이하는 창조에 관한 하나의 중요하고 부정적인 진술을 말합니다. 심지어 비인격적인 동물조차도 인간에 대한 그들의 관계의 결과로 일시적이고 두려움에 처하게 됩니다. 바울은 진술을 실증적으로 행하게 됩니다. 우리가 사람의 구원을 희망하는 것처럼, 모든 피조물의 구원을 바라는 것입니다.

b) 창조에 관한 보편적인 이해의 특징들

"모든 만물의 창조주로서 하나님"을 고백할 때 무엇인가 존재하는 것과 존재하지 않는 것에 대하여 기독교 신앙은 인간의 경험에서 대답합니다. 따라서 창조신학은 하나님("모든 것을")과 세계("모든 사물")와 서로 그것들의 관계에 대한 진술을 내용으로 삼게됩니다.

다만 이 문장은 많은 특이한 것을 말하고 있습니다.

- 세계가 창조되었다면, 그 세계는 그들의 존재가 스스로에 힘입고 있는 것이 아니라 무엇인가 다른 것에 의존되어 있습니다.

- 이러한 의존성은 인격적인 관계보다는 더 먼 것으로 보여졌습니다. 세계는 그들 존재가 하나님의 뜻에 힘입고 있는 것입니다.

- 하나님은 하나의 세계를 창조하기 위하여 그 어떤 전제를 필요로 하지 않습니다. 그는 세상을 자신의 한 부분으로 만든 것도 아니며, 세상 자체가 하나님이 아니며 세계가 대체로 "그 무엇에서" 창조된 것도 아닙니다.

궁극적인 진술은 창세기의 창조 이야기들에서 발견하는 것이 아니라 먼저 죽은 자의 부활에 대한 생각과의 관계 속에서 떠 오릅니다. 하나님은 세계를 모든 전제 없이 창조할 수 있었기 때문에, 그는 역시 죽은 자를 이 와같이 오히려 더 이상 존재하지 않는 사람으로 소생(부활)시킬 수 있을 것 입니다(보기 : 롬4:17, 제2 마카비7:14). 그것은 근본적으로 두 가지에 기초하고 있습니다.

하나님에 대한 절대적인 자유와 주권이며, 세상에 대하여 그 존재가 간단히 취해진 것이 아니라 하나의 주어진 선물로 이해하게 됩니다.

"그 무엇에서 나온 것이 아닌 창조"의 사상은 기독교 안에서는 스스로 비판적인 질문에 직면하게 됩니다. 즉, 이것은 그가 세상에 의존되지 않았기 때문에 이것은 세상과 함께 자의적으로 행동할 수 있는 한 분 폭군적인 하나님에 관한 생각이 아닌가? 물론 이러한 비교는 불완전합니다. 전제없이 만들며 창조주의 모습으로 적용되지 않는 한 인간적인 왕이 그의 감정과 기분에 따라 그의 백성에게 행동할 수 있기때문에 그렇습니다. 왜냐하면 한 통치자는 통치자로 존재하기 위해서 그의 신하들에 의존되어 있기 때문입니다. 특히 그러나 사람들이 의도를 가지고 행동할 수 있다면 그들이 행동할 수 있는 대상들로부터 구별된 그 무엇이 있다는 것을 전제합니다. 인격으로 존재할 수 있기 위하여 한 분 "인격적인" 하나님이 세상에 의존되어 있지 않을까요? "그 무엇에서 나온 것이 아닌 창조사상"은 정확히 이것을 부정합니다. 기독교는 이러한 가능성을 전적으로 뒷받침할 수 있습니다. 즉 하나님이 군주적인 통치자의 모델에서가 아니라 또는 고독한 인격으로 해석된 것이 아니라 삼위성의 모델에서 해석되었다는 것입니다. 하나님은 그 자체 안에서 스스로 관계를 가진 아버지와 아들과 영(靈)이십니다. 그래서 세계에 대한 관계가 하나님에게는 필요하지 않은 것입니다. ╱ **삼위일체 하나님**

창조의 영접자는 하나님 자신이 아니라 피조물들입니다. 그래서 우리는 여러 피조물의 존재는 다른 이들을 위하여 부여된 선물로 해석할 수 있습니다. 거기서 다음의 질문은 논쟁적 입니다. 즉 인간들처럼 인격적인 본체(本體)에 대한 총체적인 창조는 양도되는 것인지? 또는 사람들이 다른 피조물을 위한 선물로 이해되어야 하는지? 하는 것입니다.

사람들이 "통치의 사명"(창1:28)을 가진 첫 번째 위치로 합리화하기를 시도했을 때 여러 가지로 만들어진 것들은 - 이와같이 사람들도 - 서로 함께 지음 받은 피조물이라는 창조사상을 분명히 해 줍니다. 다른 사람들과 비인격적인 본체(本體)와 비유기체(非有機體)적인 세계에 대한 관계들은 인간의 이해에 속한 것입니다. 실재(實在)란 본질적으로 관계(關係)적인 것입니다. 통치의 사명은 비인격적인 본체에 대한 인격적인 본체의 다스림의 과제로 이해될 수 있는 것이 아니라 다만 자연적인 질서를 존중하고 보존(保存)하는 인간의 의무로서 이해될 수 있는 것입니다.

만일 기독교가 '창조'(創造)에 관하여 말한다면 단 한 번의 사건으로서 보다는 말하자면, "하나의 지속적인" 것이거나 또는 "계속된 창조"(creatio continual)를 더 많이 생각한 것입니다. 즉 하나님이 세계를 단지 전제없이 생각된 시작을 만드실 뿐만 아니라, 그는 그것을 마찬가지로 그들 존립의 매 순간에 조건 없이 보존합니다. 이로써 세계는 현재와 미래에 홀로 자연법칙들에 의한 생산으로서 존립할 수 있는 것이 아니라 그때마다 새로운 하나님의 선물로서 그들의 성격을 끊임없이 유지하게 된다는 것이 언급되었습니다. 세상에서의 모든 사건은 세계적인 사건과 함께 신적 행위의 공동작용으로 이해되게 합니다. 이로써 세계는 스스로 충족 하다는 하나의 개관은 거부되었습니다.

c) 기독교 관점에서의 창조 이해의 특수성들

앞서 칭해진 목적들은 대부분 기독교 신앙의 특이성이 아닙니다. 세계는 "그 무엇에서" 생겨나지 않는 삼위일체 하나님이라는 견해가 훨씬 더 특이 합니다. 삼위일체 하나님의 모델은 예수 그리스도 안에 나타나며, 성령으로 지금 임하여 계시는 그와 동일한 하나님이심을 말합니다. - 그리스도의 창조 중재권(創造仲裁權)과 영(靈)과 함께 창조의 관철을 포함하는 총체적인 신적 행위의 한 모델입니다. 사람들은 "그 무엇에서의 창조가 아닌" 모델과 연결하여 세계 전체가 하나님과의 관계에로 확대하는 모델을 유지하게 됩니다.

- 죄와 실수의 극복(그리스도)은 스스로 창조주의 의도에 속한 것입니다. 하나님이 세계를 그 어떤 전제 없이 만든 것처럼, 동일한 의미로 하나님은 죄를 용서할 수 있습니다. 자체의 전제 없이 죄인이나 죄있는 자는 그의 미래적인 행동 가능성들이 옛 과오로 부터 미리 결정되지 않았다는 가능성을 선물로 받습니다. 이러한 "칭의교리"의 모델은 창조이해의 전망으로서 그렇게 증명합니다.
  ↗ 칭의

- 고난과 고통은 궁극적으로 세계에 속한 것이 아니라, 세계가 하나의 목표, 즉, 하나님 나라의 완성이란 목표에로 향하여 가고 있는 한 극복되었습니다. 이러한 목표는 하나님에게서 의도되었고, 창조의 존재처럼 마찬가지로 선물의 특색을 가지며 즉 그것은 사람에게서 처럼 인격적인 본체로부터 가져올 수 있는 것이 아니며 창조의 한 프로그램처럼 적어 넣을 수 있는 것도 아닙니다. 미래는 이러한 관념에 따라 열려 있으며 세계의 현존재(現存在)와 함께 미리 결정된 것은 아닙니다.

d) 하나님의 특별한 행위에 대한 질문

우리가 경험하는 사건들은 하나님의 특별한 목적으로 되돌아가게 할 수 있는지? 그리고 사람들은 어떤 곳에서 세계의 흐름을 중단하는 하나님의 개입을 기적으로 여길 수 있는지? 질문해 볼 수 있습니다.

성서의 기적 사건들은 하나님이 자연적인 세계를 벗어나지 않고 하나님에 의하여 모든 영향을 미치는 실재(實在)가 중요하게 다루어지고 있음을 이야기 형태로 보여줍니다. 신약 성서는 이러한 모든 영향을 미치는 실재를 예수 그리스도 안에서 독특하게 해명한 것으로 보입니다. 그렇습니다. 예수님은 구원하는 그리스도로서 이러한 모든 영향을 미치는 실재(實在)와의 관계에서 이해하게 합니다. 반대로 이러한 영향을 미치는 모든 실재는 예수 그리스도와의 관계에서 명백히 표현됩니다. 이러한 것이 표현된 것은 예를 들면 예수님이 마태복음 8:23-28에서 폭풍을 잠잠케 할 때, 제자들은 "이가 어떤 사람이기에 바람과 바다가 순종하는가?"라고 질문합니다.

기적이 자연의 맥락을 깨뜨릴 수 있는가? 하나님이 자연적인 질서를 '선하게' 만들었다는 것을 성서적인 믿음이 고백한다면 그것은 이러한 질서에 대하여 무시하는 하나님의 특별한 행동이며, 오늘은 이렇게 내일은 저렇게 행동하시는 자의적이며 신실하지 못한 하나님에 대한 표현이든지 또는 그의 창조 사역을 계속적으로 개선해야만 하는 무력한 하나님에 대한 표현일 것입니다. 그러한 본체(本體)를 신뢰하는 것은 숙명적 입니다. 하나님의 특별한 행위(기적)는 창조에서부터 그것에 대한 공간을 허용하는 피조물의 질서이해와 함께 조화시키는 것입니다.

기독교 신앙은 하나님의 특별한 행동의 이해 없이 발생할 수 있는 것으로 보여지지 않습니다. 즉 예수님의 부활은 결정적인 미래에 대한 희망처럼 '아버지' 하나님의 특별한 행위에 근거하고 있습니다. 믿음 또한 스스로 개별 인격에 관계된 성령의 행위로 해석되었습니다. 물론 하나님의 행위에서 생명의 구체화된 사건을 표현하는 것은 어렵습니다. 왜냐하면 우리는 그것이 가능하게 할 수 있는 어떤 표준을 알지 못하기 때문입니다.

이러한 기독교 창조의 진술들은 현재의 다종교 사회에서 당연한 것은 아닙니다. 많은 기독인들은 개별적인 개념들과 함께 큰 문제들을 가지기 때문에 "하나님"이란 가설로 연구하지 않으며, 창조세계에 대한 어떤 진술도 말해주지 않는 자연과학과의 대화가 중요합니다. 자연과학의 결과들은 신학과 무관하지 않습니다. 왜냐하면 그들은 공간과 시간의 차원(천체물리학)이나 생명의 발전목표(진화생물학)에서 인간의 결합에 관한 질문을 일깨울 수 있기 때문입니다. 이 질문들에 대한 대답들은 인간의 하나님과의 관계 형태로부터 분리하게 하지 않으며, 하나님의 관계의 새로운 모습은 하나님에 대한 이해를 바꾸어줄 수 있습니다. 이 때문에 자연과학과의 대화는 신학을 위해서 매우 긴급하고도 중요한 일 입니다.

2. 현재의 자연과학적 세계이해

a) 20세기의 물리학은 여러 가지 변혁을 초래하였습니다.

특히 양자이론(量子理論)은 완전히 인과적(因果的)인 것으로 결정된 세계의 기술(記述)을 끝냈습니다. 고전적인 역학(力學)에서 만일 한 체계의 초기 조건들이 알려졌을 때 - 세계의 극단적인 경우에 - 적어도 이론적으로 모든 가능한 상태와 이로써 한 체계의 온전한 미래적인 사건은 예측될 수 있습니다. 사람들이 모든 로또-구슬과 로또-구슬을 통에서 정해진 시간에 정해진 크기를 알고 있다면 이론적으로 어떤 숫자를 뽑게 될지를 알 수가 있습니다.

이러한 고전역학에서 공간과 시간 자체는 변할 수 없지만 물질적 과정의 배경을 나타내는 동안 이것은 상대성 이론에서 바뀌어 집니다. 시간은 4차원으로 공간의 3차원에 추가되며 4차원 "공간시간"으로 공간과 시간에 관해서 말합니다. 그것은 시스템의 질량과 속도에 달려 있습니다. 시간이 늘어나거나 짧아지며 공간이 구부러질 수 있습니다.

양자이론(量子理論)에 대한 "코펜하겐인의 해석"은 중요한 철학적 함의를 지니고 있습니다. 양자, 물질의 가장 작은 구성요소의 설명에서 하나가 다른 하나를 감소시키는 일 없는 입자와 파장의 모델이 필요합니다. 양자모델 모두 "보완적인" 관계에 있습니다. 우리는 고전역학(古典力學)에서 특정 가치에 대한 지식이 회전식 복권번호 추첨기와 같은 시스템을 완전히 결정한다고 말했습니다. 양자 시스템조차 어떤 의미에서 완전히 특정 값에 의해 결정됩니다. 한 사건이 다른 사건을 유발한다는 것은 부인되지 않으며, 단지 그 사건들만이 다른 사건들을 정확하게 미리 결정한다는 것도 부정하지 않습니다. 오히려 측정 과정은 예측 불가능한 방식으로 현실을 변화시킵니다. 예측은 확률을 기반으로 만 가능합니다. 이것은 우연의 일치가 있을 수 있고 미래가 열려있는 세계관에 이르게 합니다.

b) 오늘날 세계의 시작에 대한 우주론적인 모델

오늘날 여기서, 물질이 어떻게 전체로서 시공간적으로 관계하는지에 대한 물음이 중요합니다. 다음에 소개된 "인플레이션 우주"의 모델은 실험적으로 잘 확인되었지만, 사실 문제가 없는 것은 아닙니다. 그것은 우주론의 표준(標準)모델에 기인하는 것입니다.

표준모델은 세계가 공간과 시간에 관해 말하는 어떤 의미도 만들지 못하는 특이점에서 마지막 시간 전에 "빅뱅"(Urknall)에서 폭발적으로 생겨난것을 예측합니다. 그 이래로 4차원 시공간이 팽창되며, 그것은 세계가 팽창되는 것을 뜻합니다. 거기에 더 많은 가능성들이 존재합니다. 시공간은 하나의 풍선에 비교될 만한 긍정적으로 곡선을 증명할 수도 있습니다. 그것은 부정적으로는 안장(安藏)의 표면에 비교되는 곡선(曲線)일 수 있습니다. 이러한 경우에 그것은 '평평한' 것일 수 있습니다. 공간 안에서 무한이 팽창되어, 한 평면에 비교될 수 있음을 뜻합니다.

어떤 경우에, 그것은 우주(宇宙)의 질량(質量)에 의존합니다. 상응하게 높은 질량은 확실한 곡선을, 그에 상응한 낮고 부정적이며, 그에 상응하여 균형 잡힌 평탄한 우주를 자체로 이끌게 될 것입니다. 긍정적으로 굽어진 한 세계의 팽창은 시간이 지남에 따라 정지 상태에 이르게 될 것이며, 세계는 다시 수축될 것입니다. 평탄한 세계 안에서의 확장은 멈출 것이며, 부정적으로 굽어진 세계 안에서의 확장은 무한정 계속 될 것입니다.

그러나 모든 계산에 따르면, 그렇지만 우주의 현재 팽창은 관측 가능한 것만큼 그렇게 크지 않을 것입니다. 이러저러한 다른 문제들은 "인플레이선 우주"의 모델에서 해결될 것입니다. 양자이론에 따르면 입자가 에너지로부터 끊임없이 발생하고 에너지로 다시 넘어갈 수 있는 것이 가능할 것입니다. 이것을 "양자변동(量子變動)"이라고 합니다. 절대적인 진공은 존재하지 않습니다. 이제 세계는 우연히 높은 에너지의 진공으로부터의 양자변동에 의해 생겨난 것으로 추정합니다. 오늘날 물질이 없는 공간은 거의 진공상태에 가깝지만, 이것은 세계의 초기상태에 유효한 것은 아닙니다. 불과 몇 초 만에 지속된 세계 확장과정이 시작된 직후 팽창의 갑작스럽고 불규칙한 "인플레이션"적 확장에 이르렀습니다. 이 점프 후에 먼저 표준모델에서 가정된 것처럼, 확장은 규칙적으로 지속됩니다. 인플레이션 우주모델의 평등화에 따라. 우리에게 관측 가능한 세계는 총체적인 세계의 극히 작은 일부에 지나지 않습니다. 이러한 모델에 따라 세계는 서로 상호작용할 수 없고 인플레이션 돌출 이전에는 결코 할 수 없는 다양한 영역으로 구성됩니다. 우리가 볼 수 있는 우주의 질량은 너무 작아서 음(音)의 작은 곡선을 가진 거의 평평한 우주이므로 끝없이 팽창해야합니다. "인플레이션 우주"의 모델에서 엄격히 말하자면, 그것은 다만 우리 지역에만 유효한 것입니다. 곡선이 다른 지역에서 동일한지, 거기에 물리학적인 법칙이 있는지 우리의 이론적인 가능한 지식으로는 거리가 있으며, 다만 단순성의 근거들에서 가정될 수 밖에 없습니다. 심지어 인플레이션 세계의 모델조차도 문제가 없는 것은 아닙니다.

c) 세계의 미래에 대한 우주론적 예측

우리가 최소한 부정적으로 굽어 있는 거의 평평한 우주에 사는 것이 사실이라면 우주의 팽창은 앞으로도 멈추지 않을 것입니다. 미래에 대한 예측은 주로 "열역학(熱力學) 제2법칙"에 달려있습니다. 폐쇄형 시스템의 에너지 차이는 시간이 지남에 따라 균형을 이룬다고 합니다. 이것은 다음과 같은 예측이 나타납니다. 세계의 나이가 커짐에 따라 점점 더 많은 에너지 차이가 발생하면서, 점점 더 많은 질서화된 구조가 평등의 상태로 다가가게 됩니다. 구체적으로 말하자면 이것은 새로운 항성(恒星)의 발전이 결국 완료되고 모든 항성이 다른 항성 유형에 따라 죽음을 맞이하게 되리라는 것을 의미합니다. 핵심 진행과정이 중단되고 결국 세계는 "냉각"(冷却)됩니다. 우주 전체가 어두워지게 될 것입니다. 그것은 "저온으로 인한 우주의 소멸"을 뜻합니다. 더 이상 생명은 존재하지 않게 됩니다.

d) 우주론적 모델의 이해 안에서의 문제들

하나의 간단한, 그러나 전적으로 해결하기가 쉽지 않은 질문입니다. 오늘날 왜 질서화 된 구조가 존재하는지? 모든 모델에 따르면, 세계가 오늘날 어떻게 그렇게 존재하는지를 이해하기란 참 어렵습니다.

한편으로 모든 모델은 물질이 우주에 적절하게 분배되어 있는 것으로 간주합니다. 이것은 근사치로도 확인되었습니다. 그렇지만 이러한 분배는 은하계(銀河系)와 항성계(恒星系)에 묶여있는 것처럼 보일 정도로 항상 불균등(不均等)하기도 합니다. 다른 한편으로 약간 다른 초기 조건들과 자연의 상수들의 다른 가치들이 우리의 세계에로 이끌어 내지 못했을 것입니다. 우주 안에 질서화 된 구조의 존재는 - 화학적인 원소, 별들, 행성들, 무기적이거나, 유기적인 구조들, 궁극적으로는 생명의 존재 - 한편으로 완전히 특수한 시작조건들에로 되돌아가며, 다른 한편 다수의 사실적이지만 그러나 세계의 적절한 발전(소위 대칭축의 가교)의 불확실한 회피들의 순서에로 되돌아갑니다. 현재, 항상 새로운 질서로 돌아오는 이유를 설명할 수 있는 일반적으로 받아들여지는 과학이론은 아직 없습니다. 일부 과학자들은 자연스럽게 혼돈에서 질서를 창출하는 원리를 허용하려고 시도하고 있습니다. 더 복잡한 형태의 사물과 생명의 진화사상은 궁극적으로 그러한 가정이 없는 것에서 나올 수 없습니다. 생물학의 내면에서 사람들은 생명의 "자아조직"에 이를 수 있는 만큼, 가능성들을 생각하기를 시도합니다.   ↗인간

e) 인간 - 다시 우주의 중심 점인가?

20세기의 마지막 4분의 1기간(25년 동안)에 사람들은 이따금 이러한 불확실한 우연들의 전체의 밝힘에 "인간학적인 원리"라는 다양한 놀이방식을 사용하였습니다.

- 그것은 약한 표현법으로 말합니다. 즉 우주에 지능적인 생명이 있기때문에 우주는 지적인 생명의 출현이 가능하도록 특성을 가져야 한다는 것입니다.

- 강한 변형을 말하고 있습니다. 우주는 반드시 지적 생명이 필수적인 방법으로 초래되도록 특성을 가져야 한다는 것입니다.

- "최종적인 인간학적인 원리"는 결론적으로 다음과 같이 말합니다. 우주가 그것을 지적인 생명을 초래하고 그리고 생겨나자마자 이것이 사라지지 않고 우주의 모든 물리학적인 기계장치들에 대한 힘을 견지하게 되도록 특성을 가져야 한다는 것입니다.

인간학적 원리는 자연과학과 철학적인 공론 사이에서 분명히 우주론의 위치를 보여줍니다.

- 약한 변형(變形)은 진부(晉府)한 것처럼 보입니다. 그것은 "세계가 존재하는 것처럼 존재하는 그대로 있기 때문에" 그 이상을 말하지 않습니다. 그것은 더 이상 관측들로 검증되지 않지만 그러나 세계의 해명에 모델들이 있다는 요구를 드러내는, 즉 과도한 수학적인 공론들에다 하나의 규칙을 내세웁니다. 인간학적 약한 변형은 자연과학적이지는 않지만 우주론의 과학성의 한계를 보여주는 철학적인 원리라는 것을 증명합니다.

- 강한 변형(變形)은 우주에서의 개인적인 생명에 시간적으로 영예로운 위치를 집어넣고 어느 정도 중심에다 인간을 내세우는 이미 순수한 철학적인 논제입니다.

* 마지막 인간학적 원리는 세계관으로 향한 진보를 미해결 상태로 실천합니다.

위에 인용된 창조 이야기들을 실제로 진지하게 수용하는 자는 지금까지 150억 년 대부분 시간에 하나님은 그의 창조를 사람 없이 "선한"것으로 발견했던 것을 인정해야만 한다. 먼저 7억 오천 년 전 그들 후손들이 짧게는 대략 2500년 전 자신들을 "창조의 왕관"으로 밝히는 첫 인간과 비슷한 본체가 등장하였다.

f) 생물학의 비약과 "각 분야 학문간"의 발전

현재, 여러 자연 과학들의 관계에서 서로 의미변화가 이루어지고 있는 것으로 보여 집니다. 종종 생물학에서 통합과학으로 예를 들어 진화론(進化論)과 유전학(遺傳學)과 신경조직(神經組織)과학에서 분명해 지는 것처럼 하나의 새로운 역할에 대한 의미가 부여되었습니다.

생물학에서의 진화론은 발전과정을 탐구하는 고전적인 분야입니다. 그러나 생명의 발전과정의 중요한 특징은 한편으로 생명이 없는 세계를 위해서, 다른 한편으로 문화 세계를 위해서 의미를 가진 것입니다. 이 모든 세 가지 경우들에서 소위 "돌발적 과정"이 문제입니다. 이것은 각각 역사적으로 후기의 발달단계가 논리정연하게 초기의 발달단계로부터 이해되는 것을 의미합니다. 그 경우는 거꾸로는 아닙니다. 각 초기 발전단계로부터 사물의 각 과정에서 어떤 발전단계가 초래될지 또는 초래되지 않을지는 명확하지 않습니다. 각각 초기의 발전단계들은 필요하지만 나중의 결과에 대한 충분한 조건들은 아닙니다.

돌이켜 볼 때, 대략 영장류(靈長類)의 생물학적인 진화는 직립보행(直立步行)과 대뇌피질(大腦皮質)의 확대에서 이해적으로 나타나 보이지만 그러나 역시 여러 막다른 골목에서 알았던 필요성과 함께 진행되는 과정의 문제는 아니었습니다. 마찬가지로 우주론적인 진화론은 생명의 토대인 그들 행성(行星)들이 요소들과 화학적인 연결들의 많은 수를 내포하는 행성의 시스템들의 형성과 별들에서 원자(原子)들과 핵융합(核融合)과정에 대한 소립자(素粒子)들의 형성에 관하여 이해적으로 보여 집니다. 그러나 그것은 우리가 본 것처럼 필요한 것이 아니라 하나의 역사적인 과정입니다. 문화적인 진화에서 예를 들면 과두정치(寡頭政治)적으로 헌법을 갖춘 단일민족 국가에서 인권에 기초하여 민주주의에 이르기까지 유럽의 발전에서 이러한 "돌출(突出)"과정들은 우리에게 가장 친숙한 것으로 나타내 보입니다.

생물학적인 과학의 특이성은 그러나 선택, 돌연변이 그리고 자기 조직화를 통해 유기체와 환경의 관계를 해석함으로써 과정들이 부분적으로 이해될 수 있다는 것입니다. 거기서 물리적이며 문화적인 발전들이 비슷한 해석들과 함께 밝혀지게 되지 않을지가 질문입니다.

특별히 유전학(遺傳學)과 신경과학(神經科學)의 업적은 눈에 두드러졌습니다. 유전학을 예들 들면 유전자에서 발달 된 유기체의 특성들의 일치점들이 확인될 수 있다는 것이 점점 더 성과를 내고 있습니다. 마찬가지로 신경과학들과 정신적인 성질과 아마도 도덕적인 종류도 한정적인 뇌 영역으로 귀속시키는 것이 가능해지고 있습니다. 이러한 생물학적인 근본토대들의 연구는 자체에 따른 철학적이며, 윤리적이며 그리고 항상 종교적인 질문을 결과적으로 가지게 됩니다.

- 세계의 발전이 선택과정을 통해 전체로서 해석될 수 있는가?

- 만일 그렇다면, 이러한 발전이 "맹목적"인가, 아니면 그 과정은 목표지향적인 과정으로서 합법적으로 해석될 수 있는가?

- 정신의 관계에 따른 옛 질문들(의도들과 생각들, 감각들과 같은 정신적인 과정들)과 물질(신체적인 과정들)의 관계에 대한 오래된 질문이 새롭게 대답될 수 있는가?

그러한 질문들은 기독교 신학이 수용하였습니다. 예를 들면 뮌헨대학의 신학자 볼프하르트 판넨베르크(W.Pannenberg)는 하나님이 "세상 가운데 사람인 예수 그리스도 안에서 아들로 현존할 뿐 아니라, 역시 세계의 발전 가운데 특수성의 생산의 원리로서 존재하는 거기에 물질과 생명과 문화의 발전적인" 과정 안에서 전개할 수 없는 새로움의 근거를 그렇게 봅니다. 자연과학의 엄격한 영역분리들은 상호간 그렇게 부분으로 해체되었습니다. 그 이유는 실재(實在)가 근본에 있어서 관계적이라는 사실을 더 많이 알게 되었기 때문입니다. 단지 실재의 사물들 사이에 관계들만 있는 것으로 이해되었다면, 이것은 낡은 통찰일 것입니다. 그러나 다른 대상들에서 한 대상의 관계들이 이러한 것을 위해 스스로 본질적입니다. 그 때문에 개별 과학들의 진보는 신학 안에서와 마찬가지로 오늘날 제도화된 여러 학제간의 대화에 힘입고 있는 것입니다.

3. 창조신앙과 자연과학적인 세계관

창조신앙과 세계에 대한 자연과학적인 진술 사이의 유사점과 차이점은 어디에 있습니까? 의심할 여지없이 비슷한 관점들이 존립해 있습니다. 중요한 관점들이 모순되지 않으며, 서로 일치한다는 것이 중요합니다.

a) 우연 또는 하나님의 뜻?

자연과학	신앙
• 순수한 우연은 있다.	• 세계는 하나님의 자유로운 선물이다.
• 미래는 열려있다.	• 하나님은 세계 안에서 활동하신다.
• 몇 가지 세계적인 일들이 함께 작용한다.	• 하나님과 세계적인 사물들은 세계의 형성에 의하여 함께 일하신다.
• 미래적인 사건은 확고히 미리 결정되지 않았다.	

자연과학들은 세계가 하나님과 개별적으로 관계되었다는 것에 대하여 아무것도 말해주지 않습니다. 그들은 세계를 하나님의 자유로운 행위의 결과로 파악하거나, 세계의 과정에서 하나님과 인간, 또는 다른 피조물들의 공동작업을 인식할 수가 없습니다. 그러나 이러한 신앙의 진술은 또한 세계의 자연적인 통찰에 모순되지 않습니다. 우연의 일치가 있고 미래가

계속적으로 열려 있다면, 하나님이 거기서 자유로이 활동하시는 세계를 하나님의 자유로운 선물로 보는 것이 가능합니다. 이것은 세계에서의 우연성을 대체하지 않으며 우연적인 모든 것은 하나님이 원하기 때문에 일어나는 것이 아닙니다. 하나님이 자신의 경험으로 여기저기서 행동하셨을 것 이라고 말하는 것은 여전히 어렵습니다. 언제나 새로운 질서들이 나타나게 했던 우연들 - 원자들, 무기체적인 결합들, 유기체적인 결합들 그리고 결과적으로 생명의 다른 종류를 직접적으로 신적인 행위로 간주하는 것은 마찬가지로 어려운 일입니다. 아마도 하나님은 세상의 질서를 우연의 일치를 포함하여 그 자체의 목적을 위해 활용하실 수 있으리라고 말할 수는 있습니다.

b) 빅뱅(Urknall) 이전에 무엇이 있었는가?

자연과학	신앙
• 세계는 시공간이 없이 단독으로 빅뱅에서 생겨났다.	• 세계는 창조되었지만 그 무엇에서 생겨난 것이 아니다.

우주론의 표준모델이나 인플레이션의 우주모델에서 제시하는 세계 기원에 대한 해명은 세계가 개별적인 본질로부터 전제조건 없이 창조되었다는 가정과 일치합니다. 그러나 "빅뱅" 모델들은 단순히 "무엇에서 나오는 것이 아닌 창조"의 실증적인 확인으로서 이해될 수는 없습니다. 우주론은 세계가 마침내 오래되었고, 공간과 시간이 스스로 생겨났다는 것을 가정합니다. 어거스틴은 공간과 시간이 스스로 창조되었다는 관점을 대변하였기에, 먼저 존재했는지에 대한 질문은 의미가 없습니다. 그럼에도 불구하고 하나의 중요한 차이가 존재합니다. 인플레이션 모델은 처음에는 빈 공간이 있었음을 예상합니다. 그러나 이러한 진공상태는 고도의 에너지를 가진 빈 공간으로 생각되며, 에너지는 확고히 정의된 개념이며, 전적으

로 "그 무엇"입니다. 하나님이 세계를 그 무엇에서 창조하지 않았다는 가정에 모순되는 것인가? 만일 '빅뱅'이나 또는 진공상태의 지속적인 변동에서 세계가 힘입고 있는 첫 생성이 하나님의 창조적인 행위의 순간과 동일하다고 여긴다면 이것은 실제로 그럴 수 있는 것입니다. 그러나 사람들은 그것을 그렇게 보지 않아야 합니다. 하나님이 전제없이 행하신다는 것은 창조사상에서 중요합니다. 에너지로 충전된 원시간적인 진공상태의 원인과 전제들에 대하여 우리는 원칙적으로 아무것도 언급할 수가 없습니다. 그것은 물론 이러한 높은 에너지의 진공상태가 실제로 하나님처럼 전제없이 영원하다는 것을 뜻하지는 않습니다. 그것이 우리에게서 인식되는 것없이, 오히려 하나님으로부터 창조되어질 수 있습니다. 현재의 우주론적인 모델들은 세계의 한 분 창조주에 대한 믿음을 허용하고 있습니다. 그들역시 물질의 영원함에 대한 믿음도 허용하고 있습니다.

c) 우리는 무엇을 알 수 있습니까?

자연과학
- 세계가 창조되었기 때문에 이것이 가능하도록 세계를 알 수 있는 생명이 있다. (인간학적인 원리).

신앙
- 세계의 인식능력은 세계 자체처럼 우리를 위한 하나님의 선물이다.

"인간학(人間學)적 원리"의 약한 형태는 세계에 대한 우리의 인지(認知)가 단지 우리의 구성이라는 것은 배제되며 그리고 지식의 실재(實在) 관계를 보장합니다. 이것은 세계의 인식능력이 창조주의 선물이라는 가정에 일치합니다. 물론 이러한 가정은 여기서 인식능력이 단지 주어진 것이 아니라 선물로 이해되었을 때, 넘어 나아갑니다.

d) 모든 것은 어떤 목표에 이르게 되는가?

자연과학
- 세계 발전은 맹목적으로 진행된다.
- 예상: 세계는 저온으로 인하여 우주는 종말을 맞게 된다.

신앙
- 세계의 과정은 한 목표에 관계되어 있다. 즉 하나님 나라의 완성이다.

기독교 신앙의 관점에서 보면, 개별사건은 정확하게 결정되지 않았습니다. 그러나 세계는 선한 목표를 향하여 하나님과 그의 피조물의 공동작용으로 발전합니다. 진화론의 관점에서 보면 세계의 발전은 그것에 비하여 어떤 목표도 없이 죽음을 향하여 있습니다. 그래서 열역학(熱力學)의 관점에서 보면 황량한 세계는 '온난화(溫暖化)로 인한 죽음'에 직면해 있습니다. 이러한 예측들이 기독교적 희망과 일치하게 하는지? 또는 기독교 신앙이 제시하는 것처럼 그것들이 모든 의미부여를 해결하지 못하는 것이 아닌지? 저온종말(低溫終末)의 예측은 기독교적 희망에 모순이 아니어야 합니다. 왜냐하면 전통적으로 하나님나라의 완성처럼 은유(隱喩)로 서술된 목표는 선물(은사)의 성격을 가지기 때문이며 세계의 발전과정에서 유도될 수 있는 것이 아니기 때문입니다. 순전히 자연적인 관점에서 적극적인 목표를 인식할 수 없다면 신앙의 관점에서도 놀랍지 않습니다. 기독인들이 세상의 완성을 희망할 때, 그들은 특별한 하나님의 행위를 기다리는 것입니다. 개별적이며 개인적인 피조물들을 만드는 것이 하나님의 의도였다면, 그분이 그것들의 궁극적인 멸망을 허용하게 된다면, 불합리하게 될 것입니다. 고난과 죽음이 마지막 말씀이라면, 하나님은 그 자신의 피조물들에 대하여 신실하지 못하며 스스로 그의 창조의 결단을 역행하는 일이 되고야 말 것입니다. 기독교는 "세계의 완성", 즉 "영원한 생명으로의 부활"과 모든 피조물이 그들의 결핍에서 "정결하게"되는 "심판"을 희망합니다. 즉 하나님은 죄인을 대적하는 것이 아니라 죄를 대적하기 때문입니다. 그러나 사람들이 인격적인 피조물로서 관계를 통하여 서로 인격적이지 않는 창조에 영향을 미친다면 자연적 세계 역시 그 완성에서 배제될 수 있을 것입니다. 그 모든 것들은 엄격한 개념들이 아니라 오히려 희망의 모습입니다. 이러한 희망의 등장은 저온종말을 예측하는 근거에서는 불확실한 것이지만 그러나 불가능한 것은 아닙니다.

4. 하나님에 관한 질문

개별적인 논쟁의 경우들을 배제한다면, 그 당시 자연 과학적인 세계이해와 기독교적 세계이해는 서로 일치하고 있었습니다. 그러나 항상 그런 것은 아니었습니다. 19세기의 자연에 대한 기계적 이해는 계속해서 우연의 일치를 배제했으며 신학에서 훨씬 더 문제가 되었습니다. 물론 그 당시 신학은 자연과학과의 대화를 그렇게 많이 노력하지 않았습니다. 그럼에도 불구하고 이런 일이 일어났을 때, 기독교 신앙의 내용적인 표현들에서 계속적인 변화들이 강요되었습니다. 오늘날 자연과학적인 사고는 벌써 몇몇 이전의 세기에서처럼 더 분명하게 "마지막 일들"의 주제 주변을 맴돌았고, 더욱이 종교적 질문들을 제기하였습니다. 기독교적 신앙은 분명히 과학적인 세계관을 넘어서고 있으며, 그것에서 유도될 수는 없습니다. 사람들은 자연과학이 세계의 기원, 목표 그리고 의미로서 하나님에 관한 물음을 던지리라는 것을 말할 수는 없습니다. 그러나 21세기의 전환에서 실제로 "물리학과 초월"관계를 함께 바라보는 것과 놀랄만한 것들과의 만남을 회피하지 않는 많은 시도들을 실제로 다시 발견하게 됩니다(하이젠 베르크, Heisenberg의 제자들, 두루, H. P. Durr). 자연의 이해로부터 하나님의 인식에 이르는 길이 있습니까?

영국 종교 철학자, 리차드 슈윈번(Richard Swinburne: 1837-1909)은 한 분 인격적인 하나님의 존재는 그의 비존재보다도 더 가능성이 있다고 생각했습니다. 대체로 질서의 다양한 여러 구조들이 세상의 많은 일들 가운데서 복잡하게 되었기 때문에, 다음과 같은 딜레마가 제기된다는 것입니다. 즉 세상의 다양성을 창조할 수 있는 한 분 하나님이 계시거나 또는 많은 질서화 된 일들이 그 자체에서 스스로 생겨난다는 것입니다. 복잡해진 것들의 더 간략한 해명을 선호한다는 가정을 공유하면 하나님의 존재가 그의 비존재보다 더 개연성(蓋然性)을 가진 것임을 알게 될 것입니다.

그러한 생각들이 직접 기독교 신앙으로 이끌지는 않지만 그러나 그들은 비록 기독인들이 아닐지라도 여러 자연과학자들이 왜 인격적인 하나님에 대한 믿음을 더 이상 불합리한 것으로 생각하지 않고 있는지를 가시화합니다. 기독교 신앙으로 향한 길은 우리가 듣게 되는 것이 우리에게서 명백한 것으로 밝혀 질 때, 확실히 대화가 이끌어질 것입니다. 여기에 자연과학의 지식적인 길로 향하는 하나의 유사성이 앞에 놓여 있습니다. 자연과학의 중요한 지식들이 계획되지 않았지만 동일하게 수동적인 입장을 가지게 됨을 발견합니다. 실험들은 먼저 그것들의 기초 위에서 행하는 의미를 가집니다. 마찬가지로 우리가 믿거나 믿지 않는 것을 결단하는 것이 아니라 "성령하나님"이 수동적으로 사람들에게 하나님에 대한 믿음을 밝혀 줍니다. 사람은 믿음을 적극적으로 야기 시킬 수 없으며, 다른 사람에 의해서도 자신 스스로에 의해서도 그렇게 할 수가 없습니다.

형성

1. 충돌 가운데서? - 신학과 자연과학의 관계

'창조과학주의'와 '과학주의'는 서로 대립된 충돌 모델의 변형들임을 앞에서 언급하였습니다. 근본적으로 이것은 그들의 대립성에도 불구하고 수많은 구조적인 상응점들을 가지고 있습니다. 양자는 창조신앙과 자연과학의 조화 가능성을 부인하며, 이 둘은 그들의 지식을 위해 확고한 토대에 이의(異意)를 제기합니다(과학주의적으로: 논리와 인지의 자료들, 창조과학주의적으로: 성서 무오성). 그리고 양자는 자연과학적이며 종교적인 진술이 동일한 영역에 관계하는 개관(概觀)을 대변하고 있습니다. 과학주의처럼 창조주의 즉, 이 둘은 성서적인 창조이해와 자연과학적인 세계이론과 생명생성이론들 사이의 충돌을 포함합니다. 매번 하나의 관점은 절대적으로 취해졌으며, 신학과 자연과학은 하나나 또는 다른 관점이 진실일 수 있다는 사실의 지평에 놓여졌으며, 거기에 제3의 것은 주어지지 않았습니다.

만일 그들이 성서적 창조의 "시(詩)문학적(文學的)"인 이해에서 역사 비평적인 것과 마찬가지로 해석학적인 통찰들이 사라지는 상황에서 자연과학적인 방식에 대하여 문자 그대로 이해된 성서적인 창조 "보도"(報道)의 진리를 증명하려고 찾는다면 창조과학주의자들은 근본적인 범주의 오류를 범하게 됩니다. 더 가까이 관찰할 때, 그들이 항상 사실이라는 "팩트"(facts)에 관해서만 말한다면 창조과학주의자들은 19세기에 유행하던 자연과학적 사고방식에 사로잡혀 있습니다. 그들은 자연과학적인 사실 뿐만 아니라 성서의 사실에도 의존하고 있습니다. 그리고 이러한 성서적인 사실로부터 나아가면서 그들은 진화(進化)이론에서 - 창조주의를 대항하는 "과학적인" 반대이론을 구성합니다. 근본적으로 여기에 이중적인 범주이론의 오류가 앞서 놓여있습니다. 창1:1 이하의 본문은 세계와 생명(生命)생성의 사실보도로서 신학적으로 충분히 이해되지 않았습니다. 즉 자연과학적으로도 처음부터 모든 과학적인 진단들의 결과가 충분하게 확고하지 못합니다. 그것은 하나님의 말씀으로서 성서적인 창조 보도와 함께 일치하는 참일 수 있는 것입니다.

창조과학주의와의 논쟁가운데서 근본적으로 놓여 있는 성서이해에 따른 질문은 결정적입니다. 말씀의 낱말적인 성서이해의 문제적인 결과들이 토론되는 것은 일반적입니다. 해석학적이며, 동시에 역사 비평적으로 확신된 창1:1 이하의 본문해석의 배경에서 성서텍스트의 저자들이 2,500년 전 자연과학적인 상태의 배경에서 창조주로서의 하나님에 대한 믿음을 표현했었던 것을 논하는 것은 특이한 일입니다.

2. 분리된 세계들?

신학과 자연과학과의 대화는 중요합니다. 왜냐하면 둘 다 하나의 실재에 관계되어 있기 때문입니다. 이것은 당연한 것은 아닙니다. 수세기 동안 자연과학에 대한 연구는 어쨌든 자연과학의 세밀한 부분에서 전체를 보면서 항상 철학이나 종교 안에 있는 것의 의미에 대하여 질문했습니다. 먼저 새 시대에 자연과학들은 독립된 연구영역들을 형성합니다. 그러나 이러한 분리과정의 역사는 편견 없이 자유로이 세계를 관찰하려는 자연과학들은 지나간 시대에 교회의 억압들에서 벗어날 수 없었던 자유 투쟁과 같은 것이었습니다. 이러한 방식에서 더 많은 대상의 영역들이 자연과학의 영역으로 기울어졌으며, 기독교 종교는 전망 없는 퇴각 전으로 빠져들어 갔었습니다. 그들 각각은 아직 자연과학에 의해 정복되지 않은 그 틈에다 하나님을 놓아두었기 때문입니다. 신학과 자연과학은 두 개의 화해할 수 없는 적수가 된 것처럼 보였습니다. 역사를 알고 있는 사람은 물론 역사적인 발전이 훨씬 더 다양해졌으며 긍정적인 관계의 많은 예를 발견할 수 있음을 알고 있습니다.

a) 구체적인 것에서 공동적인 지향점

고대 그리스 철학은 주된 동향들에서 보편적인 것의 연구에 몰두하였습니다. 그리고 세계의 구체적인 현상들에서 다만 하나의 종속된 의미를 측정하였습니다. 현대 자연과학은 여기에서 완전히 다른 것을 경험하게 됩니다. 그것은 목표에 있어서 보편적인 규칙 경과의 인식을 설정하지만, 그러나 그것은 자연 안에 있는 개별적이며 구체적인 과정의 경험적인 연구에 대해서 그들의 길을 취하게 됩니다. 만일 단회적인 것, 구체적인 것이 진리의 능력이 되며 실재에로 향한 점을 열게 될 때, 우리는 그 안에서 유대교와 기독교 전통에 대한 하나의 특이한 구조의 유사성(類似性)을 발견합니다. 자연과학은 - 그 당시 세계 안에서 하나의 새 제도를 - 예를 들어 하나님과 세계에 대한 그의 관계가 나사렛 예수의 삶에서 밝혀졌다는 것을 고백한다면 공간과 시간 안에서 진리의 능력으로 개별적인 사건들을 바라보게 됩니다. 서구적인 문화가 이러한 전통으로부터 강하게 영향을 받아 형성되었음을 생각하는 사람은 여기서 다만 구조의 유사성 보다 더 많이 보게 되며 다음과 같이 질문하게 됩니다. 경험적인 개별사건들의 평가절상과 함께 성서적인 신앙인식의 길이 자연과학적 인식의 길을 유리하게 하거나 또는 가능하게 하는지는 질문입니다.

b) 진화의 신학

양쪽 인식 방법(길)의 모순에 대한 전형적인 예로서 다윈의 진화론의 효과는 언제나 유효합니다. 그것은 신학자들에게 "최종적인 망상"이란 근본주의적 혐의자들로 간주하고, 창시자로서 하나님을 자연적 세계의 정체된 질서로부터 추론하기를 거절합니다. 그러나 지난 세기에 '성공회 신학'(영국국교회)은 진화의 신학을 긍정적으로 수용하였고, 그들 신학자들 중 한 그룹은 심지어 창조의 의의를 연구하여, 그 창조의 방법론을 설명하려고 자연과학자들의 권리를 인정하는 "세계의 빛"(Lux mundi)이란 이름의 책을 출판하였습니다. 예수 그리스도와 동질화된 창조적인 이성은 "말씀"(로고스)으로 세상에서 증가하는 양으로 진화의 단계 안에서 실현되기 때문이라는 것입니다. 그 사이에 진화의 원리는 다윈이 보았던 것들을 뛰어넘어 물리학과 생물학에서 뿐 아니라, 세계관들 즉 총체적인 인간의 종교성을 종속시킨(훗, Huth), 실재(實在)의 위대한 보편적 원리의 하나로서 필요성이 선언되었습니다. 이로써 다윈은 중세기의 폐쇄적인 세계관으로부터 최종적인 작별을 유도하였습니다. 그 때문에 신학은 결코 후퇴하지 않아야 합니다! 신학은 오히려 이따금 잊어버린 지도원칙(指導原則)들 즉 그들의 새로운 신인(神人)인 창조주는 세계의 태엽을 감아놓고 은퇴하여 쉬고 계신 분이 아니라, 그분은 분명히 개입하여 오늘날도 그의 창조에 그분이 원하시는 모습을 제시하고 계심을 말하는 '하나님의 창조의 지속성'(creatio continua)에 대한 고백을 견지해도 좋을 것입니다.

C) 신학자로서의 자연 과학자들

자연과학의 관점은 신학에 관한 그들의 독립에서 언제나 투쟁으로만 나타나는 것은 아니었습니다. 코페르니쿠스(1473-1543)는 성직자였습니다. 교황에게 1543년, 지구가 태양을 대신하여 회전한다는 책(自轉에 관한)을 선물했습니다. 뉴턴(1643-1727)은 하나님의 영광을 촉진하는 일에 종교가 자연과학에서 분리되어서는 안 된다는 것을 확신했습니다. 그는 하나의 정확한 기계 기능을 부여하는 "하나님"이라는 가설로써 천체역학(天體力學)을 작업했습니다. 오늘날의 관점에서 보면 이것은 문제가 됩니다. 어떻게 "하나님"이 그 당시 지식격차를 위한 해명의 가설로 역할하게 되는지가 전형적인 보기가 되기 때문입니다. 그러나 이는 뉴턴(Newton)이 원초적으로 신학과의 투쟁을 생각하지 않았음을 증명합니다. 파라데이(Faraday)는 전자장(電磁場)이론의 발전에 맥스웰(1831-1879)에게 충격이었던 그의 의도와 물리적인 현상을 분야개념의 도움으로써 밝히는 것에 힘입고 있습니다. 역시 그의 신앙은 산데마니아인(Sandemanianer)의 공동체에 설교자로서 삼위일체 하나님을 선포했던 것처럼, 삼위일체 하나님에 대한 그의 신앙에 힘입은 것입니다.

많은 유사한 사례에도 불구하고 20세기 전반기에 자연과학과 신학 사이의 관계는 투쟁에서나, 평화에서도 끝나지 않은 채 전혀 무관한 관계로 지냅니다. 즉 사람들은 - 소수의 예외로부터 외면된 채 칼 하임(K.Heim:1874-1958)의 신학에서만 - 사람들은 관할권의 영역에서 정확히 경계선을 긋고 있습니다. 자연과학적 진술들은 의미와 윤리학에 관한 종교적 질문에 어떤 영향도 미치지 못합니다. 자연에 관한 지식으로써 사람들은 종교를 지지하거나 거부할 수 없으며, 도덕을 근거로 삼거나 방해할 수도 없습니다. 종교적 진술은 다시금 과학적인 질문에 어떤 영향을 주지 못하여, 세상지식에도 기여하지 못했습니다. 그들은 이것들을 요구하지도 않습니다. 인간의 실존적인 문제들 즉 자신의 죄책감, 절망과 희망 또는 자신의 감수성과 느낌 또는 도덕적 자유를 더 많이 중요한 것으로 여겼습니다. 자연과학은 단지 물질에 대한 접근을 제공하지만 그러나, 다만 종교와 철학은 정신에 대한 접근을 제시합니다.

3. 세계는 분리되지 않는다!

두 가지 실재 영역의 엄격한 분리는 외면할 수 없는 장점들을 가집니다.

- 신학과 자연과학은 갈등 없이 그들 자체의 방법과 세계의 일들을 전념할 수 있습니다.

- 신학은 하나님에 대한 믿음을 자연과학의 고통에 직면하여 그것을 분할하여 죽음에 노출시키는 어려움을 피하게 합니다.

- 우리는 동시에 현대적인 기술을 이용할 수 있으며, 현대적인 세계관을 믿으면서도 기독인으로 남을 수가 있습니다.

- 이러한 입장은 결과적으로 믿음 안에서 간단히 추정하는 사실에 관하여 참이라고 여기는 것이 중요한 것이 아니라, 인간들 사이에서 그리고 인간과 하나님 사이에 신뢰의 인격적인 사랑의 관계가 역시 중요하다는 올바른 통찰에 근거하고 있습니다.

그러나 그것에 단점들이 상대적으로 놓여 있기도 합니다.

- 자연과학과 신학 사이의 완전한 분리는 인간적인 행동이 양자를 필요로 하고 있기 때문에 금하는 것입니다. 즉 세계의 개별적인 실재에 관한 지식과 종교적인 근본가정들의 지식입니다. 관점으로서 사람들은 그것을 추상적으로 구별할 수 있으며, 각자 개별적인 행동에서 그것들은 일치됩니다. 예배의 축하에서 자연법칙들은 폐지되지 않으며, 역시 자연과학자들은 실험실에서 세계관적인 중립성을 견지할 수도 없습니다.

- 하나님과의 관계는 본질적인 것에서 신뢰 관계입니다. 그러나 이것은 역시 하나님에 대한 사실과 세계에 대한 그의 관계가 주장되어질 수 없음을 뜻하지는

않습니다. 그렇게 신뢰는 결정된 가정을 참이라고 생각하는 사람을 신뢰할 때, 다만 하나의 의미를 가지는 것입니다. 결과적으로 기독인들은 하나님을 단순하게 신뢰하지 않습니다. 즉, 그들은 이러한 하나님이 그들의 존재를 결정하는 모든 것에 관계하신다는 사실에 대하여 무조건적이며 존재적으로 한정된 신뢰에 오히려 근거합니다.

- 인간은 단순히 인격적이며 자유로운 존재가 아니라, 자연과 문화와의 관계에 의해 결정됩니다. 예를 들면 배고픔과 갈증, 수면, 성욕, 질병, 그가 살고 있는 자연환경 또는 그가 사용하는 도구와 그가 뿌리를 내린 교육과 교양과 같은 것들입니다. 이러한 그의 삶의 자연적이며, 문화적인 또는 기술적인 네트워킹을 그가 세계관적이며 신학적으로 확인할 수 있어야만 합니다. 기독교 신앙은 이러한 것들을 분명하게 만유의 창조주이신 하나님께 고백하게 되는 것입니다.

- 사회적이며 정치적인 요인들도 궁극적으로 하나의 엄격한 영역 분리에 대항하여 말하지는 않습니다. 예를 들면 우리가 자연과학에 의존하는 기술적인 성과들을 계속해서 습관적으로 사용할 때, 문명에 대한 치명적인 생태계의 위기에로 빠져들게 되는 자의식이 70년대 이래로 점차적으로 우리에게 자리잡게 되었습니다. 자연과학과 기술과학의 윤리적인 관찰이 긴급히 요구되었습니다. 종교가 여기서 행동을 유도하는 역할을 하게 되면 신학은 자연과학에 대한 적극적인 관계목적에서 관계를 끊을 수가 없습니다. 이 순간에 대해서는 신학적 측면에서 의심의 여지가 없습니다. 즉 신중한 분리가 대변되었던 상황은 극복될 수 있을 것입니다.

4. 대화의 전략들

자연과학과 종교/신학 사이의 만족스러운 관계설정은 어떻게 전망할 수 있을까요? 평화스러우면서도 엄격하게 분리된 공존의 상황은 어떻게 해결할 것인가? 본질적으로 세 가지 전략에 대하여 질문해 볼 수 있습니다.

- 신학적인 측면은 실재(實在)의 통일을 설명하려고 시도합니다. 그것은 신학이 자연과학의 연구결과를 수용하고, 신학적으로 보완할 때 입니다.

- 개별 자연 과학자들은 실재(實在)의 통일을 설명하려고 시도합니다. 그것은 신학과 철학이 다루는 문제들에서 궁극적으로 자연과학적으로 해결하는 문제가 되게하는 것입니다(자연주의).

- 사람들이 상대적인 독립성에서 실재(實在)에 대한 구별된 접근방식들을 인정하고, 그것들이 대화에서 서로 관계되도록 시도합니다.

신학의 진술들을 통하여 자연 과학적인 결과의 보완가능성은 먼저 드물게 발견되지만, 문제가 없는 것은 아닙니다. 왜냐하면 그들의 연구결과를 사람들이 참고할 때, 자연과학의 작업이 전적으로 인정되었기 때문입니다. 그러나 그것은 구호에 따라 이루어지는데 생물학적인 인간학이 예를 들면, 대체로 올바른 결과를 제공할 수 있을 것입니다. 그러나 생물학적인 인간학이 인간을 부분적인 관점들에서가 아니라 인간 자체에 관하여 말하기를 요구할 때, 그것은 신학적인 보충을 필요로 하게 됩니다. 이러한 절차는 신학안에서 자연과학의 결과가 관계될 수 있게 되기를 요구합니다.

그러한 입장들에 대립하여 나타나는 비난들은 주로 두 가지인데 거울에 비춰보는 방식입니다: 한편으로 이러한 통일성은 분명 가능한데, 신학적인 진술이 자연 과학적으로 또는 반대로 자연과학적으로 신학적인 진술에 적용될 때에만 가능합니다. 말하자면 신학적이며 자연과학적 연구결과가 서로 모순되어서는 안된다는 이해가 전제되었습니다. 다른 한편 신학이 동시에 최종적인 말을 유보할 경우에 이러한 입장은 궁극적으로 자연과학의 독립성을 부인하는 것으로 보입니다. 자연과학자는 이러한 접근법에 실제로 회의적인 모습을 보이게 됩니다.

자연과학들은 개정 작업분야로서 실재(實在)의 전체를 필요로 합니다. 이러한 발단은 먼저 자연과학의 선행방식에 모순되는 것처럼 보인다할지라도 그것은 현재 높은 인기를 누리고 있습니다. 다음에서 몇 가지 보기들이 거론될 수 있을 것입니다.

- 천체 물리학적인 우주론에서 빅뱅의 이론은 관철하였습니다. 그러나 세계의 초기조건들은 대부분의 이론에서 원리적으로 연구되지 않습니다. 왜냐하면 수

학적 모델이 처음에 소위 "특이점"을 요구하며 시간과 공간에서 수축현상이 일어나기 때문입니다. 물리학자 스티븐 호킹(Steven Hawking, 1942년생)은 가시적으로 세계관적인 동기를 가지고, 그러한 특이성을 피하는 수학적 모델을 찾습니다. 말하자면 그러한 특이점들의 가정을 피할 때, 세계는 그들의 생성과 인식과 관련하여 그 자체로 완결됩니다. 그리고 자연적인 과정이나 우리의 인식에 원리적인 간격이 없다는 것입니다. 호킹박사는 명백하게 그러한 경우에 하나님의 개념은 불필요하다고 봅니다. 여기서의 어려움은 그가 자연과학을 떠나서 세계관을 근거한 곳을 정확히 말할 수 없는 데 있습니다. 더욱이 호킹의 이론은 경험적인 사실에 기초하고 있지만 사람들은 다른 이론들에 의해서도 설명할 수가 있습니다. 호킹의 논제들은 매우 사변적인 것처럼 보입니다. 반면에, 모든 종교의 고전적인 주제들은 - 고통과 실수의 조건들 하에서의 생명의 의미에 접촉되지 않습니다. 그는 유일하게 하나님의 개념을 사용하지만 그러나 여기서 대부분의 신앙인들에게는 이해되지 않는 방식으로 사용합니다.

• 프랭크 티플러(F.Tipler, 1947년생)는 명시적으로 자신의 자연과학적인 작업의 결과들에서 명백하게 상호관련적 세계관을 발전시키려는 것으로 한 걸음 더 나아갑니다. 여기서 출발점은 불의(不義)나 또는 겉보기에는 무의미한 인간 고통이 어떻게 극복될 수 있는지에 대한 종교적인 질문입니다. 티플러는 하나의 환상을 설계합니다. 즉 그것은 기술적인 수단의 도움으로 과거의 인간 개개인을 부활시키려는 그들 진화과정에서 인류에게 성취된다는 것입니다. 그 외에도 우주에서의 생명체들이 우주의 노화과정을 스스로 멈추고, 최후에 시간위에 군림하는 주인이 됩니다. 그래서 우주는 진화의 내면에서 그 자체의 신(神)을 만들게 됩니다(finale anthrophises Prinzip). 티플러는 여기서 하나의 고유한 신화를 의식적으로 만듭니다. 그러한 방식에서 자연과학이 더 이상 문제가 되는 것이 아니라, 하나의 새로운 종교전파의 성격을 가지는 것이 문제입니다.

• 현대 사회생물학은 종교나, 철학의 전통적인 주제를 - 예를 들면 윤리와 가치들을 - 자연과학의 범주를 벗어나지 않은 채 다루기를 시도 합니다. 이타주의(利他主義)가 그 어떤 생존의 장점을 약속해주지 못하기 때문에, 이전의 행동연구는 사심 없는 행동을 밝히려는 문제를 가졌던 반면, 하나의 대립적인 이타주의가 "당신이 내어줌으로서 내가 주는 것"의 의미에서 유전의 계속적인 전달에 장점을 묘사할 것을 사회생물학은 진화론적으로 보여주려고 합니다.

사심 없는 이타주의에 대한 예들이 - 대략 자신의 생명의 희생 - 진화론적으로 밝혀졌습니다. 이러한 태도는 - 종족이나 무리의 - 친족적인 그룹의 "유전자 풀"(집합소)에 장점들을 가져오게 한다는 것입니다. 역사적인 종교들의 출현은 선발과정에서 장점들로 밝혀졌습니다. 도덕생성에 관한 이론 외에도 훨씬 기본적인 가정들이 발견됩니다. 인간적이고 자유로운 결단들은 궁극적으로 유전적으로 조건적이라는 것입니다. 그 때문에 진화의 사건에서 우연의 역할이 부정되지 않기 때문에, 물론 제한적인 의미에서 결정론(決定論)에 관하여 사람들은 말해야 합니다. 신학자들은 여기 실재가 감소되는 그 현실에 맞서기를 좋아합니다. 왜냐하면 감각들, 지각들과 감정들이 나타나는 신체적인 과정들과 동일시되는 것은 아닙니다. 그리고 인간의 의도와 희망과 행동은 그것들이 진화과정에서 갖게되는 기능들과도 동일하지 않습니다. 실제로 사회생물학자들은 실재(實在)의 감소가 문제라는 것을 부정하지 않습니다. 왜냐하면 모든 과학은 결국 단순화하는 방식으로 이루어지기 때문이라는 것입니다. 여기에 신학적인 비판은 사회생물학 자체가 과학적으로 중립을 유지하지 못하며, 신앙인이 그들의 가정하는 것들을 생물학적 은유로서 표현하기를 시도하는 여러가지 신앙적 이해들 사이에서 하나의 대화를 제시하게 되는 것을 암시해 줍니다. 예를 들면 그들은 기독교 시각에서 인간을 향한 하나님의 선물인 참된 비이기적인 이웃사랑의 출현이 필수적인 생물학적 인간의 조건(G.Teissen)에서 파생될 수 없는 (사회적)"돌연변이"로 표현할 수 있을 것입니다. 먼저 위에서 언급 한 첫 번째 가능성(신학을 통하여 자연과학적인 지식을 능가함)은 과학자들에게서 회의적으로 관찰되는 것처럼 신학자들은 자연과학자들이 지금까지의 종교적인 영역을 장악하려는 시도를 거부합니다. 실제로 자연과학적인 기능은 세계관적 배후로 후퇴하게 됩니다. 그럼에도 불구하고 신학자들은 종교를 '자연적인 것으로' 해석하려는 시도에, 반대로 훨씬 더 많은 주의를 기울이는데 전념하게 됩니다. 자연주의적인 실재성(實在性)의 이해들이 우리 시대에 하나의 선교적인 성과를 가지게 되는지? 이 주제들에 관한 대화는 의심의 여지없이 신학과 자연과학의 대화가 실재의 종교적인 해석들의 토론에서 보다 더 많이 이루어집니다.

대화 상대자의 독립성을 인정하는 대화가 자연과학과 신학의 엄격한 분리를 가장 잘 극복 할 수 있습니다. 물론 양자는 모두 큰 위험을 알고 있습니다. 대화는 신학과 종교적인 이해의 변화들에로 이끌 수 있습니다. 자연과학자들의 연구들이 세계관적으로 동기를 부여하여 반대로 문제를 제기함으로써 수정들이 필수적으로 이루어질 수 있게 됩니다. 여기에 신학적이며 자연과학적인 인식들이 모순되지 않아야 하는 것이 전제되지 않았습니다. 이 경우는 허용되었습니다. 그러나 자연과학적이며 신학적 지식들이 서로를 위해서 이해될 수 있도록 강연될 수 있음이 전제되었습니다. 반대이견의 경우는 계속적인 대화를 위한 동기들이 될 수 있거나, 또는 상응하는 대화 대상의 우리의 지식들이 결핍되지 않도록 해석될 수도 있습니다.

신학과 자연과학 사이에 대화의 관계는 두 가지를 전제합니다.

• 사람들은 양쪽 학문들의 선 수행방식을 설명해야 하며, 유사점들과 비유사점들을 고려하여 조사해야 합니다.

• 사람들은 고유한 작업의 내용과 결과를 설명해야 하며, 유사점들과 비유사점들을 고려하여 조사해야 합니다.

본 장의 시작에서 신학적 관점에서 그러한 대화를 모범적으로 소개하는 것이 시도 되었습니다.

기독인은 하나님의 '창조'로서의 세계를 찬양하는 일은 자명합니다. 자연과학자들 조차도 그들이 연구하는 작업에서 스스로 감탄에 빠져들곤 합니다. 그러나 이러한 특별한 자연의 경험들이 종교적인 관찰에 동기를 부여하지 않는다는 것이 중요합니다. 왜냐하면 창조신앙은 바로 일상에서 입증되는 것을 경험하기 때문입니다. 우리의 삶의 숙달된 상황들이 주어진 것일 뿐만 아니라 선물로서 눈여겨 보는 것이 우리에게 가능할까요?

자연과학과 신학 사이 대화는 구체적으로는 아주 적은 곳에서만 이루어졌습니다. 신앙과 자연 과학적인 일반교양이 서로 관계를 갖는 것이 중요하다면, 대부분 그러한 방향으로 지향하는 노력은 부족합니다.

이러한 대화에 전념 된 두 개의 기관들이 대표적으로 언급될 수 있습니다.

- 1992년 이래로 기술-신학-자연과학 연구소(TTN)는 뮌헨의 루드비히-막시밀리안 대학에서 이러한 각 분야 학제 간의 공동대화에 모범적으로 집중하고 있습니다. 생명공학, 유전공학, 의학, 정보기술학, 에너지기술학 등의 영역으로부터 특별히 윤리적인 문제들을 다루고 있습니다. 여기에 독일루터파개신교회는 기독교 창조신앙과 경험학문들 사이에서 실무그룹이나, 박사논문들 또는 교수자격 연구프로젝트를 통하여 교량 건설의 목표에 미디어와 자연과학들처럼 산업체들, 은행 대표자들을 한데 결합시키고 있습니다.

- 칼 하임(Karl Heim Society)학회는 다양한 활동들 외에도 신학과 자연과학 간의 대화를 위한 담당자를 중재하며, 논제지향적인 책들의 저작에 도움을 제공하고 있습니다.

[참고도서]

- 아우드레취(Audretsch, J.), 베더(Weder, H.) : 우주론과 창조성, 1999.
- 아우드레취(Audretsch, J.) 나고르니(Nagorni, K.) : 한 실재 두 면들, 2008.
- 도우킨스(Dawkins R.) : 하나님의 망상, 2007.
- 뒤르(Dürr,H. P.)(Ed.) : 물리학과 초월성(Physics and Transcendence), 1986.
- 독일교회(EKD) : 텍스트 94, 학교 안에서의 세계 생성, 진화론과 창조신앙, 2008.
- 헤밍거(Hemminger, H.) : 성서와 함께 진화론에 대항, 2007.
- 헤밍거(Hemminger, H.) : 그리고 하나님은 다윈의 세계를 만들었다, 2009.
- 헤이(Hey, T.)/(Walters, P.) : 양자우주(Quantenuniversum), 1998.
- 헤얼레(Härle, W.),및 기타.(Ed.) : 우리의 세계 - 하나님의 창조, 1992.
- 훈체(Hunze, G.) : 창조로서의 세계 발견, 2007.
- 케슬러(Kessler, H.) : 새로운 관점에서 진화와 창조, 2009.
- 쾨르트너(Koertner U.), 폽(Popp, M.) : 편집, 창조와 진화 - 존재와 디자인 사이, 2007.
- 큉(Kueng, H.) : 모든 사물의 시작, 자연과학과 종교, 2005.
- 쿠체라(Kutschera, U.) : 독일에서의 창조주의, 2007.
- 몰트만(Moltmann, J) : 창조에서의 하나님, 생태학적인 창조론, 1993.
- 모르텐스(Mortensen, V.) : 신학과 자연과학, 1995.
- 뮐러(Müller,H.,A.), (ed.) : 자연과학과 신앙(Science and Faith), 1988. 특히
- 바이데만(Weidemann, V.), 슈바르츠(Schwarz, H.) : 현대과학의 지평에서의 창조신앙, 1996.
- 타이센(Theißen,G.) : 1984년 진화론의 관점에서의 성서적인 신앙. 1984.

1.4 역사에서 하나님의 활동

인지

어떤 한 사람은 긴장되는 변화가 많은 직업을 가졌으며, 그는 많은 수의 직장동료들을 책임지는 위치에 있었습니다. 그리고 그는 자신의 집도, 아내도 심지어 고급 자동차도 가지고 있었습니다. 직업전망도 탁월하였습니다. 그런데 뜻하지 않게 타인의 실수로 자동차 사고를 당하여 수개월 간 그는 병원에 누워 있어야 했습니다. 심한 통증으로 많은 고통도 겪었습니다. 완쾌될 전망도 없었습니다. 그토록 애착을 가지고 일했던 직업을 다시 수행할 기회도 더 이상 없어졌습니다. 그토록 많던 친구들도 그에게서 다 떠나고 말았습니다. 그에게 삶이란 어떤 의미가 있는 것일까요?

아이들의 침대에서, 사진앨범 장들에서 또는 병원의 침상에서 여러 사건들이 이야기되었습니다. 그것은 여러 가지 일상에서 일어난 일들에 관한 것이며, 우리가 스스로 친구들이나 아이들에게서 경험한 것들입니다. 이야기된 삶의 사건들은 삶의 흐름 속에서 자체의 자리를 정하고 여로에서 높이와 깊이, 의미와 뜻을 헤아려보기를 시도합니다. 이전에 이야기는 당연하였고 손자들이 할머니, 할아버지 주변에 무리지어 듣던 모습에 비하여 오늘날 사람들은 그들의 개인적 경험이 중요하며 이야기할만한 가치를 가진 것임을 생각하게 되도록 오히려 그들을 격려해 주어야 하는 때가 되었습니다. 자신의 고유한 "작은" 일들은 개인의 역사와 백성의 역사나 또는 세계역사의 관점에서 볼 때, 그들에게 의미가 없는 것처럼 보일 수 있습니다.

어떤 사람들은 그들을 뛰어넘는 사건들에 자신을 기꺼이 내맡깁니다. 그들은 모든 것이 그들 자체의 행위와 관계없이 홀로 이루어져야 한다고 생각합니다. 사랑의 위대한 행복은 저절로 손에 잡혀야 하며, 직업의 성공은 자동으로 생겨야 합니다. 거기서 이러한 수동적인 태도를 통하여 다른 것들의 손 안에서 작용되는 것이 쉽게 간과될 것입니다. "역사의 판단"에서, 몰락 앞에서 구원자로서 그리고 새로운 세계에서 지도자가 될 수 있다고 자칭하는 "주인들"을 믿었던 역사가 그리 오래되지 않았습니다.

역사의 호의로 개인적인 역사를 평가절하 하는 널리 확산된 경향에서 집단적 역사 안에서 개인 역사를 해체하는 위험이 한때 놓여 있었습니다. 비록 그것이 많은 것에서 분명하고, 쉽게 개관되며, 더 참된 것이라 할지라도 그리고 더 잘 진행된다면 이러한 개인적인 역사는 무덤가에서 성취된 삶의 이야기로서 오히려 말해질 수 있을 것입니다. 그밖에도 소위 '세계 역사'의 진행은 개인적인 경험의 굴절에서 아주 더 믿을만하게 이해되며, 그리고 소위 '위대한' 역사가 개별적인 역사와 함께 섞여진 것처럼 더 신실하게 표현됩니다. 역사의 전문가들은 정치가들, 철학자들, 역사학자들이 아니라 그들은 각자의 관점에서 이해하려는 역사의 모든 증인들입니다.

그밖에도 이러한 통찰방식에 의하여 하나님이 역사와 함께, 역사 안에서, 무엇을 행하시는지에 대한 성찰(省察)은 단지 교회와 백성의 역사에서 또는 인류의 역사가 감소되도록 위협합니다. 그러나 세계 역사에서처럼, 개인의 역사에서도 마찬가지로 우연과 운명이 과정을 다스리는지 또는 하나님의 전능하시며 자애로운 뜻이 그것들을 주재(主宰)하는지에 대한 질문이 제기됩니다. 자체 역사를 볼 때, 바로 그것이 어렵고 고통스러운 역사였다면 압박하는 두려움을 야기할 수 있거나 또는 말할 수 없이 뼈아픈 고통이 위협하는 갑작스러운 불행이 이해할 수 없도록 심각한 운명적인 불행이 거기에 속하게 될 때, 이러한 성찰은 무의식적으로 나타납니다. 그러면 생의 전기(傳記)의 단편적인 것들에서 의미와 하나의 전체의 형태가 읽혀지게 되는지? 그리고 만약 내가 스스로 그것을 할 수 없다면 내 삶이 어떤 모범에 따라 움직여진 것인지를 하나님은 알고 계신지? 질문됩니다.

상응하는 퍼즐(수수께끼)은 역사의 과정에 대한 전망에서 총체적으로 열리게 됩니다. 여기 유럽에서 전례 없는 야만적인 모습의 잔악함을 가진 지난 세기는 비통한 질문으로 이끌어 갑니다. 사람들이 이따금 죄 없는 자들의 고통을 목격하고 세상에서 새로이 부당한 것들을 항상 목격하며 악이 사라진 것처럼 보이는 그 시대에도 악의 권세를 보면서 과연 하나님의 섭리와 인도를 믿을 수 있는 것인지? 아우슈비츠(Auschwitz)나 또는 히로시마(Hiroshima)를 포함하는 역사는 전능하고 자비로운 하나님이 그 역사를 인도한다고 믿는 생각은 명백한 모순입니다. "오류와 폭력에서의 뒤범벅"(괴테)은 - 어떻게 하나님이 그것을 허용할 수 있는지?

방향

개인 삶의 역사는 경험의 평면과 이야기의 모습에서 종교적으로 해석하게 합니다. 우리 시대의 역사는 신학적인 해석과 모습에서 직접적으로 우리에게 도전합니다. 그러나 이러한 직접적이고 실질적인 접근들은 물론 현실적이며 시간적이고 정신 역사적인 관점들에 여전히 감금되어 있으며, 자체 해석들의 사고(思考)의 전제(前提)들에 자신이 의식적이 되도록 필요한 간격을 허용하지 않습니다. 한편 인간 역사에 대한 기독교적인 통찰은 여러 관점에서 보편적으로 서구적인 통찰이 되었고 또한 실천적으로 유효성을 갖게 되었습니다. 다른 한편으로 역사와의 새 시대적인 대화는 여러 관점에서 진지한 문제들을 초래하게 됩니다.

이러한 과제는 역사와 하나님의 역사에 대하여 성서적인 역사이해와 하나님의 예정하심에 관한 것과 같이 소위 신정론[神正論, 고난에 따른 하나님의 정의]에 관한 것을 깊이 고려할 때, 다음의 것들에서 해결되어야 합니다. 그렇게 "하나님"과 "역사"란 말은 구별된 연결점에서 관계를 가집니다.

1. 역사와 하나님의 역사

기독교 신앙에서 보편적인 역사는 정확하게 하나님과 인간 사이의 역사인 곧 '구원역사'(Heilsgeschichte)입니다. 그것은 하나님의 활동과 의지로 가득 차 있습니다. 즉 그 안에서 이 세계와 그의 백성을 위한 하나님의 계획이 그대로 이루어집니다. 그 외에 세속적인 역사는 없습니다. 기독인들에게 하나님과 함께하는 고유한 역사는 동시에 인류 역사에 그들 시간과 기간이 그의 영원에서 제시하는 창조자와 보존자와 관계된 것입니다. 그것은 하나님이 아마도 여기 저기에 개입하시는 멀리계신 역사의 구경꾼으로서 주목된 것을 뜻하지 않습니다. 인간의 자유와 책임은 어떤 방법으로도 제거되지 않았습니다. - 그러나 그것들은 언제나 하나님과 도처에서 항상 그 자체 안에 스스로 관계를 가집니다. 새 시대적인 역사개념은 "구원역사"라는 성서적인 사상들과 연결되며 동시에 그 하나님으로부터 해결됩니다. 왜냐하면 '구원역사'는 역사가 "인간성" 이전에 인간의 자유와 책임에 의해 구조화되고 형성된 인간적인 행동공간이라는 것을 말해주기 때문입니다. 하나님은 이러한 역사 바깥에 계십니다. 만일 그가 개입하면, 그는 동시에 그의 대상을 붕괴시키게 될 것입니다. 하나님의 영원은 현세적인 시간으로부터 다만 비시간(非時間)으로 이해되었습니다. 인간적인 삶은 이러한 관념에 따라 객관적인 자체에 대한 중립적인 시공간에서 진행됩니다.

'역사적'이라는 고유한 특성의 말처럼 "역사에 관한" 상(像)은 먼저 새 시대를 형성하였습니다. 일찍이 더 작으면서도 더 큰, 그러나 시작하는 18세기 이래로 "세계 역사"로 부르는 전체보다도 항상 더 작은 역사가 있었습니다. 그 안에서 인간들의 하나의 새로운 방향성이 귀결되는 확신들을 가진 시·공간에서 보여집니다.

- 인간의 모든 역사들은 인류역사의 그 같은 발전논리에 의거하여 연결합니다. 헤겔(G. F. W. Hegel, 1770-1831)에 있어 세계역사는 "정신의 발전"입니다. 현상들의 총체성은 절대적인 정신의 자기운동입니다.

- 모든 다양성에도 불구하고, 이러한 하나의 역사는 바로 모든 교량들을 통하여 온통 목표를 향하여 노력하는 과정으로, 말하자면, 인간의 인간됨에로 향하고 있습니다. 칼 마르크스(K. Marx, 1818-1883)에게서도 생산능력과 생산관계들은 역사에 활기를 불어넣고 있습니다. 발전은 대립 가운데서 진행됩니다. 혁명적인 방법에 대한 긴장들은 마지막에 제거되었습니다. 목표는 계급 없는 사회입니다.

- 이러한 하나의 완성 운동은 그 끝이 열려있으며, '행복'은 달성되어야 할 마지막 상태가 아니라, 새로운 완성에 이르는 무한한 진전임을 보여줍니다. 레싱(G.E.Lessing, 1729-1781)은 "인간세대의 교육"(1780)이란 그의 책에서 이러한 것이 점점 더 하나님께로 끌어올려져야 하는 인류 대규모의 학습과정의 역사로 이해되었습니다. 블로흐(E.Bloch, 1880-1959)는 "희망의 원리"(1960)라는 책에서 현대 무신론의 입장과 '출애굽과 유토피아'에 대한 준비에서 유대-기독교적 역사상을 연결하였습니다. 블로흐가 출애굽의 야웨(JHWH)에 대한 신뢰로 표현하는 것은 자신의 전진(前進)에 대한 신뢰입니다.

이러한 현대적 역사개념은 기독교 전승의 본질적인 요소들을 포함합니다. 그 개념은 고립되며, 물론 그것들은 문제의 방식으로 상승하게 합니다. 그 밖에도 과거에 대한 우리의 관계가 현대 역사적인 의식의 전통을 전통의 권위에서 근본적으로 바꾸지 않았으며, 성서적인 역사들의 표준적 특수성의 역사 비평적인 분리는 역시 기독교 신앙을 위해서 하나의 깊은 상반된 발전을 보여줍니다.

역사의 목표는 이러한 통찰방식으로는 더 이상 하나님으로부터 설정된 종말로 이해되지 않았으며, 그들의 내적인 목표 즉 그들의 의미로 이해되었습니다. 왜냐하면 그것은 한때 시공간적인 최후로 소개된 세계(사람들은 6일 창조의 날에 상응하게 6,000년으로 가정했다)로서 미래를 향하여 지금 열려있기 때문입니다. 불과 유황을 가진 "묵시적이며" 우주적이며 파국적인 시대종말은 항상 계속해서 그리고 그 때문에 중요하지 않은 먼 거리로 옮겨집니다. 미래의 기대는 인간 문화의 무한한 진화로 가정하며 더욱이 더 높고 더 개선된 방향으로, 그것은 '천년기적'(그리스어 chilioi, 천년)인 것을 뜻합니다. 천년왕국의 개념은 요한계시록 20:5을 기반으로 종교개혁자들에 의해 거부되었지만 청교도와 경건주의에 의하여 관철되었으며, 그리스도의 재림과 관계하여 경건한 자들은 천년왕국을 기다리게 됩니다. 세속적인 세계관에서 후자는 무관심하게 되었고, 단순한 기술 만능주의적인 발전에 대한 믿음만 남아 있습니다.　　／영원에서의 삶

　　역사의 과정과 특히 기대되는 미래가 낙관적으로 판단되었던 시대들은 지나간 것처럼 보입니다. 오늘, 새로운 천년의 시작에서 대부분의 동시대의 사람들은 미래가 저 거대하고 보편적인 행복을 초래하게 될지에 대해서는 선한 근거들에서 나아와 매우 회의적입니다. 끊임없는 진보적인 신앙에 대한 비판적인 입장은 현저합니다. 옛것이나 또는 고유한 예언들에 근거하여 임박한 세상종말을 알리는 목소리가 다시 들립니다. 반대로 많은 비교도(秘敎徒, Esoteriker)의 추종자들은 현재의 위기현상들이 다만 인간적으로 새로운 시대로 넘어가는 과정일 뿐 아니라 우주적 역사의 새롭고, 더 나은 시대를 보여준다는 것을 확신하였습니다.

　　현대적 역사개념은 절대로 하나님과 신적인 섭리에 관하여 말하기를 배제하지 않습니다. 그러나 말씀이신 그 하나님은 인류 역사와 함께 안에서 작용하는 것이 아니라 창조 이전에 인간적인 자유의 역사를 포함하여 세계전체를 낙관적으로 설계하시며, 외부로부터 여전히 바라보십니다.

역사 안에서 일어나는 사건은 행동하는 인간의 책임에 홀로 귀결됩니다. 하나님의 섭리(攝理)는 역사 안에서 선과 악을 허용하시는데, 왜냐하면 그것이 최선의 가능한 세계의 구성요소들이기 때문입니다. 추상적인 단일신론적인 신개념을 가진 현대적 역사개념이 작동하는 곳에서 신정론(하나님의 정의)이 요구됩니다. 사람들이 예수 그리스도를 최후심판에서 기다리는 것이 아니라 인간에게서 만들어진 "세계역사"가 세계의 심판임(프리드리히 쉴러, F. Schiller)을 말하는 곳에서 그것은 더 분명해 질 것입니다.

보편적인 역사 맞은편에 개인 역사를 평가절하 하는 앞서 서술된 경향(傾向)은 이러한 정신역사적인 근본 가정에서 하나의 해명을 발견합니다. 즉 성서의 구원 역사가 좁은 통로에서 개인적인 역사인 반면 현대적인 역사의 관찰은 인류를 위한 자유와 책임에 대한 것들을 감소시키고 있는 한 인간에게서 그의 개성을 빼앗는 것입니다. 개인은 역사로부터 '의무로' 취하여졌고, 그는 사회적인 발전의 논리에 적응합니다. 그의 포기는 그를 홀로 이전의 상태로 넘어지게 합니다. 그 때문에 많은 사람들은 역사의 과정에 따라, 무기력한 희생제물로 느끼거나, 개별적인 과부하가 집단적인 연결을 통하여 제거되도록 바라게 됩니다.

2. 어떻게 하나님은 그것을 허용할 수 있을까 - 신정론 질문

a) 성서적 역사이해

성서는 우리의 역사에서 이야기하며, 처음부터 현재까지 행동하시며, 고난받으시는 하나님의 현재적인 모습을 증거 합니다. 그리고 기독교 신앙은 그것을 같은 위치에서 항상 새롭게 경험합니다. 여러 가지 구별된 모든 것들은 이따금 분리된 인류역사들이 세계와 함께 연결하는 하나님의 역사의 부분들입니다. 그것이 우리와 함께 하나님의 움직였던 한 길을 표현하기 때문에, 그것은 하나의 경향과 하나의 목표와 하나의 "종말"을 가집니다. 성서에 예수 그리스도에게서 사용되어 "하나님의 나라"로 불리는 이러한 길 목표에 대한 많은 표현들이 있습니다.　　　↗예수 그리스도

　　성서는 한편으로는 이러한 이야기들로 구성됩니다. 그리고 크고 작은 사건들에서 하나님이 언제나 함께하고 있음을 이야기합니다. 한 사건에서 일어난 모든 것도 거기에는 하나님과 관계된 것이 중심입니다. 다만 우리를 위해서 선한 것뿐만 아니라 악한 일로 경험되는 것에서도 동일합니다. 아모스 선지자는 질문합니다. "주님이 행하지 않고서야 어찌 도시에 불행한 일이 생겨나겠느냐?"(암3:6, 출4:11). 문제는 하나님이 무엇인가를 허용하시면서, 왜 그 일에 개입하지 않는지가 아닙니다. - 하나님은 항상 벌써 거기에 계십니다. 사람들이 하나님이 함께 계심을 올바르게 이해하고, 하나님의 의도에 일치하게 해석하는지가 질문입니다. 물론 이러한 해석은 성서에서 여러 가지로 논쟁되기도 합니다. 구약성서는 그것에 대하여 많은 예들을 말해주고 있는데, 경건한 사람들이 개인적인 삶에서 화복(禍福)과 관계된 사건들에 대하여 어떻게 행동하는 지를 보여주는 것들에서입니다.

　　오늘날까지 하나의 주된 논쟁은 욥과 그의 친구들 사이에 있었던 것입니다. 친구들은 욥의 불행이 그가 죄를 지었기 때문이라고 단정합니다. 왜냐하면 하나님은 죄에 대하여 선하거나 악한 행동의 결과들, 말하자면 선한 것과 마찬가지로 나쁜 것의 결과에 책임을 물으시기 때문입니다. 욥은 하나님의 이러한 지혜로운 방어로써 그의 친구들의 오해를 불식시키며 하나님의 태도에 대한 그의 생각을 고수합니다. 하나님은 마침내 대답합니다. 그러나 욥도 그의 친구들에게도 옳다고 하지 않습니다. 하나님의 삶의 역사적 행위에서의 정의(正義)는 인간의 도덕적인 기준에 따라 평가되지 않는다는 것입니다. - 선이나 악에서도 아닙니다.- 시편 73편의 출발에서 보는 것처럼, 그것은 전혀 필요한 것이 아닙니다. "그럼에도 불구하고 나는 항상 주와 함께 하니 주께서 내 오른 손을 붙드셨나이다. 주님은

충고로 나를 이끌며 마지막에 영예롭게 나를 영접하십니다. 오직 내가 주님과 함께한다면 나는 하늘과 땅을 위하여 아무것도 묻지 않으며 내 몸과 영혼이 곤핍하지 아니하면 그래서 주 하나님은 항상 내 마음과 위로요 나의 부분이십니다."(시 73:23-26).

욥이 마침내 믿으며, 그의 호소가 대상없이 만들어지는 그것을 이스라엘 백성은 학습의무의 오랜기간 후에 믿었습니다. 그 백성의 선택은 도덕적 우월성의 결과가 아니라 하나님의 변함없는 사랑의 증거(출33:19; 롬9:14 이하)입니다. 그렇기때문에 이스라엘은 그의 역사적인 파국(破局)들을 치명적으로 경험하지는 않지만, 그것들을 궁극적으로 유익하게 해석할 수 있습니다. 그와 같이 새로운 하나님의 백성으로 선택된 것을 아는 것입니다. 지금 사라져가는 역사에서 이루어지는 것은 예수 그리스도 안에서 궁극적으로 나타나게 되고, 하나님의 의도가 모든 인간적인 역사와 함께 신실하게 밝혀지는 것처럼 아무것도 하나님의 사랑에서 분리될 수가 없습니다(롬8:31 이하). 더욱이 현세적인 역사에서 하나님의 활동은 언제나 현세적이며 도덕적인 기준에 따라 "정돈하는"것이 아니라 더 잘, 즉 지금 먼저 옳은 것은 아닙니다. 하나님이 분명히 죄를 짓는 피조물에서 현혹되지 않게 붙잡으시며 죄인을 "의롭다 하시는" 그것은 아마도 그 어떤 현세적인 도덕적인 정의가 아니기 때문입니다. 그러나 바로 그 때문에 사람들에 의하여 하나님의 궁극적인 임재에 대한 신앙은 성서적인 모범에 따라 믿었던 세계의 완성과 갱신의 빛 가운데서 역사의 과정을 해석하는 권능을 가지는 것입니다. 그것은 항상 뒤로 거슬러 올라가는 것과 마찬가지로 앞으로 전진하는 것처럼 예언적인 해석이 문제입니다. 그것은 하나님을 스스로 부당하게 할 수 있는 오류입니다. 그럼에도 불구하고 그것은 역사의 "내적인" 논리의 요인분석이 할 수 있는 것보다 더 많이 또는 다른 것들을 인지합니다. 즉 그것은 역사의 시간 부여자의 활동적인 현재입니다. 하나님의 '영원성'은 무시간성(無時間性)이 아니라 완전한 자유 안에서 시간을 가지며, 부여하는 그의 능력이기 때문입니다. 영원한 하나님은 그의 창조의 보증된 기간 안에 있는 하나의 역사입니다.

다른 한편 성서는 자신을 위한 자율적인 인간적 행동의 실존하는 시공간(時空間)의 의미에서 '역사'를 알지 못합니다. 즉 사람들이 우리의 현대적 역사개념을 성서에다 담아서는 안됩니다. 하나님은 구원의 전체 역사를 연출하십니다. 역사는 그의 "전문가(專門家)로서의 이야기"입니다. 비록 그것이 하나의 종말을 가진다 할지라도 미리 확정되어 있는 시나리오는 아닙니다. 하나님은 최후의 심판에 이르기까지 계속적으로 이야기합니다. 그렇습니다. 그분은 그의 이야기에 스스로 등장하여 우리가 성서에서 아는 것처럼 역사에 놀라운 전환점들을 제공하며 함께 활동합니다. 성서는 행동들과 의도들을 나타내는데 더욱이 예수 그리스도 안에서 하나님의 궁극적인 의도를 나타냅니다. 그러나 인류역사의 시간계획과 과정의 계획을 포함하지는 않습니다. 신구약 성서에서의 묵시적인 텍스트들(단2:7, 막13:1, 살전5, 요한계시록)은 대부분 그 시대의 상세한 예언적 해석입니다. 마지막 시대 하나님의 통치는 상징적으로 지금 알려줍니다.

(구원)역사에서 성서는 앞을 향한 하나의 경사도(傾斜度)를 분명히 인식하게 하지만, 이것은 인간과 함께 하시는 지금까지 하나님의 길의 망각을 뜻하지는 않습니다. 기억(記憶)은 구약에서 역사에 대한 관계의 본질적인 한 모습일 뿐 아니라, 역시 신약은 예수 그리스도의 부활에서 시간 안에 있는 시대의 마지막을 선취적인 행위로 보며, 특히 신약 성서는 나사렛 예수와 함께하는 역사를 제공합니다(눅1:1). 그 때문에 사람들은 그것을 후에 '시대의 중심'으로 부르게 되었습니다. 그것은 아직도 계속되는, 그래서 다양하고 혼란스럽게 지나가는 역사에서 그를 지향할 수 있는 사건입니다. 하나님나라의 가까이 임하심에 대한 기대는 언제나 새롭게 된 하나님의 창조의 축복에서 노동일과 안식일 그리고 낮의 시간과 해의 시간들의 분명한 회귀를 잊어버리게 하지는 않습니다(창8:22, 출20:9 이하). 먼저 기독교의 교회 캘린더는 구원역사의 이러한 순환적인 요소를 구현하고 있는 모습입니다. ↗ 예수 그리스도, 예배

b) 하나님의 정의(神正義, Theodizee)

먼저 역사이해의 추상적인 모습으로 보이는 문제들은 역사의 출구에서 고난 당하며 질문 할 때, 후에 구체화될 것입니다. 그리고 하나님은 그것을 허용하실 수 있는지를 묻게 됩니다. 하나님은 모든 것을 영화롭게 다스리시기 때문에(독일찬송가 316장) 그는 역사에서 악한 것을 허용하시며, 그것에 대해 책임지시는데 좋지 않은 혐의에 반하여 정의와 사랑의 믿어진 하나님을 방어하려는 기독교적인 관심이 나타나게 됩니다. 우리 시대에 특별히 나쁜 사건들이 결정적으로 보이게 됩니다. 사람들은 말할 수 없이 엄청난 것으로 고난을 받았을 뿐 아니라 그들은 그것을 냉담하게 다른 이들에게 즉 죄 없는 사람들에게 행하여 전율을 느끼게 하는 일이었습니다. 그래서 최근에 신(神)의 정의 문제는 강하게 문학적이며, 회화적인 것에서 뿐만 아니라 신학과 철학에서도 던져지고 있습니다.

특정한 기독교의 '신정론'(Theodizee)이 있습니까? 하나님은 전능하시며 선하심에도 불구하고 역사에서 보편적이며 종결하는 칭의(稱義)의 의미에서 악(惡)을 내버려 두는 것입니다. 왜냐하면 기독교 신앙은 역사의 의미와 내용과 과정을 자체에서 밝히는 특권이 없기 때문입니다. 비록 예수 그리스도 안에서 그의 하나님의 경험들에 부합하지 않더라도 사건은 하나님이 없는 것으로 간주할 수는 없습니다. 우리들의 구별된 하나님의 경험들 사이에서 긴장은 감소되는 것이 아니라 믿음 안에서 상승합니다. "왜"(시22:2)란 외침의 고통은 예수 그리스도의 십자가에서 가장 표면적인 것으로 고조되었습니다(막15:34).

많은 역사의 경험들에서 하나님의 신(神) 존재의 숨기심은 물론 값싼 변명이 아니라 믿음에 대한 심각한 시험을 뜻하는 것입니다. 그 시험은 어떻게 견딜수 있는지요? 우리는 벌써 욥에서처럼 최근에 새롭게 살아있는 하나님의 경험을 암시합니다. 우리는 완전한 통찰에 근거하여 하나님으로부터 설정된 역사의 마지막 시간까지 기다려야만 합니다. '그 왜?'는 성서적으로 '얼마나 오래 기다려야 하는지?'를 뜻합니다(시13:2). 그러나 우리는 하나님과 함께 가는 길에서 이러한 상황을 받아들이는 근거를 가집니다. 우리는 그분을 신정론(Theodizee)에 책임을 지우는 정의(正義)의 표준에 따라 하나님이 우리를 다루지 않는 것에서 스스로 살고 있습니다. 그리고 한 사람 기독인은 그의 편에서 하나의 특권을 가지는데, 그것은 인간적인 고난을 적극적으로 감소시키는 권리뿐 아니라 또한 예수 그리스도의 이름 안에서 하나님 앞에서 하나님을 향하여 탄원하는 권리를 가집니다. 그리고 언제나 인간적인 실천을 통해서 또는 더 이상 변화시키게 할 수 없는 그 사건들을 짊어지며 그것들을 하나님의 책임에다 맡기는 권리를 가집니다(D. Bonhoeffer).

마찬가지로 라이프니츠(G.W. Leibniz:1646-1716)는 역사 속에서 고통스럽게 행하여진 악(惡)에 직면하여 하나님의 합리적인 칭의론을 기획하였고, 그것으로써 신정론(神正論)의 새 시대적인 구조를 제시하였습니다. 이와 같이 인간의 이성이 신적인 지혜를 대신하게 되며, 동시에 고발자, 변호자, 심판자가 되었습니다. 그 이성은 하나님의 자유롭고 새로운 행위를 더 이상 기다릴 필요가 없게 되었습니다. 왜냐하면 모든 것은 역사에서 가장 좋은 가능한 질서 가운데 악을 포함하고 있는 것이 처음부터 분명했기 때문입니다. 다시금 성서적인 전제들(유일 신론 즉 선하심과 전능하심에 대한 하나님의 속성, 세계 심판의 개념)로부터 하나의 관념은 해방되었습니다. 그리고 라이프니츠에서부터 헤겔에 이르기까지의 고전적 근대성은 신정론(Theodizze)에서 신학과 철학의 한 공통적인 과제로 간주되었습니다.

이상주의(理想主義)의 붕괴이래로 신정론은 좌절되었으나 - 하지만 완전히 해결된 것은 아닙니다. 왜냐하면 신정론이 매우 상이하지만, 모든 종교적인 문화가 작동하는 대단히 오래된 문제이기 때문입니다. 이미 고대철학이 전체 안에서 세계를 위하여 하나의 책임적이며, 전능하시며 또한 선하신 하나님일 수 있음을 가정할 때, 그 문제는 합리적으로 해결할 수 없다는 통찰에 이르렀습니다. 이러한 해결 불가능성은 성서적 신앙이 제거될 수 있거나 제거되지 않아야만 하는 것입니다. 왜냐하면 그러한 통찰은 통일적인 세계의 밝힘의 원리로서 하나님을 토대로 삼고 있지 않기 때문입니다. 오히려 기독교 신앙은 모든 인간의 역사에서 하나님께 영향을 미치는 능력으로 보았습니다. 하나님은 마침내 십자가에 달리신 그리고 부활하신 그리스도 안에서 그의 임재를 분명히 하십니다. - 신정론이 실제로 각자의 호소를 금하는 반면, 기독교 신앙은 우리의 무조건적인 삶의 신뢰에 근거하고 있기 때문에, '우리의 모든 염려를 주께 맡기'(벧전5:7)는 것입니다. 우리는 예수 그리스도 안에서 그의 참된 최후의 결정적인 얼굴을 보기 때문에, 이것(전적인 신뢰)을 해도 됩니다. 그러나 우리는 그것을 행해야만 합니다. 왜냐하면 우리가 역사에서 다른 모습을 가진 결정적으로 얼굴 없는 동행자를 경험하며, 그 대신 낯선 악마적인 찌푸린 얼굴들과 권세와 폭력을 많은 일들에서 직시하기 때문입니다. 거기서 루터(M.Luther)는 또한 '숨어계신 하나님'에 관해 말하면서, 그것의 공포 앞에 사람들은 예수 그리스도에게로 피해야 함을 제시했던 것입니다. 그 대신에 신정론 사상은 사람들에게 무한한 책임과 행동의 강요를 부과합니다.

신정론 문제는 한편으로 철저하게 실천적인 문제이며 우리의 하나님과의 씨름하는 투쟁의 문제이며, 다른 한편 온통 결정적인 삶의 태도 문제이기도 합니다. 불가피하게 나타나는 고난에 대항하는 항거(抗拒)에서 또한 하나님의 인도 안에서 복종으로 - 외부의 그 누구에게서도 명령될 수 없는, 그러나 고통을 당했던 악의 정신적인 정리에서도 모든 해당자들이 스스로 성숙해져야만 하는 복종(服從)입니다.

3. 모든 것은 예정되었습니까? - 예정교리(Praedestinationslehre)

빈번히 긴장된 역사의 진행은 그 자체 안에서 구원의 역사와 비구원의 역사 사이에 구별하기를 부추겼습니다. 거기서 모든 것이 밝혀진 것처럼 보입니다. 하나님이 구원으로 선택하고 미리 결정한 사람들은 더 이상 아무것도 불안해 할 필요가 없습니다. - 세상에서의 악(惡)은 다른 사람들이 죄를 짓는 불신앙 때문에 저주받았으며 비 구원(非救援)으로 결정된 것으로 귀결됩니다. 이러한 관점은 "예정(豫定)"이란 개념(미리 결정됨)에서 이해되었고, 신학에서는 예정론에 관한 교육으로 이끌어졌습니다.

하나님이 한 인간을 자신을 위해 결정하고, 찾아내며, 선택하셨다는 믿음은 보편적이며 성서적인 확증입니다. 종교개혁자들이 특별히 강하게 제기했던 신앙경험의 구성요소는 아브라함이래로 대단히 중요합니다. 즉 사람들이 그의 구원을 스스로가 아닌 자신 스스로의 선택할 만한 원함이나 능력으로 이루어지지 않는다는 것이며, 오히려 근본적으로 사람들이 하나님을 삶과 죽음에서 실제로 무조건 신뢰할 수 있는 근본에서는 "불신앙적"인 것입니다. 선택의 신앙에서 "불가능적인 가능성"은 믿을 수 있는지에 대한 자의식에 이르게 됩니다. 그의 형태는 유일하게 사랑의 찬양과 하나님의 인내입니다. 그렇게 신약 성서(롬8:14, 엡1)와 기독교 경건의 많은 증거들이 그것을 보여줍니다.

이러한 경험에 대한 깊은 사색은 확실히 좋은 것입니다. 그러나 다른 사람들이나 심지어 인류의 역사를 설명하는 열쇠로서 "예정교리(豫定敎理)"를 사용하는 것은 잘못일 것입니다. 그것은 '우리'와 '우리에게 속하지 않는 자들'(불신앙자) 사이에서 나누는 구별을 근거한 것은 아닙니다. 예정신앙의 논리에서 예수 그리스도 안에서 모든 사람들이 하나님을 위하여 결정되고, 선택되었다(겔33:11, 마9:9, 엡1:9, 딤전2:4)는 확신 가운데서 아직 - 믿지 않는 - 사람들을 위하여(아마도 더욱이 그들 자신의 관점에서 비신자 - 그럼에도 우리의 관점에서)기도하는 것이 오히려 유일하고 단순한 결론인 것입니다. 예정은 오직 그리스도의 복음에서 '가르치는 것'이 종교개혁적인 신앙고백에 속하여 있습니다. 사도 바울은 이것을 그의 유대교적인 형제자매들의 (아직)불신앙을 통한 그의 시험을 목격하면서 모범적으로 행했던(롬9-11, 특히 롬11:32)것입니다. 여기서도 하나님의 시간과 그들 자신의 역사에서 인내를 함께 경험하는 것이 결정적입니다.

예정론은 그리스도 교회의 역사에서 그 어떤 탁월한 역할을 하지 못했습니다. 그러나 그것이 개인적인 삶의 역사 즉 그들의 오류와 얽힘들이 하나님 앞에서 말로 표현되었을 때 - 예를 들면 어거스틴에 의해서나 종교개혁자들에게서 중심에 등장하였습니다. 칼빈은 이중예정을 구원에서, 마찬가지로 저주에도 해당하는 것으로 받아들였습니다.

루터신학은 물론 다른 입장을 지향하게 됩니다. 그것은 칼빈주의에 반하여, 특별히 예정을 선택과 저주로서 다만 하나님의 무한한 은혜의 제안을 감추는 불신앙(하나님에게서 미리 예견된)의 결과로 이해하였습니다.

개혁파 교회에서도 마찬가지로 무조건적인 구원의 확실성이 문제였습니다. 그러나 이러한 동기는 전적으로 선택하시는 하나님의 의지의 무오성이 만들어지게 되었던 의미를 초래하였습니다. 특히 칼 바르트(K.Barth)는 선택(選擇)이나 유기(遺棄)도 특별히 예수 그리스도에 관계되는 하나의 통찰에서 이러한 신앙고백적인 대립과 갈등을 수정하였습니다. "로이엔베르그합의서"(Leuenberger Konkordie, 1972)는 결과적으로 대립은 불필요한 것으로 정당하게 밝혀주었습니다. 하나님을 통하여 죄인인 인간의 무조건적인 영접이 복음 안에서 약속되었습니다. 그것을 신뢰하는 자는 구원이 확실하며 하나님의 선택을 찬양해도 좋을 것입니다. 그 때문에 다만 그리스도 안에서 구원으로 부르심에 대한 모습에서 선택에 대하여 말할 수가 있는 것입니다(24항).

형성

경험하며 형성하는 역사 안에서 기독교의 지향점은 어디에 있는가? 사람들은 모든 역사적인 경험들과 계획을 빛 가운데서 이해해도 좋으며, 그렇게 이해해야 합니다. 그 빛은 예수 그리스도의 이름 안에 계신 하나님에 대한 믿음을 밝혀주며, 성령의 능력 안에서 우리에게 선물된 재능으로 그분들과 교제하게 합니다. 이것은 우리들의 크고 작은 역사들의 화복(禍福)에서 항상 새롭게 중요한 것과 유익한 것을 지향합니다.

1. 고난과의 관계에 관하여

하나님은 어떻게 그것을 허용하시는가? 이러한 질문은 세상에서 일어나는 사건들을 보면서 개인적인 삶에서 수천 번 울려 퍼집니다.

- 한 젊은이의 갑작스런 죽음에서
- 자동차 사고에서
- 회복할 수 없는 질병에서
- 관계의 깨어짐에서
- 자연재해에 의하여, 예를 들면 지진, 허리케인, 홍수 등
- 무서운 범죄행위에서

이런 일이 왜 일어납니까? 이때 하나님은 어디 계신가요? 그는 도울 수 없었습니까? 그것이 사람들을 의심 가운데 이끌며, 믿음을 흔들리게 하는 질문들입니다. 그리고 이러한 질문들이 현존에 해당하기 때문에 사람들은 예부터 어떤 관계에서 이해할 수 없는 그것을 정돈하기 위한 대답들을 찾습니다. 고난은 삶에 속하거나, 어떤 경우에 태도와 행동에 관계된 것으로 암시되었습니다. 다른 이들은 고난을 시험으로 또는 성숙하기 위한 교육의 수단으로 간주합니다. 영원에서 보상이 주어지리라는 희망이 마침내 표현되었습니다.

하나의 계속적인 숙고는 하나님의 창조로서 세계에 관계합니다. 하나님이 세계를 창조하기 때문에 그가 그 세계에 자체의 영향의 공간을 제공하며 동시에 창조자의 능력으로 그 세계에 개입합니다. 하나님은 세계에 신뢰성을 보증하고 현저히 개입하지 않는 법칙성이 여기에 속합니다. 그

렇게 하나님은 태양을 선과 악 위에 비추시는 것입니다(마5:45). 이것은 번개가 선하거나 악한 사람의 집에서 번쩍일 수 있다는 결과에 다른 모습입니다. 이것은 자연재해와 함께 관계를 가지는 고난의 경험들에 의하여 생각하는 것입니다.

다른 고난들은 다시금 인간의 행동에서 그들의 원인을 가지게 됩니다. 이것은 불이나 또는 범법행위에 의한 경우입니다. 여기서 하나님이 인간을 책임적 본체로 만드신 것을 생각합니다. 인간은 하나님의 사랑에 그의 인격적인 대답을 나타내 주어야 합니다. 하나님은 이러한 대답을 억지로 요구하지 않습니다. 여기에는 부정(거부)의 위험이 결부되어 있습니다. 사람들은 많은 고난을 스스로 책임져야 합니다. 그리고 개별적이며 죄책적인 행위들은 이따금 공동체를 위한 파괴적인 결과들을 갖게 됩니다. 각 사람이 그의 현존재를 통하여 제시되고, 자신의 편에서 함께 작용하는 악한 것과의 관계가 생깁니다.

모든 이러한 해결의 시도들은 결정적인 경험들을 지지합니다. 그것들은 실재의 관점들을 암시하며, 많은 고난의 경험을 극복함에서 현재 어느 정도까지 도울 수 있을 것입니다. 그러나 그것들은 왜 고난이 존재하는지에 대한 분명한 해명은 제시하지 못합니다.

역시 성서도 '왜'라는 물음에 명백한 대답을 주지 않고 있습니다. 그러나 그것은 인간이 경험하는 고난과 대화할 수 있는 길들을 보여줍니다. 이것은 특히 시편들 가운데서 입니다. 여기서 모든 인간적인 감동들은 자리를 가지며, 모든 것은 하나님 앞에서 진술될 수 있습니다. - 강한 호소 즉 탄원에 이르기까지 입니다. "하나님, 왜 나를 쫓아내십니까?"(시43:2). "나의 하나님, 나의 하나님, 왜 나를 버리시나이까?"(시22:1). "하나님은 은혜로 계심을 잊었으며 진노 가운데서 그의 자비를 거두셨습니까?"(시77: 9).

"주여 언제까지 당신을 숨기시며 당신의 진노가 언제까지 불타게 하시나이까?"(시89:46). "주여 당신은 언제까지 바라만 보고 계시나이까?"(시35:17). 시편의 기도자들은 이와 같이 자신 스스로 또는 다른 사람 앞에서 호소할 뿐 아니라, 하나님 앞에서 탄원합니다. 그들은 그들의 실망에 머물러 있지 않고, 그들에게서 하나님이 떠나있음을 느끼고 하나님께 소리 지릅니다. 그들이 하나님을 이해하지 못하며 상상할 수 없음을 느끼는 그것을 말하고 있으며 동시에 그들은 하나님을 대항하여 하나님께로 향하는 것입니다. 고대 교부인 아우구스티누스(354-430)는 그것을 한때 이렇게 표현하였습니다. 즉 그들은 하나님으로부터 하나님께로 간청합니다. 그렇게 시편들은 고난 받는 인간들에 대한 초대이며 그들의 감정들을 - 슬픔과 분노 - 하나님 앞에 진술하며 그 하나님과 씨름하는 것입니다.

하나님을 향한 이러한 호소와 질문들은 욥의 책에서도 특별한 표현을 발견합니다. 욥은 하나님께 강한 질문들을 제기하며, 그의 친구들은 욥을 대항하여 욥의 인내를 여러 신학적인 논증들로써 해명하기를 시도합니다. 하나님은 욥에게도, 그의 친구들에게도 옳다고 하지 않습니다. 그러나 하나님은 욥의 질문들에 대답합니다. 하나님은 욥에게 일려주면서 창조의 위대함과 무한함을 그에게 암시하기 때문에 하나님은 이것을 행합니다. 그것은 궁극적으로 욥의 질문을 잠잠하게 하며, 그의 태도를 근본으로부터 바꾸게 하는 하나님의 임재의 단순한 경험입니다. "내가 당신에게서 듣고 말하는 것으로부터 알았습니다. 그러나 지금 나의 눈은 당신을 바라보았습니다. 그러므로 나는 스스로 잘못하여 티끌과 재 가운데서 회개를 말하나이다."(욥42:5-6). 그것은 이론적인 대답을 대신하여 하나님과의 살아 있는 만남에 이르게 된 것입니다. 욥의 친구들이 짐작하는 행함과 견딤(인내)의 관계는 이로써 하나님을 통하여 스스로 깨뜨려졌습니다. 후에 예수님은 하나의 비슷한 말을 하게 됩니다(요9:3, 비교).

성서는 고난에 따른 질문에 대하여 오성(悟性)을 만족시키는 대답을 더욱 분명하게 해 주지 않습니다. 그러나 그가 질문하는 자와 고난을 당하는 자에게로 향하실 때, 그것은 스스로 대답을 주시는 하나님과의 만남을 암시합니다. 고난 받는 자에게로 향하시는 이러한 하나님의 관심은 예수 그리스도 안에서 그러한 모습을 취하셨습니다. 예수님은 포로로 붙잡히기 전에 기도 가운데서 하나님과 씨름하였으며, 그에게 어려운 길을 멈추실 수 없는지를 물었습니다. 그는 십자가에서 - 시편 22:1의 말씀으로 - 큰 소리로 외쳤습니다. "나의 하나님, 나의 하나님, 왜 나를 버리셨나이까?" 그로부터 그것은 "그가 스스로 고난을 받으셨으며 시험을 받았던 그 안에서 시험받은 그들을 그가 도울 수 있다는 것을 뜻합니다(히2:18). 하나님은 그렇게 예수 그리스도 안에서 스스로 고난과 죽음의 무의미를 자신이 짊어지셨던 것입니다. 그래서 전적으로 인간에게로 온전히 가까이 오신 것입니다. 그리스도 안에서 하나님은 모든 고난 받는 자들과 연대하게 되었습니다. 그는 가장 깊은 심연(深淵)에서 고난 받는 사람들을 붙드시기 위하여 거기에 계신 것입니다.　　　↗ 예수 그리스도

예수님의 부활에서 하나님은 모든 것이 의심되었던 거기에, 새로운 시작을 창조하셨으며 실제적인 희망의 근거를 주셨습니다. 거기서 고난은 궁극적인 것이 아니라는 사실이 나타나게 됩니다. 왜냐하면 그리스도와 함께 하나님은 장래 언젠가 고난과 죽음도 없는 지금은 어두움으로 존재하는 그것의 의미를 알게 하는 새로운 세계로 인도하게 될 것입니다. 이러한 희망의 관점에서 나아와 바울은 말할 수 있습니다. "내가 확신하나, 사망이나, 생명이나, 천사나, 권세 자들이나, 현재 일이나, 장래일이나, 능력이나, 높음이나, 깊음이나, 다른 아무 피조물이라도 우리를 우리 주 그리스도 예수 안에 있는 하나님의 사랑에서 끊을 수가 없느니라."(롬8: 38-39).
↗ 죽음과 사망

이러한 확실성에서 기독인들은 고난 가운데 있는 자들과 함께 고난 받음과 함께 행동함을 통하여 다른 이들을 도우시는 능력을 받아들입니다. 이 모든 것은 당위성이 주어진 대답들은 아닙니다. 그러나 고난 가운데 우리와 함께 하시는 하나님의 연합이 고난 받는 자에게 능력을 선물할 수 있습니다. "다만 고난받는 하나님이 도울 수 있습니다."(본회퍼).

몇 가지 생각들과 격려들은 개인적이며, 생소한 고난과의 대화에 총괄적으로 제시되었습니다.

- 고난은 인간의 삶에 속한 것입니다. 그 때문에 고난을 인지하고 고통과 슬픔을 허용하는 것은 중요합니다.
- 모든 고난은 하나님과의 관계에로 가져오면 좋을 것입니다. 예를 들면 탄원과 질문 가운데서 입니다. 나는 하나님으로부터 하나님께 간청해도 됩니다.
- 하나님은 그가 우리를 향하고 있는 한 대답하십니다.
- 하나님은 우리의 고난을 지나치지 않습니다. 그러나 그는 고난을 통하여 온통 우리와 동행하십니다(시23,사43:2).
- 그리스도는 고난 받는 자들과 연대하십니다. 그 분 안에서 하나님은 함께 고난을 받습니다.
- 왜라는 질문에 대해서 명백한 대답은 없습니다.
- 나의 의미부여는 고난 받는 자가 스스로 발견해야 합니다. 그것은 밖으로부터 그에게 처방 되어질 수는 없습니다.
- 고난과의 대화는 저항과 복종 사이에서 이루어집니다.
- 고난 받는 자를 위한 도움은 이루어질 수 있습니다.
  - 사람들이 청취하고 침묵하는 거기에 있을 때
  - 그들이 다른 사람을 받아들이고, 그를 이해하기를 찾을 때
  - 그들이 구체적인 도움을 제시할 때
  - 그들이 동의가 있다면, 그를 위하여 기도할 때
  - 그에게 위로와 격려와 축복의 말씀들을 약속할 때
  - 만일 하나님이 그의 나라를 완성하실 때, 고난과 죽음이 없습니다.

왜냐하면 하나님은 우리 눈의 모든 눈물을 닦아 주시기 때문입니다.

2. 고유한 삶의 역사

하나님과 역사에 대한 실천적인 심사숙고(深思熟考)는 자신의 삶의 역사에 의하여 시작해야합니다.

"역사"에 있어서 적절한 통찰에 대한 이해는 그것이 삶의 역사적인 이야기와 해석으로 시작될 때, 매우 유익할 수 있습니다. 일생의 전기적(傳記的)인 자기이해는 기독교인에게 필요하며 형제자매들의 이야기 공동체에서 또는 영적인 돌봄의 대화에서 그의 위치를 발견 할 수 있습니다. 물론 그것은 기도 가운데서 특별한 위치를 갖게 됩니다. 하나님과의 마음으로 하는 말에서 사람들은 자신을 역사적으로 지향할 수 있습니다. 왜냐하면 여기서 질문들이 그들의 여지를 가지기 때문입니다.

- 나는 어디에서 오며?
- 내 인생과 함께 어디로 향하고 있는가?

그러한 질문들은 이미 단순하게 제기되지 않았으며, 그것들은 오히려 개방적으로 견지하며 언제나 새롭게 대답되었습니다. 그것들은 언제나 사건과 대답에 대한 간청의 과정에 대한 호소의 형식을 가집니다. 한 사람 기도하는 자는 하나님 이면에 계신 예수 그리스도를 부르며, 그의 기도가 성령으로부터 신중하게 대변될 때(롬8:26), 그는 하나님과의 씨름이 그 언젠가 욥에 의한 것처럼(욥1:21, 42:2이하) 해결되리라는 것을 희망해도 좋을 것입니다.

3. 저항(抵抗)과 복종(服從)사이

기독인을 위하여 개인적인 역사와 세계의 역사에서 교량적인 역할과 경험적인 고난에 따라 인내로 사건을 방치하거나 반항적인 활동의 대안은 없습니다. 기독인의 삶의 인도는 자기주장과 결단, 겸손과 신앙 사이의 균형 잡힌 관계를 위하여 오히려 다른 면에서 노력하는 거기서 전개됩니다. 한계에 대한 이러한 정신적인 실존은 구약의 경건한 자들과 예수님에 의하여 스스로 앞서 표시되었습니다. 시편의 기도자들은 하나님 앞에서 그들의 고난을 호소하며, 그들은 하나님이 불의에 대하여 그의 무응답을 질책합니다. 그들이 탄원하는 하나님으로부터 또한 도움을 기다립니다. 그들은 하나님을 대항하면서, 역시 하나님을 향하고 있습니다. 격분과 인내 사이에 이러한 긴장은 간단히 풀어져서는 안 되며, 끝까지 이겨내야만 합니다.

본훼퍼(D.Bonhoeffer)는 테겔(Tegel, 1943/44)에 투옥되어 있는 동안, 그의 일기장에다 그렇게 써두었습니다. "저항과 복종 사이의 한계들은 이와 같이 원리적으로 한정하는 것은 아닙니다. 그러나 양자는 거기에 있어야 하며, 양자는 단호한 태도로써 붙잡혀져 있어야 합니다. 믿음은 이러한 움직이며 살아있는 행동을 요구합니다. 다만 그렇게 우리는 그때마다의 현재적인 상황들을 견지할 수 있으며, 결실을 만들어 낼 수 있습니다."(저항과 복종).

4. 역사의 위대한 일에서 때를 알림

사람들이 하나님과 역사를 개인적인 일에다 국한시키게 될 때, 그것은 기독교적인 과제들과 가능성들의 축소일 것입니다. 개인적인 삶의 역사는 단지 자의적으로 잘라내는 선들을 통하여 얽혀져 있습니다. 한 사람 기독인을 위하여 하나님의 구원역사에 참여하는 이러한 엮어짐은 우리를 실천적인 과제에다 세웁니다. 우리 시대 안에서 하나의 중요한 과제는 개인적이며 더 큰 역사 사이에 긴장들을 인지하고 극복하는 일입니다. 우리는 우리의 기술적이며 경제적인 문화의 엄청난 가속화에서 그러한 긴장들을 경험하고 있습니다. 즉 영혼들이 거기에 더 이상 함께하지 못하거나 그들의 기억의 지평으로부터 표류되었으며, 바로 현대적인 경향들의 희생제물이 되었습니다. 삶의 시간과 세계시간 사이에서 자신을 개방하는 간격에 따라 기독인을 위한 '하나님과 역사'란 주제의 실천적인 모습은 고유한 시간들(전3:1이하)의 지연과 중단과 인지의 의식적인 돌봄이며 그리고 고대의 이야기를 넘어 옛 교회 건물의 돌봄으로부터 성서의 암송에 이르기까지 역사적인 기억의 의식된 문화(항상 배울만한)입니다.

기독인들을 통한 공개적인 때를 알림(時報)의 과제는 위험한 것이 아니라면 나름대로 중요합니다. 좋거나, 좋지 않은 시대를 알려주는 자는 하나님의 인도하심의 경험에 관하여 말하는 - 사실 주장의 모습에서가 아니라 공동적이며, 불확실하거나 논쟁적인 경험들에서 하나의 의미해석과 같은 즉 "카이로스" (하나님의 시간)를 말하는 것입니다. 하나님으로부터 주어진 기회와 과제로서 1989년 독일(통일)전환기의 해석은 합의에 대한 충돌과 논쟁되지 않는 것일 수 있습니다. 이러한 해석은 언제나 예언적이며, 한편 까다로우며, 다른 한편 오류가 많은 것입니다.

우리가 하나님의 길들을 두려움과 전율(戰慄)로서 그러나 확고한 신뢰로써 해석하는 것은, 그것이 이미 사회적이며 정치적인 역사의 얽힘에서 기독인으로서 우리의 행동 때문에 절대적으로 불가피 합니다. 그것에 대하여 종교개혁은 개신교 기독인들을 위해서 의미의 상(像)입니다. 그것은 하나의 역사적인 기록이 아니라 예수 그리스도 교회의 하나의 개혁입니다.　↗종교개혁

5. 격려와 기도의 말씀들

"나는 하나님이 모든 것에서 가장 악한 것과 좋은 것이 생겨나게 할 수도 있으며 또 그렇게 원하시는 분이심을 믿습니다. 그것을 위하여 하나님은 모든 일들을 최선을 다하여 힘쓰게 될 사람들을 필요로 합니다. 나는

하나님이 우리가 필요로 하는 만큼 우리에게 모든 고난의 상태에서 많은 저항하는 능력을 주시기를 원하고 계심을 믿습니다. 그러나 그분은 우리가 우리를 의지하는 것이 아니라 홀로 그분만을 의지하도록, 그것을 미리 주지는 않습니다."(본훼퍼, D.Bonhoeffer).

"바꾸지 않고, 그것을 짊어질 수 있는 침착함을 주옵소서
바꾸지 않고 그것을 바꾸도록 용기를 주옵소서
이 양자를 서로 구별할 수 있도록 통찰을 주시옵소서!"

"하나님, 나는 당신을 소망합니다. 그리고 나의 시대가 당신의 손에 달려 있음을 말합니다."(시31:16).

"모든 눈물을 그 눈에서 씻기시매, 다시 사망이 없고, 애통하는 것이나, 곡하는 것이나, 아픈 것이 없으며, 처음 것들이 다 지나갔음 이러라. 보좌에 앉으신 이가, 보라 내가 모든 것을 새롭게 하리라!"(계21:4-5).

[참고도서]

• **베르거**(Berger, K.) : 하나님은 어떻게 고통과 재앙을 허락할 수 있습니까?, 1998.
• 베르텔스만 재단(Bertelsmann Stiftung) : 종교의 조종자, 2008.
• 블루멘베르그(Blumenberg, H.) : 삶의 시간과 세계의 시간, 1986.
• 본회퍼(Bonhoeffer, D.) : 저항과 복종, 감옥에서의 편지와 그림들, 1970.
• 차르갚프(Chargaff, E.) : 세계사에 대한 혐오감, 1988.
• 디트리히(Dietrich, W.), 링크(Link C.) : 하나님의 어두운 면들, 제 1권, 의지와 폭력, 1995, 제2권, 전능과 무기력함, 2000.
• 둥켈(Dunkel, A.) : 기독교 신앙과 역사적인 이성, 1989.
• 쉘리아(Scheliha, A. v.) : 신의 섭리에 대한 믿음, 1998.
• 슈바이쳐(Schweitzer, F.) : 포스트모던의 삶의 순환과 종교, 2003.
• 티데(Thiede, W.) : 십자가에 못 박히심의 의미 - 삼위적인 신정론, 2007.
• 차른트(Zahrnt, H.) : 하나님은 그것을 어떻게 하실 수 있습니까?, 1988.

1.5 유대인과 기독인의 하나님

인지

요한 바울 2세가 1986년 로마에 있는 회당을 방문했을 때, 그는 유대교 공동체에 놀랄만한 기민성으로 말했습니다. "유대종교는 우리를 위하여 무엇인가 '표면적인 것'이 아니라 어떤 방법으로든지 우리 종교의 내면에 속해 있습니다. 여러분에게 우리는 다른 어떤 종교와 같지 않게 언제나 한계에 직면함을 경험하는데, 따라서 관계를 가지고 있습니다. 여러분은 우리의 선호했던 형제들이며, 그렇게 우리의 옛 형제들이라고 말할 수 있습니다." 이러한 말들은 가톨릭뿐 만 아니라 우리 기독인들을 위해서도 유효하며 적절한 방식으로 기독교와 유대교의 관계를 일치점에 이르게 합니다. 즉 유대교는 기독교의 내면에 역시 속해 있습니다. 기독인들과 그렇게 많은 공통점들을 가진 그 어떤 다른 종교는 없습니다. 그것은 이미 역사적인 사실들이 보여주고 있는데, 기독교 신앙의 수단이요 목표인 나사렛 예수는 유대인이었으며, 처음부터 죽을 때까지 유대적인 삶을 살았습니다. 그의 남녀 제자들은 전부 유대인들이었습니다. 전체 "기독교"는 처음부터 그 어떤 자체적인 독립된 종교는 아니었으며 내적으로 유대교적인 새로움의 운동이었습니다. 기독교가 신학적으로 유대교에 발을 딛고 있는 것은 우리가 예수 그리스도를 통하여 이스라엘의 하나님보다도 그 어떤 다른 분을 믿지 않는다는 것을 의식하게 될 때, 특히 분명하게 될 것입니다. 그 때문에 유대백성의 성서인 소위 구약은 기독교의 성서가 되었습니다. 사람들은 거기를 지나칠 수가 없습니다. 즉 기독교의 핵심은 유대교의 근원들입니다.

사람들은 실제로 그것에 대하여 비껴가지 않습니까? 교회가 한 가지로 기독인들을 위한 구약의 효력성에 대하여 투쟁하였으며, 다른 것들에서 교회가 유대교와의 이러한 연대감을 밀쳐내고 부정하기를 아주 오랫동안 행하였습니다. 교회는 고대 교회에서 기독교가 유대교를 대체했던 상속권(相續權) 박탈이론과 또한 대치(代置)이론들을 발전시켰습니다. 즉 하나님은 그리스도를 믿지 않는 유대백성을 쫓아내고, 그 대신 교회를 선택했다는 것입니다. 이러한 승리감에 도취된 가르침은 많은 기독교적 반유대주의(Antijudaismus)를 자체에서 만들었고, 차별과 박해와 종종 유대인의 살해를 역시 합리화하는 일에 기여하였습니다. 실제로 교회들은 '쇼아'(Schoa, 홀로코스트의 유태인 대학살사건을 다큐멘터리로 만든 영화명)를 통해 경악하였으며, 지난 2,000년 동안 교회의 이스라엘에 대한 망각이 치유할 수 없는 결과들을 초래했다는 사실을 마음 깊이 인정하였습니다. 기독교적 반유대주의 없이는 나치의 인종차별적 유태인의 적대감이 결코 이루어지지 않았을 것이기 때문입니다. 전쟁 이후 서서히 처음으로 되돌렸던 전환과 새로운 방향설정의 과정이 그렇게 시작되었습니다. 구체적으로 기독교는 유대교와 함께 본질적으로 결합되었다는 인식으로 되돌아온 것입니다. 사람들은 그리스도를 믿지 않는 유다백성은 하나님으로부터 선택이 멈추어 있다는 것을 바울(롬9-11)로부터 배웠으며, 그리고 교회의 근본업무로서 기독교적이며 유대교적인 대화를 이해하기 시작하였습니다. 비록 이러한 방향에서 아직 많은 것이 이루어지지 못하고 있다 할지라도 전적으로 신학적인 패러다임 전환으로 표시해도 좋은 새로운 방향이 제시되었습니다.

이 모든 것과 함께 기독교와 유대교와의 관계에서 언제나 존재하는 중대한 차이는 이전의 모습으로 얼버무려 되돌리지 않아야 합니다. 이러한 변화가 있지 않을 때, 유대교에서 나아와 기독교란 이름의 자체 종교는 이루어질 수 없습니다. 그럼에도 불구하고 이러한 차이들은 본질 안에서 공동성을 무효화할 수는 없습니다. 그것이 유대교와 함께 하는 독특한 일입니다. 그것은 의심할 것 없이 다른 종교이며, 그렇다고 간단히 낯선 종교는 아닙니다. 유대교는 어떤 방법으로든, 그렇게 기독교의 교회연합과 중립적인 종교대화 사이에서 정리될 수 있습니다. 기독교에 대한 그의 특별한 위치와 접근은 이 책에서 독자적인 장(章)으로 다루지 않았습니다.

방향 ────────────────────────

1. 해방되고 선택된, 의무를 지닌 - 이스라엘의 기본적인 경험

이스라엘의 역사는 애굽에서의 해방과 이주와 함께 시작합니다. 오늘날까지 모든 유대인의 삶에서 이 사건은 중심적인 역할을 합니다. 유월절-식사가 축하될 때, 각자는 유월절 축하의 밤에 애굽에서 그들이 이주한 것처럼, 그렇게 이해되어야 합니다. 왜냐하면 성서의 이 장면들은 이스라엘의 가장 거룩한 경험이요 그의 가장 가치 있는 소유물이기 때문입니다.

출애굽의 이러한 경험이 기록된 것으로 발견된 성서의 본문들은 성서 시작의 창조 이야기보다 문서적으로 더 오래된 것입니다. 홍해의 구원 기적에 관한 미리암(Miriam)의 노래는 더욱이 성서적인 원석(原石)에 속합니다. "우리가 주님을 노래합시다. 그분은 영광스러운 일을 행하셨기 때문입니다. 그분은 말과 그 말을 탄자들을 바다에 던지셨도다."(출15:21). 먼저 창조와 원 역사(노아)와 조상들(아브라함, 이삭, 야곱)의 역사는 이스라엘의 근본 경험으로 나중에 연결시키게 되었습니다. 왜냐하면 이스라엘은 자신들을 인류 역사에 편입시키기를 원했으며 세계와 자연의 주인으로서 그의 하나님에 관하여 말하기를 원했기 때문입니다.

이스라엘이 세계 역사의 공간에 등장하는 출애굽의 이러한 문(門)은 다른 백성들의 여러 설립의 역사들처럼 신화(神話)가 아니라 기록하게 하는 역사적으로 이해할만한 사건입니다. 즉 람세스 2세는 억압의 애굽왕 파라오입니다(BC 1290-1224). 현대적 통찰에 따라 역시 출애굽의 경험이 특정의 그룹과 계속된 후에 12지파의 백성과 관계되지 않았을 때, 하지만 전(全)백성은 이러한 경험을 모두를 위한 근본적인 것으로 인식했으며, 거기서부터 그의 자기이해(自己理解)를 전개하였습니다.

후기 시대에 이스라엘은 출애굽의 경험을 신학적으로 해석하였습니다. 그것을 위하여 이용된 범주는 '선택'을 뜻하였습니다. 역사를 움직이시는 하나님은 종살이에서 해방시킨 그 백성을 그와 특별한 관계에다 두었습니다. 그는 이스라엘을 그의 백성으로 '선택하신' 것입니다. "너는 주 너희 하나님께 거룩한 백성이기 때문이다. 주 너의 하나님이 너를 땅위에 있는 모든 백성들로부터 그의 소유된 백성으로 선택하였다."(신7:6).

하나님의 백성이 된 이스라엘의 이러한 선택은 비유대인으로부터 유대인의 특별한 우선권으로 종종 이해되었고, 그것은 마치 그들이 무엇인가 하나님으로부터 다른 백성보다는 더 우수하고 비유대인들에게 대하여 무엇인가 '더 나은'것으로 느끼기를 원했던 것을 상상할 수 있는 것처럼 이해되었습니다. 그러한 관념들은 성서적인 이해에서 조금 벗어났습니다. 성서적인 전승에 따르면, 선택은 두 가지 면을 가지기 때문입니다.
- 그것은 하나님에 대한 특별한 관계에서의 부르심(calling)을 뜻하며
- 동시에 하나님을 위한 섬김(serve)의 요구입니다.

부름(calling)과 섬김(serve)의 수용은 이와 같이 서로 예속된 것입니다. 선택된 백성으로서 이스라엘은 사랑 안에서 하나님을 섬기며, 사람들 앞에서 하나님께 전적으로 그의 충성을 보이는 과제를 가진 것입니다. 이스라엘은 하나님이 그에게 부과한 의무를 이행해야하며, 그것을 통하여 그의 하나님을 증거합니다. 따라서 선택이 이로써 자기목적이 아니라, 이러한 과제 안에서 그들의 의미를 발견하는 것입니다. 이스라엘은 성서적인 증언에 따르면, 특별한 우선권들을 찬양할 수 있기 때문에 선택받은 것이 아닙니다. "너희가 모든 백성들보다 더 위대할 수 있

기 때문에 주님께서 너희를 받아들이고 선택한 것이 아니다. - 너는 모든 백성들 가운데 가장 작은 자이며, 주님이 너희 조상들에게 맹세한 그 약속을 견지하도록 너희를 사랑했기 때문이다. 그럼으로 그 분은 너희를 권능의 손으로 이끌어내었고, 애굽의 왕 파라오의 손, 그 종살이에서 너를 구원하신 것이다."(신7:7이하)

이스라엘은 말할 수 없는 하나님의 사랑에 근거하여 홀로 선택되었습니다. 오늘날까지 이스라엘은 거의 끊임없이 견뎌온 위기에 대한 세계의 역사에서 그들의 역할을 읽을 수 있습니다. 특히 다윗과 사울왕의 지도하에서 국가적인 행복과 정치적 성과가 주님께 만족되었습니다. 그렇지 않으면 중동의 강대국들 사이에 작은 완충(緩衝)국가라는 점에서 종종 고난을 당해야 했습니다. 그 안에서 그의 하나님의 특별한 인도가 적지않게 보였습니다. 백성들 세계의 해방에 헌신하는 "고난 받는 하나님의 종"의 비밀이 가득한 모습(사53)은 그 때문에 후에 개인 삶의 운명뿐 아니라, 역시 전체로서의 이스라엘을 위한 모습으로서 이해되었습니다.

하나님이 이스라엘에게 특별한 방법으로 관심을 기울였기 때문에 성서의 증거에 따르면, 이스라엘에 대한 높은 요구들이 제기되었을 뿐 아니라, 이스라엘은 오히려 특별한 방법으로 그의 행동을 위한 변호를 주어야만 합니다. "나는 너희를 땅의 모든 세대들 앞에서 홀로 선택하였다. 그 때문에 나는 너희에게 모든 죄를 물을 것이다(암3:2). 선지자들은 그들 동시대의 사람들이 잘못 생각하는 "거짓된 무사안일주의"를 비난하였습니다. 선택이 특별 허가증인 것처럼 사람들이 - 악한 행동들에도 불구하고 - 신(神)적인 보살핌일 수 있는 것처럼 착각하는 태도 때문이었습니다(비교, 미3:11, 렘5:26-31 등등).

2. 선택된 백성과 다른 백성들

이스라엘이 하나님의 백성으로 선택 되었다면 다른 나머지 백성들과는 어떠한가? 그들은 하나님에 관심이 없는 것인가? 아니면 하나님이 그들을 잊으신 것인가? 이러한 질문은 구약의 예언에서도 중요한 역할을 합니다. 선지자 아모스(BC 8세기)는 다른 백성들의 역사에서도 행동하시는 하나님이 전 세계의 주인이심을 선포하였습니다. "내가 이집트에서 이스라엘을 이끌어내었고 갑돌과 블레셋과 키르(Kir)에서 온 아람 사람이 아니냐?"(암9:7). 이사야서 두 번째 부분에서 말하는 잘 알려지지 않은 선지자들을 위하여 모든 세계가 하나님을 인정하고 그에게 영광을 주는 궁극적으로 이스라엘에 대하여 하나님의 구원의 행위들이 작동한 것입니다(비교, 사 49:6, 12, 사52:7-10). 이스라엘은 백성들을 위한 빛이어야 하며 백성들이 하늘과 땅의 주인에 대한 백성들을 암시하는 것입니다. 하나님의 소유된 백성으로 이스라엘을 선택하신 최종 목표는 그 때문에 이스라엘의 하나님을 한 분 참된 하나님으로 인정해야하는 백성들의 세계인 것입니다. 구약 성서에서 몇 개의 텍스트들은 만일 그것들이 마지막 시대에 이스라엘과 함께 다른 백성들을 같은 위치에다 세우실 때, 그것에 대하여 한 발자국 더 뛰어넘어 가고 있습니다. 왜냐하면 그들은 하나님의 백성으로 수용되었기 때문입니다(비교, 사19:18-25, 25:6-8). 여기에 대하여 요한계시록은 직접적인 관계를 취하게 됩니다. "... 그리고 그들은 그의 백성들이 될 것입니다"(계 21:3, 원 본문에서 복수형).

물론 구약 성서에는 하나님이 준비하시는 구원에서 백성들 세계의 이러한 긍정적인 관계를 인정하게 하지 않는 본문들이 있습니다. 어떤 장소에서는 하나님의 백성들의 특별한 적으로서 등장된 백성들이 전체가 멸망 심판의 제물이 되는 것처럼 보이기도 합니다(비교, 예, 슥14:1-5). 초기 유대교의 문서(BC 2세기-AD 2세기까지)에서 하나님의 구원은 홀로 이스라엘에게 집중하며, 다행스럽게 구경꾼의 역할을 인정하는(예, 쿰란에서)관념들을 만나게 됩니다. 이러한 텍스트들은 그들 각각의 역사적 맥락에서 읽혀져야만 합니다. '이방인'에 대하여 부정적으로 관계하는 그들 진술의 어떤 것들은 그 때문에 낯선 백성들을 통하여 이스라엘의 억압의 반응으로 역시 이해합니다.

오늘날 유대교에서는 백성들이 종말론적인 하나님의 구원에 참여하게 되리라는 관점이 지배적이었습니다. 매일 언급되어야 하는 유대인의 기도 가운데 이스라엘 선택의 양면들이 다음과 같이 표현됩니다.

"우리에게서 모든 것의 주인을 찬양하며, 그가 땅위의 나라들처럼 우리를 만들지 않았으며, 집단의 운명과 함께 우리를 동일하게 세우지 않았던 세계 창조주에게 충성하는 것입니다. 왜냐하면 우리가 머리를 숙이고, 왕이시며, 거룩한 자이신 왕께 엎드리기 때문입니다. 그가 찬양을 받으실 분이십니다..... 그러므로 우리는 영원하신 분, 우리의 하나님, 이 땅에 공포가 사라지고, 우상들이 없어지게 되며, 세계가 하나님의 왕권 위에 세워지며, 모든 사람들이 당신의 이름을 부르게 되는 곧 당신의 권세의 영광을 보기를 원합니다. 이 땅에 모든 악한 것들이 당신에게로 향하게 되리라는 것과 당신 앞에서 모든 무릎이 꿇어지고, 모든 혀들이 당신에게 맹세하게 되는 일을 세계의 모든 백성들이 인정하고 보게 될 것입니다. 영원하신 우리의 하나님이신 당신 앞에 그들이 무릎을 꿇고 엎드리며, 그들이 당신의 이름의 영광에 충성을 맹세하게 될 것입니다. 모두가 당신의 통치를 인정하게 될 것입니다(알레누의-기도에서).

3. 하나님 앞에서의 삶 - 토라(율법)

"선택"은 그렇게 위에서 밝혀졌는데, 구약의 개념에 따르면 하나님과의 특별한 관계에 서 있는 것과 동시에 섬김과 증언에 책임을 가지고 있음을 뜻합니다. 토라(율법)는 하나님과의 관계가 어떻게 형성될 수 있는지(그리고 되어야 하는지)를 묘사하며, 게다가 지향해야 할 방향의 도움을 제시합니다.

성서의 전승에 따르면 애굽에서의 탈출은 시내산으로 인도합니다. 거기서 하나님은 백성들과 함께 언약을 체결합니다(출24:3-8). 거기서 하나님과 그의 백성 사이의 관계의 특수성이 표현되는 신학적인 범주가 중요합니다. 그것은 두 가지 불평등한 파트너의 관계이지, 두 가지의 협상 당사자 간의 합의가 아닙니다. 오히려 하나님이 그 백성들을 자신과의 관계에 놓이게 한 것입니다. 사람들이 어떻게 이러한 언약에 상응하게 행동하며, 그 안에서 구체적으로 살아갈 수 있는지 시내 산의 토라(율법)가 결정합니다. '토라'(Tora)란 개념은 더 많은 관점들을 포함하고 있습니다.

- 근원적인 의미에서 그것은 삶을 도우는 지혜요 가르침입니다. a) 자녀들에 대한 부모의 지혜, b) 사제들의 종교적인 결단들, c) 랍비들의 충고입니다.

- 좁은 의미에서 토라(율법)는 모세의 다섯 권의 책들입니다(모세오경). "율법"을 통한 토라에 관한 번역은 단축(요약)을 의미합니다. 모세의 책들을 펼쳐보면, 거기서 많은 법칙들을 발견하며, 그러나 더 많은 이야기들이기 때문입니다. 이스라엘이 그의 하나님께 질문했다면, 그것은 하나님의 가르침에 대하여 감동과 금지를 보이는 것입니다. 그리고서 이야기를 시작합니다. 구약적인 이해에 따르면 이스라엘은 다른 백성들에 비하여 - 통상 그리스-로마에서처럼 - 비밀스런 기술들을 통하여 신들의 의지를 물어 확인하려는 예언가와 마법사를 필요로 하지 않는다는 것이 특징입니다. 오히려 하나님은 모세를 통하여 그의 의도를 알리고, 이것은 미래에 행하여지게 되는 것입니다(신18:9-18).

탈무드(Talmud)에서 율법에 대한 랍비들의 토론이 수집되었습니다. 그것은 두 가지 구별된 다른 표현양식이 존재합니다.

- 바빌론 탈무드(Babylonian Talmud)는 대략 AD 6세기 경 완성된 것으로, 바빌로니아의 디아스포라(Diaspora)에서 가르치던 기관에서 생겨난 것입니다.

- 예루살렘 또는 팔레스타인의 탈무드는 AD 5세기 경에 완성된 이스라엘 땅에서 유래되었습니다.

탈무드는 두 부분으로 이루어집니다.

- 미쉬나(Mischna)는 약 2세기 말경에 문서적으로 수집되었고, 토라의 특정 주제에 대한 6개 부분에서 63개의 논문들을 포함합니다.

• 게마라(Gemara)는 AD 3-576년 사이의 랍비들의 토론이 포함되어 있습니다.

특히 매년 가을에 개최되는 초막절 축제의 마지막 날은 토라에 대한 이스라엘의 기쁨을 표현합니다. 그것은 '토라의 기쁨'이란 이름을 가진 것입니다. 토라공동체 회원들은 예배에서 양팔에 토라를 안고 춤을 춥니다. 이를 통해 유대인들이 종살이하던 애굽의 법아래서 고난당했을 풍경이 익살스럽게 표현되어 종교적 유대인임을 느끼게 해 줍니다. 그럼에도 불구하고 유대교적 법칙성보다 더 완강하게 유대교에 대항하는 다른 편견을 거의 주장하지 않습니다. 구약으로부터 형성된 유대교는 구원을 얻어야 하는 율법존중주의 종교로 간주됩니다. 구원을 향한 길은 율법에 미리 확정되어 있습니다. 그것에 비하여 기독교는 사랑의 종교입니다. 믿음이 그 사랑 안에서 구원의 길임을 묘사하며, 유대교적 구원이해와는 대립적이며, 근본에서 아무도 모든 법을 성취할 수 없다는 것을 진지하게 보여주기 때문에 그것에 대하여 숙고하게 됩니다.

구약적이며 유대적인 사고의 그러한 오해는 율법과 언약처럼 토라와 선택이 서로 분리되며, '너희가 나의 백성이어야 한다'는 하나님의 약속에서 '지금 그 법에 상응하게 살아야 하는' 과제의 전제조건을 오히려 외면했던 거기서 생겨날 수 있었습니다. 비유로 말해서 법의 고시(告示)판은 그것이 놓여 있으며, 그것에 둘러싸여 있는 언약(言約)궤에서 취하여, 절대화되었습니다. 다만 위로와 요구, 언약의 약속과 섬김 수용의 용해되지 않는 맥락에서 '토라'는 적절이 이해될 수 있습니다. 이것은 예를 들면 십계명의 첫 계명에서 명백하고 분명하게 될 것입니다. 즉 "나는 너희를 애굽 땅 종살이에서 이끌어낸 주, 너의 하나님이다. 너는 나 외는 다른 신을 너에게 두어서는 안 된다."(출20:2 이하).

그러한 토라 이해는 토라가 인간에게 그의 과오들을 직시하게 하는 기능을 가지고 있음은 제외하지 않습니다(비교, 롬3:20). 토라의 원칙적이며 긍정적인 의미는 인간들이 하나님의 명령에서 계명과 금지령의 궤변적인 체계를 만들 위험에 처하여 있음을 방해하지 않으며, 법의 성취에서 자신을 스스로 정당하게 찬양할 수 있기를 말한 것입니다. 그럼에도 불구하고 후자의 것은 - 빈번히 발생한 것처럼 - 솔직히 유대교의 특징으로 만들려는 것이 명백하게 잘못이거나 - 또는 나쁜 의도적인 종속(從屬)행위입니다. 왜냐하면 이스라엘의 위대한 선지자 중 한 사람인 예레미야는 그의 백성과 함께 하나님의 언약을 하나님이 손으로 취하여 인간에게 주며, 그에게 직접 마음에 주게 되는 것(렘31:31이하)을 보기 때문입니다. 토라는 그들의 명령과 함께 그의 하나님께 대한 유대인의 개인적인 접근을 열어주며, 하나님의 약속들이 유효하도록 그 안에서 하나님을 분명하게 해 줍니다.

4. 이스라엘의 하나님 이해

하나님은 역사에 개입하시어 종살이에서 구원하시며 자유에로 인도하시는 하나님으로 이스라엘 백성에게 그의 역사의 시작에서 자신을 나타내 보여주셨습니다. 이러한 출애굽-체험은 구약의 하나님 이해를 위한 기본적인 의미를 가지며, 그것은 500년 후에 바벨론 포로에서의 해방을 위한 이해의 모범을 보여줍니다(BC 539, 비교, 사43:16-21, 48:20-22 등). 아마도 그것은 전형적(典型的)인 것입니다. 구약은 교리적으로 종결된 신상(神像)을 포함한 것이 아니라 긴장(緊張)들과 대 변혁들을 인식하게 합니다. 왜냐하면 하나님의 이해는 각각의 세계 경험으로부터 독립적으로 표현되지 않았기 때문입니다. 유일신(唯一神)사상은 시작 단계에 있는 것이 아니라 발전의 끝에 있기 때문입니다.

• 유목민의 조상들 시대에 하나님은 '함께 가며' 보호하는 한 분으로서 경험될 것입니다. 모세는 그의 파라오 궁정에서 시나이반도의 베두인들에게로 탈출한

후에 '불타는 가시덤불'에서 광야의 하나님을 만나게 되며, 이스라엘을 위한 운명적인 하나님의 '야웨'(JHWH)란 이름을 경험하게 됩니다. "나는 스스로 있는 자"라는 그의 이름의 해석은 이스라엘의 신앙역사를 관통하는 하나의 프로그램처럼 읽게 됩니다. 하나님은 신뢰를 요구하시는 것 외는 아무것도 없습니다. 그 분은 자신을 '거룩한 장소'에 붙잡혀 있게 하지 않거나 신학적인 체계에 붙들리게 하지 않습니다. 모세가 보증에 관한 질문을 던졌을 때, 그는 하나님의 진노할 만한 반대질문에 직면합니다. "누가 생명을 만들었느냐? 또는 누가 벙어리나, 귀머거리나, 눈이 밝은 자나, 소경을 만들었느냐? '주인'인 내가 그것을 만든 것이 아닌가?"(출4:11). 이스라엘은 그의 가장 거룩한 비밀처럼 그의 하나님의 본질(本質)에서 지금부터 순간 그에게 자유를 주시는 이러한 창문을 보호합니다. 아무도 하나님의 이름을 함부로 불러서는 않됩니다.

↗ 하나님은 자신을 나타내십니다

• 이스라엘이 약속된 땅으로 이주하고, 가나안의 문화와 논쟁에 휘말릴 때(비교, 왕상18), 그의 하나님이 어떻게 결실과 번영을 선물하시는지를 알게 됩니다.

• 조상들과 왕들의 시대에 이스라엘은 그의 하나님께 기도하며, 다른 백성들은 전적으로 그들의 신들에게 기도하게 됩니다(사람들은 그 때문에 이 시대에 이스라엘을 보면서 단일신론 즉 '헨'(hen)='한 분'에 관하여 말한다.).

• 바벨론 포로의 경험(BC. 587-520)과 함께 이스라엘의 신앙역사에서 그의 하나님은 다른 백성들을 위하여 한 분 참된 하나님이라는 인식을 관철시키게 됩니다.

먼저 이 시점에서 사람들은 한 분 단일신론(역시 이론적으로 온통 생각된)에 관하여 말할 수 있습니다(비교, 사44:6-8, 45:22). 그는 다시 마지막 시대에 전 세계로 확대되어, 모든 백성들이 이스라엘의 하나님을 인정함으로 인도될 우주적인 하나님의 통치의 기다림을 위한 전제조건입니다. "그리고서 주님(야웨, 하나님으로 생각됨)은 전 세계의 왕이 될 것입니다. 그 날에 주님(야웨 하나님)은 유일한 분이요, 그의 이름도 유일하게 될 것입니다(슥14:9). 이러한 희망은 오늘날 모든 회당예배의 마지막에 표현됩니다. 하나의 놀랍게

병행되는 말씀이 고전15:28에서 바울에 의하여 발견합니다. "모든 것이 그에게 복종하게 될 때, 그리고서 역시 하나님이 모든 것 가운데서 모든 것이 되도록 그 아들도 그에게 복종했던 모든 것을 그(만물의 주인)에게 스스로 복종시키게 될 것입니다."

5. 유대인, 예수

나사렛 예수는 그의 선포에서 하나님 통치의 기대를 연결시켰습니다. 그는 이스라엘의 하나님으로서 그 어떤 다른 하나님을 선포하지 않았습니다. "예수님은 기독교인이 아니라 유대인이었습니다." 신학자 율리우스 벨하우젠(Julius Wellhausen, 1844-1918)의 이러한 진술은 일부 기독교인들의 귀에는 이상하게 들리게 됩니다. 물론 그들은 예수님을 당연히 기독교인들의 편으로 여기고 있었기 때문이며 그리고 기독교 예술에서, 마치나 그가 그들 시대에 속하여 살았던 것처럼 또한 그들 동시대인처럼 모든 시대에 사람들은 예수님을 그렇게 묘사했습니다.

나사렛의 '선포교회'는 아기예수와 함께 여러 가지로 묘사한 마리아를 보여줍니다. 전 세계의 교회연합(Oekumene)에 속한 그리스도의 교회들이 그 교회를 설립했습니다. 마리아와 예수님은 그들의 영역에서 생겨나는 상(像)의 표현이 사람들의 특성을 가정합니다. 즉 유럽인, 아프리카인, 남미인, 아시아인 등에서 입니다. 그러한 예수님의 묘사들은 예수님이 이 세계의 모든 사람을 위한 '참된 인간'으로서 방향을 제시하기를 그들이 표현하고 있기 때문에 그들의 권리를 가지게 됩니다. 그러나 예수님이 유대백성 가운데서 탄생되었다는 것과 그 안에서 확고히 뿌리를 내렸다는 것에 대하여 잊지 않아야 할 것입니다. 그것은 예수님의 활동과 사명의 이해를 위해서 포기할 수 없는 설명입니다. 예수님은 유대인으로 태어났으며, 그는 살았고, 그 시대에 유대인으로 죽었습니다. 그는 출생 후 8일 만에 할례를 받았으며, 히브리 이름으로는 "예슈아"(Jeschua)였습니다(눅2:21). 그는 - 가족과 제자들처럼 - 그의 백성의 전통적인 관습과 규정들을 따랐습니다(눅2:22-24:

막1:44, 비교).

그러나 예수님은 유대교적인 환경에서 살아 있었을 뿐만 아니라, 그의 사명의 중심 주제들인 - 회개, 하나님의 통치, 하나님의 자비, 정의, 하나님 사랑과 이웃 사랑 등등 - 유대교 전통 안에서 올바르게 해석하는 것이기도 합니다. 그는 먼저 하나님의 백성으로서 이스라엘의 모임과 새롭게 하는 일에서 그의 사명을 보았습니다. 동시에 이러한 확고한 입장들과 함께 예수님의 활동과 의미는 완전히 기술되지 않았습니다. 비록 그가 유대인으로서 그의 백성들 안에서 활동했다 할지라도 그의 예언적인 활동과 제자들의 고백이 주어졌는데, 예수님은 오래도록 동경하고 기다렸던 구세주이며, 이 백성들의 내면에서 특수한 지위를 가진 다는 것이었습니다. 마침내 예수님의 부활은 그의 죽음이 이스라엘을 통하여 이스라엘과 세상을 위하여 효력을 가지게 되는 하나님이 원했던 사건이었음을 믿는 그의 추종자들을 만들게 되었습니다.

6. 신약에서 '이스라엘' 백성

a) 예수님과 이스라엘 백성

예수님의 메시지의 현주소는 가깝게 오직 이스라엘입니다(마15:24, 비교, 마10:5-6). 그리고 이방인들과의 만남들을 위해서 기록된 예들에서 예수님의 발걸음이 예외였음을 보여줍니다(특히, 막7:24, 30, 마8:5-13, 눅7:10). 예수님의 등장은 하나님의 통치가 그의 행동과 선포들에서 이스라엘 사람들에게 이르게 되리라는 확신에 영향을 미쳤습니다. "내가 하나님의 손가락으로 악마들을 몰아내면, 하나님의 통치가 너희에게 임한 것이 아니냐?"(눅11:20). 예수님은 이러한 확증 가운데서 가르치고 활동했습니다. 신약 성서의 여러 진술들(비교, 마9:36, 15:24)은 예수님이 열두 지파의 백성으로서 이스라엘의 더 이른 시기의 존립에서 남은 자에 이르기까지 감소된 이스라엘을 모으려는 의도를 가진 인상을 보이게 됩니다. 즉 그가 열두 제자의 범주를 상징으로 나타내고 그러한 의도와 요구를 살아있는 표지(標識)로 나타내는 것에서였습니다(비교, 막3:14-19).

그렇지만 예수님을 위한 하나님의 종말론적인 완전한 모습은 지금까지의 이스라엘과 끊이지 않는 연속(連屬)성이 유지되는 것은 아닙니다. 그의 등장은 또한 하나의 위기를 의미합니다. 하나님의 백성의 지체들이 돌아오는 필요성과 종말론적인 시간에 따라, 그들의 삶 전체를 무조건 하나님의 뜻에 복종해야할 필요성이 제기되었습니다(비교, 마5:20, 6:21). 예수님은 그의 활동의 마지막에 예루살렘에서 비판적인 절박함에도 불구하고, 이스라엘에 그의 보내심과 하나님의 백성을 위한 그의 등장 마지막까지 관철하였습니다.

그러나 예수와 그의 반대자들로부터 신약 성서에서 이야기된 많은 충돌들은 그가 그 시대의 유대교로부터 근본적으로 거리를 두고 있음을 보여주지 않는가? 예수님은 결코 '유대교'를 뛰어넘거나 폐지하기를 원하지 않았습니다. 그것은 유대교에 관하여 총체적으로 말하는 것이 대체로 어려운 일이었습니다. 예수님 시대의 유대교는 - 오늘날처럼 - 여러 가지 모습의 크기였기 때문입니다. 부분적으로 상이한 사상들과 목표 설정들을 가진 여러 그룹들(바리새파, 사두개파, 에센파, 체롯파 등)이 있었습니다. 예수님은 이러한 그룹들과는 다른 관계를 가졌습니다. 이들이 비록 신약 성서에서 자주 전체적으로 예수의 반대자로 등장함에도 불구하고 바리새인들에게 가장 가깝게 서 있었습니다. 신약 성서가 이야기하는 예수님의 많은 유대인들과의 충돌들이 어떻게 설명될 수 있는지?

- 예수님의 논쟁들은 먼저 유대교의 내적인 토론들이었고, 원칙적인 상관성은 질문이 제기되지 않았습니다.

- 4가지 복음서들의 간단한 비교는 이것들이 예수님의 영향을 문서적으로 형성하지 않았다는 것을 분명히 해 줍니다. 그들의 서술들은 두 평면에서 더 많이 읽혀져야 합니다. 하나에서 예수님의 역사가 이야기 되었으며, 다른 하나에서 복음서들과 그들의 수신자들(공동체들)이 있는 서술들에서 함께 흐르고 있는 것입니다. 그것은 이야기된 여러 충돌들이 먼저 후기 시대에 생겨난 것임을 뜻합니다(AD 70년 이후). 그래서 예를 들어 마태복음서에서 초기 교회 공동체들이 서로 논쟁해야만 했던 여러 문제들이 기록된 것입니다.

- 실제적인 충돌이 시작되었던 그 점은 결과적으로 하나님의 종말론적인 대리인이며, 그를 통하여 하나님의 통치가 모습을 갖는 예수님의 확증 가운데 놓여있습니다. 예수님의 동시대인의 많은 수가 그가 바로 유대인으로서 이스라엘을 위하여 행동했던 것을 그 안에서 들여다 볼 수는 없었습니다.　↗예수 그리스도

b) 신약의 저자들에 의한 이스라엘

신약 성서를 읽는 사람은 지금까지 다만 하나님의 백성으로부터 이스라엘에 유효했던 대부분의 문서들의 진술에서 그리스도 공동체에 전해져 새롭게 해석되었던 것을 발견하게 될 것입니다.

"너희는 선택된 족속이요, 왕 같은 사제이며, 거룩한 백성이며, 하나님의 소유인 백성들이다"(벧전2:9). "너희는 더 이상 객들이나 이방인들이 아니고, 거룩한 자들의 함께 있는 시민들이며, 하나님의 집의 가족들이다"(엡2:19).

"(예수 그리스도)는 우리를 하나님 앞에서 왕과 사제들로 삼았습니다"(계1:6).

예수님의 십자가와 부활 이후에 이스라엘로부터 어떻게 생각하는 지에 대한 질문은 신약시대에 열려 있으며, 다양한 개념들이 쉽게 공통된 분모를 가져오게 할 수는 없습니다. 이것은 다른 것들과 함께 대부분의 신약적인 문서들이 그리스도인 공동체의 관계가 회당공동체들에 극도로 긴장되었던 한 시대에 생겨난 것과 관계됩니다.

- 로마에 대항한 유대인의 전쟁 이후(AD 66-70년) 유대교는 중심이 없는 예루살렘의 성전을 새롭게 정의해야만 했습니다.

- 동시에 자립적인 교회는 로마제국 내에서 그리고 유대교에 있어서 상대편으로 확정 지으려는 과제에 직면했습니다.

오늘날 이러한 문제제기의 계속적인 하나의 해결은 "교회"와 "이스라엘"을 향한 질문으로서, 그의 이중적인 모습에서 하나님 백성의 문제에 분명하게 고려했던 신약에서 유일한 저자인 사도바울의 깊은 생각들에 대한 재음미에서 발견하게 합니다. 그를 위해서 그리스도를 통하여 부름 받는 이방인들이 세례에 근거하여 하나님의 아들로서, 아브라함의 후손들로서 그리고 언약의 상속자들로서 동등하게 자격을 부여받은 종말론적인 하나님의 백성에 속한 것입니다(갈3:26-29, 롬8:14-17). 그럼에도 불구하고 이스라엘은 하나님으로부터 선택된 백성으로 머물러 있습니다(롬9:1-5, 롬11:1, 28).

바울적인 접근의 특수성은 그리스도의 사건을 통하여 분명하게 된 하나님의 정의(롬3:21)가 이스라엘에 대한 하나님의 약속이 남아 있는 효력의 진술과 연결되었습니다(롬9:1 이하, 11:1). 그의 언약의 신실성의 의미에서 하나님의 정의는 비록 예수님이 이스라엘의 다수로부터 메시아로서 인정되지 않았다할지라도 이스라엘을 내버려두지는 않습니다. 그의 언약의 신실성 안에 계신 하나님은 이스라엘을 구원자의 도움으로 시온에서 궁극적인 구원으로 인도하실 것입니다(롬11:26).

7. 상속권(相續權) 박탈이론

이미 고대 교회에서 격렬히 대변되었던 상속권 박탈이론은 롬9-11장에서 바울의 이스라엘 증언과는 달리 유대백성이 기독교회를 통하여 대체되었으며, 역시 상속되었다는 것을 말합니다. 이러한 승리감에 가득 찬 교회 이해가 교부 오리겐(254년 사망)의 '높은 자리에 대립하여'(contra celsum)란 글 인용문에서 모범적으로 묘사되었습니다. 즉 "예수 안에서 무엇인가 거룩한 것과 신적인 것이 있었다는 증거들에서, 그 때문에 유대인들은 아주 큰 고난들을 인내해야 한다는 사실을 헤아리게 됩니다. 그리고 우리는 그들이 결코 다시 초기 상태(그들 국가의 상실 전)로 되돌아오지 못하리라는 것을 주장했습니다. 왜냐하면 그들이 고귀한 비밀의 참된 표지들인 습관화된 희생제물을 하나님께 바쳤던 그 도시에서 인류세대의 구원자에게로 돌려버리는 일을 행하여 가장 악한 불법을 행하였기 때문입니다. 그 때문에 예수님이 그와 같은 방식의 고난을 받았던 그 도시는 근본으로부터 파괴되어 유대 백성은 그의 고향을 약탈당해야 했습니다. 그리고 그리스도를 통한 구원의 부르심은 다른 사람들에게 나누어지게 되었는데, 말하자면 그리스도인들이었습니다."

상속권 박탈(相續權 剝脫)이론과 또한 대치(代置)이론이 아주 쉽게 이해되었기 때문에 이러한 글의 인용에서 나아오게 됩니다. 그것들을 통하여 여러 역사적인 사실들은 역사 신학적으로 논리정연하게 밝혀지게 되었습니다. 유대교의 하차(성전파괴와 디아스포라 상황 등)는 신적인 심판의 표식으로 유효했으며, 박해 이후의 기독교의 상승기류는 - 4세기 경 국가(國家)종교가 되었으며 - 신적인 찬성의 표지가 되었습니다. 그밖에도 다른 것의 무모한 행위를 통하여 많은 고통스러운 비판적인 질문들을 자연스럽게 멀리할 수 있었습니다. 대치(代置)이론의 결과들은 어쨌든 유대인들의 박해와 중대하는 사회적이며, 종교적인 차별대우에서 존속되었습니다. 국가적인 법 부여는 비잔틴과 중세시대 안에서 "기독교의 가르침"을 변화시키기를 시도하였습니다. 특히 중세기에 유대인들은 관용이 아주 작은 시대에까지 항상 사회의 가장 자리에 놓여있게 됩니다. 특별히 유대인 법(게토

법 등)들이 공포되었습니다. 이러한 무지함이 선입관을 도우며, 백성의 미신은 사회적인 문제들을 위하여 희생제물(양)을 찾게 됩니다. 우물의 독극물, 성찬 떡의 모독행위, 인신제물과 같은 추상적인 비난들이 생겨나게 되었습니다.

8. 구약 - 신약

구약 성서의 문서들은 처음부터 교회의 거룩한 문서들이었습니다. 기독교 성서의 첫 번째 부분을 시대착오적인 것으로 보고, 그 때문에 제거하려는 노력들(처음으로 2세기경 마르시온에 의하여, 마지막으로는 20세기에 소위 "독일의 그리스도인들"에 의하여)은 언제나 반박되었습니다. 구약 정경의 범위는 계속해서 특히 토라와 선지자들에 관련하여 교회의 생성의 기간에 확고히 놓여 있었습니다. 세 번째 부분인 소위 "문서들"에서 가장자리는 열려 있습니다. 그리스어를 말하는 유대교는 70인경의 번역서(Septuaginta)를 사용했습니다. 여기에 히브리어 구약 성서에서 빠진 몇 가지 문서들, 특히 소위 "외경"(Apocrypha)들이 포함되어 있습니다.   ╱ 성서

신약의 저자들은 구별된 방식으로 구약 성서의 문서들에 다시 관계를 가집니다.

- 마태에 의하면 약속과 성취의 도식은 거기서도 자주 발견됩니다(마1:22, 2:15, 2:1, 4, 14 등). 여기에 사용된 구약 성서의 텍스트들은 원천적으로 전혀 약속을 뜻하는 것이 아니어야 했습니다(비교, 마2:15, 17).

- 요한은 또한 약속과 성취의 도식을 이용합니다. 그럼에도 불구하고 그에게서 이미 구약에서 예수에 관계된 진술들을 발견합니다(비교, 예를 들면 요 12:41).

- 바울에 의하면, 그에게서 전형론의 도식을 더 많이 만나게 됩니다(구약의 본문들은 신약적인 사건 관련을 위한 전형/반전형으로서 이해되었습니다(고전

10:1-7, 고후3:4-18, 롬5:12- 19, 비교). 그러나 구조유형론의 도식(비교, 롬 4:3, 9:27.29 등). 롬15:8에 따라 예수님은 유대인의 봉사자로서 조상들에 대한 언약들을 확인하였습니다(고후1:20, 비교).

신약의 저자들 중 그 어떤 사람도 그의 글을 구약의 제물로 이해하지 않았습니다. 오히려 예수 그리스도의 오심의 빛 가운데서 계속적으로 주도하는 사상이 해석의 그 중심에 서 있었습니다. 그 때문에 '구약 성서'는 결코 낡아진 언약이 아니라 '가장 오래된', 그러면서도 처음의 약속을 뜻합니다. 다른 방향에서 이해될 수 있는 유일한 신약의 진술은 히브리서 8:13인데, 그럼에도 불구하고 종합적으로 구약에 관계된 것이 아닙니다. 어떤 이들은 오늘날 히브리어 성서에 관하여 말합니다. 그렇지만 바로 초대 기독교는 이러한 것을 사용하지 않고, 이미 언급한 것 즉 알렉산드리아 유대교에서 생겨난 그리스어 번역인 70인경(Septuaginta)을 이용하였습니다. 기독교에서 그들의 의미에 근거하여 70인경은 유대교 안에서 점점 더 뒤전으로 밀려나게 되었습니다.

율법과 복음 또는 약속과 성취의 의미에서 구약과 신약의 관계에 대한 반복적으로 제안되고 체계화된 관계설정은 기독교 성서의 두 부분들의 다양하고 긍정적인 삶의 관련들에서 정당하게 되지 않습니다. 비록 그리스도인과 유대인이 구약의 해석에서 분리된 길을 간다할지라도 - 그리스도인들은 신약의 정황에서 구약을 읽으며, 유대인은 탈무드 전통의 맥락에서 그들의 성서를 읽습니다. - 교회는 "아브라함과 이삭과 야곱"의 하나님 안에서 구약을 다룸에서 "예수 그리스도의 아버지"를 사귀게 됩니다. 유대인들에게 성서는 본질적으로 하나님 백성을 위한 명령입니다. 반면에 그리스도인들에게는 메시아이신 예수 안에서 귀결된 성취의 예언이 성서해석의 결정적인 열쇠입니다.

9. 루터의 유대교에 대한 인지

마르틴 루터에게는 몇 가지 유대인을 친근하게 대하는 표현들이 있습니다. 반면 아주 적대시한 표현들도 있습니다. "예수 그리스도는 탄생된 유대인이라"는 글에서 루터는 유대인에 대한 적대감은 "기독교의 가르침도 아니며, 삶도 아니라"고 썼습니다. 그는 가톨릭교회가 유대인을 적대시하는 실제적인 모습을 비판하였습니다. 즉 "우리의 어리석은 자들, 교황주의자들, 소피스트들, 수도사들은 지금까지 이와 같이 선한 기독인이 되었거나, 될 수 있으리라고 생각하여 유대인들을 그러한 태도로 대하였습니다....누가 기독인이 되려고 했던가? 그렇게 기독인들이 그 사람들과 함께 비기독교적으로 교제하는 것을 보지 않는가?... 그리스도와 사도와 말씀이 거기서(회당) 나아오며, 이방인들에게서는 아니기 때문입니다". 요한은 '구원이 유대인에게서 온다!'고 말합니다. 그러므로 사람들은 오늘날 유대인들을 경멸하지 않아야 합니다. 훌륭한 것이 우리에게서가 아니라 그들에게서 왔기 때문입니다. 왜냐하면 그들은 첫 번째 기독인이었기 때문이며, 그들에게는 하나님의 말씀이 약속되었습니다.

루터의 글 "유대인과 그들 거짓말에 관하여"(1543)에서는 그것에 비하여 유대인과 유대교를 대항하는 황량한 비난들을 포함하고 있습니다. "나는 신실하게 충고하기를 원합니다. 먼저 그들의 회당이나 학교에 불을 지르며 불태우기를 원치 않는 것은 어떤 사람도 돌이나 또는 쇠똥을 거기서 영원히 보지 않도록 흙으로 쌓거나 뿌리며... 다음으로 그들의 집들을 그와 같이 부수고 파괴하며... 세 번째로 그들에게서 모든 그들의 침상과 탈무드들을 취하며, 네 번째로 랍비들에게 활동하기를 금하며, 유대인들은 거리의 통행을 폐쇄하는 것" 등이다.

어떻게 루터에게서 이러한 아주 달라진 표현들이 생기게 되었는가? 지금까지 항상 가장 개연적인 해명은 근본적인 실망의 결말로서 이러한 급변하는 태도가 있었던 것으로 봅니다. 즉 "실망된 사랑의 형태"로서 말할 수 있을 것입니다. 복음의 종교개혁적인 새로운 발견에서 루터는 처음부터 역시 유대인들이 복음에 대하여 마음이 열려지게 되기를 희망했던 것입니다. 교회의 성서에 적합하지 않는 잘못된 신학과 그것에 결합된 유대인의 적대감은 루터에 따르면 그들이 지금까지 그리스도에게로 개종하지 않았던 것에 대한 죄책감이었습니다. 그것은 이러한 결정적 단계에서 마르틴 루터의 유대인에 대한 매우 동정적인 친절한 표현들이 나타나게 됩니다. 먼저 복음으로 돌아오기를 바랐던 전환이 이루어지지 않은 후에 루터는 더욱 여러 유대인들이 그의 "친절성"을 이용하는 조짐을 보면서 유대교에서 기독인들을 얻으려고 (소위 안식주의자) 그의 태도를 바꾸고, 전통적인 반유대주의로 다시 빠져들었던 것입니다. 그렇게 루터는 유대인 옹호운동의 결정적인 활동방식의 가능한 결과들에 대한 하나의 교훈적인 예를 보인 것이라 할 것입니다. 루터의 긍정적인 입장은 계속 됩니다: 그들이 어떠하든지 잘못된 이념에 사로잡힘 없이 유대인으로서 기독인 유대인들을 사랑하시오, 또는 그들이 자체의 세계관에서 하나의 특정한 기능을 성취하기 때문에 다만, 그들을 "사랑하시오!" 라고 말합니다.

루터의 반유대적인 진술들과 그것들의 영향을 미친 역사를 가진 고통스런 논쟁들은 1984년 세계루터연맹이 루터의 반유대적인 비방들로부터 거리를 두는 쪽으로 이끌었습니다. "우리 루터주의자들은 루터로부터 우리의 이름들을 다른 방향으로 즉 기독교에 관한 우리의 이해가 계속해서 우리의 가르침의 토대가 형성되도록 돌리려 합니다. 개혁자의 황량한 반유대적인 문서들을 우리는 그렇게 승인하지 않을 것이며 또한 용서할 수도 없습니다.... 루터의 반유대적인 진술의 실수와 그의 과격한 공격들은 매우 큰 유감으로 고백되어야 합니다. 우리는 그러한 죄가 오늘날 우리 교회의 미래에 더 이상 행하여질 수 없도록 염려의 과제를 짊어져야 합니다. 수많은 루터교회들은 그 이래로 루터의 유대인 배척주의적인 진술들을 유죄로 판결하는 해명서를 저술하였습니다.

10. 이스라엘 땅 - 시온주의

하나님, 백성, 땅, 토라는 구약 성서적이며, 후기 성서적인 유대교에 함께 속한 것입니다. 이러한 예속성이 어떻게 신학적으로 결정되었는지 그 방식은 더욱이 구별되며, 그러나 특정한 상황에 근거하여 스스로 그 땅이 상대(相對)화된 것을 경험하는 거기서 그것은 정체성의 상징으로서 또는 메시아적이며 종말론적인 희망의 유산으로서 항상 이스라엘의 신앙을 위한 결정적인 의미로 작용합니다. 거기서 그 땅은 구약적인 이해에 따라 이스라엘에 "속한 것"이 아닙니다. 한 사람 노예처럼, 그것은 백성에게 제시했던 하나님께 속한 것입니다. 이스라엘이 망명생활(디아스포라)에서 경험했던 것처럼, 그의 백성에게서 하나님은 그것을 다시 취할 수 있습니다. 그럼에도 불구하고 사람들이 언약개념을 - 넓은 의미에서 - 이스라엘과 그의 하나님 사이에 이루어진 관계의 역사에서 하나님으로부터 세우신 개념으로 이해한다면 그 땅은 포기할 수 없는 이러한 언약의 관계입니다.

고대 이스라엘 백성은 마침내 로마인들을 통하여 국가적인 존재가 약탈되었습니다. AD 2세기 이래로 유대인들은 심지어 거룩한 도시 예루살렘에서 사는 것이 금지되었습니다. 그럼에도 불구하고 시온으로 돌아가려는 동경은 모든 세기에 걸쳐 이어졌으며, 기도 가운데서 그리고 종교적인 문서들에 표현되어 왔습니다.

19세기말/ 20세기 초반, 특히 동유럽에서의 유대인에 대한 프로그램에 근거하여 시오니즘(Zionism)의 정치적인 운동이 생겨났습니다. 여기에 다양한 모습의 그룹들이 모이게 되었는데 사회주의적이며, 시민적이며, 종교적이며, 민족 국가적인 모습들에서였습니다. 그들의 공통적인 확신은 오직 국가적인 실향민 정착지의 설립이 유대민족의 생존문제를 해결할 수 있을 것이라는 생각에서 이루어졌습니다. 독일에서의 시오니즘은 처음에는 추종자들을 거의 찾지 못했습니다.

1948년, 이스라엘 국가가 건설되었을 때는 정치적인 고려사항들, 종교적인 기대들, 그러나 나치시대(Nazizeit)에 유대인 박해의 경험이 큰 역할을 하게 되었습니다. 유엔(UN)은 유대백성의 존재가 한 국가로서의 보호가 없이는 보장 될 수 없다는 인식을 관철시켰습니다.

"기독인과 유대인 II"라는 독일개신교회협의회(EKD)의 연구는 다음과 같이 말합니다. "기독인들이 유대인 조상들의 땅에서의 생존권을 위해 일어날 때, 그들은 땅과 백성의 결합은 유대교를 위해서 절대적으로 필요한 것임을 존중합니다. 이스라엘 국가가 국제사회에서 하나의 보편국가로 있는 한 국경과 그의 정치를 고려할 때, 모든 다른 국가들처럼 비유대백성의 부분들에서도 동일한 기준이 적용되게 하였습니다. 그리스도인들은 이스라엘과의 관계에서 이러한 이중적인 관계를 의식해야만 합니다. 한편으로 다른 국가와 비교되는 상황에서 비판될 때, 이스라엘 정부의 결단들을 비판 없이 수용하는 것이 그들(기독인)에게 요구되지 않았습니다. 다른 한편으로 이스라엘 땅에서 유대백성의 생존권을 문제삼는 모든 시도들을 그리스도인들은 저지할 수 있습니다."

그리스도인들은 보장된 현존재(現存在)에 따른 유대백성의 노력을 지지합니다. 동시에 그들은 아랍 팔레스타인들의 권리를 포함하여 거기에 살고 있는 모든 사람들에게 평화와 정의와 안전을 보장하는 지속적인 합의를 이끄는 근동에서의 평화해결을 돌보는 것입니다.

형성

1945년 이후, 개신교회는 유대교에 대한 관계를 새롭게 정합니다. 수많은 교회의 선언들에서 발견하는 통찰들의 표준이 시간이 경과하는 과정에서 생겨납니다.

1. 국가사회주의(나치) 시대에 죄책과 결함에 대한 판단

뷔르템베르그(Wuerttemberg)에 있는 교회와 신학협의회는 1946년 회고(回顧)에서 자체의 행위를 다음과 같이 설명합니다. "이스라엘 백성의 지체들이 우리에게서 멸시 당하며, 약탈 당하며, 괴롭힘을 당하며, 살해되었을 때, 우리는 용기도 없이, 행동도 없이 바라만 보고 있었습니다.... 우리는 아무 죄 없이 고통당해야만 했던 모든 사람들 앞에서 우리의 죄책을 고백합니다."

초기 전쟁 이후시대의 선언들에서 아주 분명하게 자체의 패배가 이따금 언급되었습니다. 기독교의 죄책의 인지는 수십 년의 과정에서 변화했습니다. 즉 전쟁 이후 여러 해 동안에 대부분 정치에서의 실패와 협력의 나태에 대한 성찰이 정리되었다면, 현재는 개인적인 죄책감이 줄어든 것이 중요하지 않고 언제나 사람이 중요한데 조상들의 저지른 범죄행위에 대한 책임을 넘겨받는 일이 중요합니다. - 그리고 그것은 2세대 또는 3세대에서 겪어야 하는 일일 것입니다.

2. 유대인 적대감의 유죄판결

유대인 적대감의 유죄판결은 유대교에 대한 교회 해명들의 근본적인 구성요소입니다. 반유대주의가 이와 같이 종교적으로 기초되고 동기화되었던 유대교의 거부(拒否)와 과소평가를 '쇼아 필름제작'(Schoa: 홀로코스트, 유태인 대학살사건의 다큐멘터리)에 기여했었던 통찰이 시간의 경과에 따라 발전합니다. 이러한 통찰은 1980년 라인지역교회 총회의 고백 가운데서 한 번 언급되었습니다. "이스라엘의 유효한 선택을 주시하지 않음과 비존재에 대한 그의 비난은 언제나 기독교 신학과 교회의 설교와 기독교적인 행동을 오늘날까지 특징 짓게 하였습니다. 우리는 유대백성의 물리적인 멸망에 전적으로 과오를 저질렀습니다." 이러한 통찰은 기독교 신학의 근본적인 검토에서처럼, 총체적으로 기독교적인 유대인에 대한 적대 감정적인 모습들의 수정과 비판으로 이끌어 줍니다.

1991년의 "교회와 유대교"란 루터교회 유럽위원회의 선언은 루터신학의 특별한 주제들의 모습을 조정하게 됩니다. 즉 "율법과 복음", "신앙과 행위", "언약과 성취", 반유대주의의 모습에서 비판적으로 질문되었던 "두 왕국론" 등이 그러하였습니다.

3. 유대백성에게 머물러 있는 선택의 통찰

바울의 로마서 11:2의 "하나님은 그의 백성을 쫓아내지 않으셨습니다"(롬11:2)란 말씀은 유대교에 대한 존경의 새로운 신학을 위한 토대가 되었습니다. 이스라엘과 맺은 하나님의 언약은 중단되지 않았으며, 오히려 오늘날 그렇게, 바울의 통찰이 현존하고 있는 것입니다. 그는 이것을 한번만 말한 것이 아니고 로마서 9장의 시작에서 이미 여러 번 말합니다. 즉 유대교의 유산에 남아 있는 것이 무엇인지를 헤아리는 곳에서부터 즉 양자됨과 영광과 율법과 예배와 언약들에서입니다. 역시 메시아로서 예수 그리스도에 대한 그들의 "부정(不定)"에서도 유대인들은 하나님의 자녀로 머물러 있으며, 유다백성으로서 하나님의 언약도 남아 있습니다.

2,000년이 더 지난 후에도 하나님의 언약들의 적법한 유산자가 누구인지에 대한 바울의 말은 교회의 선언문에서 확인되었습니다. 1950년 그 항목은 처음으로 '바이센호수'에서 유대교에 대하여 행한 독일개신교협의회(EKD- Synode)총회의 선언문(宣言文)에 나타납니다. 그 이래로 개신교 안

에서와 가톨릭에서도 수많은 선언문에서 그것은 발견됩니다. 이러한 항목은 유대교의 기독교적인 인식에 코페르니쿠스적인 전환을 담고 있습니다. 말하자면 이것은 동등한 자격을 가진 상대로서의 만남에서 유대교와 그들 종교를 인지하며, 유대교적인 자기이해를 존경하는 근본적인 준비입니다.

4. 이스라엘 국가와의 원칙적인 연대

많은 교회의 선언문들에서 이스라엘 국가의 원칙적이며 긍정적인 평가와 함께 반유태주의의 놀이 방식으로 설명되었던 '반시오니즘'(Antizionism)의 거절이 함께 나타납니다. 낡고 새로운 유대인의 적대감들은 "반유대주의로 돌아가는 길을 깨어나게 하거나 또는 용인하게 해서는 안됩니다."(1975.11.6의 UN-시오니즘 결의문에 대한 독일개신교협의회 총회).

여러 기독인들에 의하여 무엇이 반유대적이며 반유태주의적인지, 이스라엘 정부의 정치에 대한 합리적인 비판이 무엇인지, 그것들을 생각할 때, 불안은 여전히 지배하고 있습니다.

"이스라엘을 비판하는 것은 허락되어야만 한다"는 말은 언제나 청취해야 할 것이 있다는 논증입니다. 이는 허락되었는데, 만일 이스라엘과 팔레스타인들 사이에서 충돌의 설명이 단편적인 죄책 서술들만을 포함한다면, 그것은 일차적으로 문제가 될 것입니다. 즉 팔레스타인들이 - 무죄한 - 희생자로서 인식하고, 그것에 비하여 충돌의 지속에 대한 책임이 이스라엘에게로 돌리는 문제입니다. 만일 이스라엘의 고난이 외면되거나 또는 곧 지워져버린다면 수용할 수 없습니다. 이스라엘 또한 다른 국가들 보다 더 높은 기준으로 측정되지 않아야 합니다. 이스라엘 정부의 정치에 대한 비판은 이와 같이 그 자체로서 반유태주의적인 것은 아닙니다.

이스라엘 국가와의 원칙적인 연대는 다음의 경우에 해당합니다.

- 이스라엘 국가의 존재에 대한 권리가 논쟁되었을 때
- 이스라엘 정치가 국가 사회주의적 범죄와 비교될 때
- 이스라엘 국가에 - 모든 국가들처럼 - 자기방어에 대한 권리가 허용되지 않았을 때 등입니다.

5. 선교

선교에 대한 논쟁은 개신교 내에서 유대교와 일하고 있는 사람들을 분열시켰습니다. 80년대 말까지 두 개의 진영으로 나누어져 있었습니다. "선교" 또는 "대화"는 그 당시 입장들이 매달렸던 슬로건이었습니다. 1975년 "기독교와 유대교"란 독일개신교협의회 연구에서 저자들은 차이를 축소하기를 시도하였습니다. 그리고 "선교와 대화는 기독교 증언의 두 차원"이라는 표현에 이르게 되었습니다. 그러나 후에 강하게 비판되었던 하나의 입장입니다.

베스트팔렌주(Westfalen)의 개신교회는 1999년 결정적으로 유대인의 선교에 대하여 준비합니다. "유대인들은 기독교 회심의 의도들을 위협으로 느껴야 한다. 불안을 불러일으키는 선교는 예수 그리스도의 파송의 과제에 부름 받을 수 없다.... 유대인 선교를 의식적이며 의도적으로 취소할 것에 대하여 긍정적인 이유들이 말해지기도 한다. 이로써 하나님의 언약의 신실성이 그의 백성들에게 약해지지 않도록 고려되었다."

"기독인과 유대인 III"(2000)이란 독일개신교협의회 연구는 두 가지 논증을 선도합니다. "죽음의 위협을 받던 시대에 그들이 취할만한 모든 수단들과 함께 유대인의 혈통에서 세례 받은 그들 회원 앞에 자신을 내세우지 못했던 하나의 교회는 유대인 선교에서 어렵게 전권(全權)을 가지게 됩니다." 성서적인 진술의 신중한 검토의 배경에서 그 연구는 "하나님은 그의 백성을 쫓아내지 않았으며(롬11:1), 이러한 통찰은 - 사도바울과 함께 - 하나님은 그의 백성이 그의 구원의 완성을 바라보게 하시리라는 것을 우리에게 확신하게 합니다. 그(하나님)는 우리의 선교적인 활동을 필요로 하지 않습니다."라고 말합니다.

유럽의 정황에서 로이엔베르그(Leuenberg)선언은 말합니다. "이스라엘의 하나님에 관한 증언의 공통성과 한 분 하나님의 주권적인 선택행위에 대한 고백은 교회들이 유대인의 기독교로의 개종을 겨냥했던 방향의 활동을 포함하고 있음에 대한 중요한 논증이다." 조직화된 유대인 선교의 거부(拒否)는 기독교적 증언들의 과제를 강제적으로 포함하지 않습니다. 전적으로 반대이며, 만일 기독인들이 그들의 동질성과 그들의 증언과 함께 이러한 것들에서 초래되지 않는다면 그 대화는 참된 대화가 아닐 것입니다. 양자는 필수적인데 즉 유대적인 증거에 대한 주의 깊은 청취와 자체적인 입장의 수용입니다. 기독인들은 역시 기독론적 관점에서 하나님이 유대인과 이방인들을 위하여 온전한 구원을 이루신 분으로서 예수님을 고백하기를 포기할 수 없을 것입니다. 그러한 긴장들과 차이들은 견뎌내는 것입니다. 그리고 경험이 보여주는 것처럼 만일 서로의 신뢰와 존경이 성장될 때, 그것들은 견딜 수 있게 될 것입니다.

기독교와 유대교와의 지금까지의 대화의 길은 유대교의 신학적인 인지의 변화에로 이끌어짐 뿐 아니라 기독교적인 자아(自我)정의의 근본적인 변화들로 이끌었습니다. 독일개신교회협의회의 연구와 수많은 총회들에서의 선언들은 공식적인 교회의 입장을 형성하고 있습니다. 그것들은 전문가들의 작은 그룹으로부터 이루어졌으며, 그것들은 - 비록 공적인 교회의 목소리들이라 할지라도 - 보편적으로 모든 교회회원들이 수용할 만한 것은 아닙니다. "기독교와 유대교와의 대화는 의미 있는 결과들을 목표하였습니다. 그것은 지금까지 또한 큰 노력들에도 불구하고 이러한 것들을 지역 교회들의 지평으로 옮겨지기에는 충분하게 성취되지 못했습니다." 여기서 하나의 중요한 과제가 칭해졌는데 즉 그것은 교회의 넓은 부분으로 연구의 내용들을 옮기게 하는 것입니다.

유대학자, 에른스트 루드비히 에어릴히(E.L.Ehrlich)는 일상(日常)이 유대인과 기독인의 공동생활에 결정적인 것임을 암시해줍니다. 그의 선언문에서 표현하는 선한 의지는 변화되어야만 합니다. "기독교와 유대교의 대화를 위한 텍스트는 성공적인 신학적 공식일 수는 없으며... 삶과 기독인과 유대인의 대화 가운데서 성서적인 내용의 구체적인 적용이 분명합니다."

6. 메시아적 유대인

메시아적 유대인은 예수 그리스도를 믿는 유대인들입니다. 이들 수(數)에 대하여 실제로 신뢰할만한 언급들은 없습니다. 전하는 바에 따르면 이스라엘에 2,000-5,000여 명이 있으며, 미국에 35,000-60,000여 명, 독일에 몇 백 명 정도가 있는 것으로 추정합니다. 메시아적 유대인들은 의식적으로 전통적인 교회의 전문용어인 유대인 기독인으로 부르지 않으며, 그들의 이름을 통하여 유대교와 기독교 신앙이 대립관계가 아니라는 것을 말하려 합니다. 개별적으로는 물론 그들이 유대교와 기독교 신앙에서 이해하는 차이는 있습니다. 어떤 이들은 거의 유대-정통주의적인 삶을 그렇게 살고 있으며, 그들의 그리스도 신앙을 통하여 토라의 순종에 자유하며 격려를 받고 있는 것으로 보입니다(소수임). 다른 이들은 그것에 비하여 강하게 복음주의적인 영향을 받고 있으며, 아주 선택적인 유대교를 실제화하고 있습니다(다수임). 대부분의 메시아적인 유대인은 그들이 기독교적인 예표 아래서 인식일과 유대교적인 축제일을 지키는 것에서 공동적인 모습입니다.

메시아적인 유대인들은 교회와 회당 사이에 교제를 위한 모임으로서 이해하며 그리고 - 서로 의자들 사이에 앉으면서 - 자체의 동질성을 발견하기를 시도합니다. 유감스럽게도 그것이 항상 성공하지는 않습니다.

메시아적 유대인들은 기독교적인 연합의 본질적인 구성요소이며 교회의 통일을 위한 모든 노력들에 의하여 마땅히 주목되어야 할 것입니다. 그것을 뛰어 넘어 그들은 기독인들이 그들 유대교의 뿌리를 기억할 수 있으며, 미래에 아마도 기독교와 유대교 사이에 교량역할을 인식할 수 있을 것입니다. 기독교적이며 유대교적인 관련의 범주에서 메시아적 유대인의 관계는 물론 특별한 감수성을 필요로 합니다. 많은 유대인들은 - 먼저 기독교와 유대교의 비구원적인 역사에 근거하지 않고 - 유대교와 기독교 신앙이 혼합되는 문제를 지니며, 기독인들이 메시아적인 유대인에 대하여 이스라엘을 선교하려는 새로운 시도일 수 있다는 것을 염려합니다. 그 때문에 교회들은 메시아적인 유대인들을 유대인 선교의 목적에 도구화하려는 어떤 관심도 갖고 있지 않음을 분명하게 해야 합니다. 교회들은 메시아적인 유대인들과 함께 구별된 신학적인 발단(發端)이 필요한 곳에서 구성적(構成的)이며 비판적(批判的)인 대화를 - 바로 유대인 선교의 질문과 관련하여 시도해야 합니다.

중요한 대화의 파트너들과 만남의 지평들은 다음과 같습니다.

- 유대적 문화공동체
- 독일 유태인 중앙협의회
- 기독교 - 유대인 공동노력을 위한 학회들
- 독일루터교회연합회(VELKD)의 교회와 유대교의 작업연구회
- 독일개신교회(EKD)의 교회와 유대교회의 연구위원회
- 독일개신교회의 날(Kirchen Tag)에 의한 유대인과 그리스도인의 작업공동체
- 기독인과 유대교인의 대화협력에 지역단체와 연구회 등 입니다.

[참고도서]

- 브란다우(Brandau, R.) : 내적인 성서대화와 대화적인 선교, 신학적인 문제로서 유대인선교, 2006.
- 디에트리히(Dietrich, W.), 게오르그(George, M.), 루즈(Luz, U.) : 반유대주의-기독교 유산의 짐, 1999.
- 도멘(Dohmen, C.), 죄딩(Soeding, Th.) : 하나의 성서 - 두 가지 약속들, UTB, 1893, 1995.
- 그라드볼(Gradwohl, R.) : 기초코스, 유대교(2판), 2002.
- 히르쉬베르그(Hirschberg, P.) : 머물러 있는 도전, 이스라엘의 면전에서 기독교 신학, 2008.
- 카야레스(Kayales, C.), 피히란드(Fiehland van der Vegt, A.) : 각자 유대교에 관하여 알아야 하는 것, 2007.
- 독일교회의 교회직무(Kirchenamt der EKD) : 기독인과 유대인 I-III, 2002.
- 크라우스(Kraus,W.) : 하나님의 백성, 1996,
- 크라우스(Kraus, W.), 헤닉스(Henix, H. H.) : 교회와 유대교, 1986-2000의 문서들, 2권, 2001.
- 크루페(Krupp, M.) : 이스라엘 국가의 역사, 1999.
- 라우(Lau,I. M.) : 유대인의 생활, 신앙 - 일상생활 — 축제, 1999.
- 라임그루베(Leimgruber, S.) : 종교 사이에서의 학습, 2007.
- 마고네트(Magonet, J.) : 유대교의 개론서, 2004.
- 렌도르프(Rendtorff, R.), 헨릭스(Henrix, H. H.) : 교회와 유대교, 1945-1985의 문서들 , 1권, 1988.

1.6 하나님과 종교들

인지

2007년 현재, 기독교 인구는 22억 명에 달합니다. 15억 명 정도가 이슬람으로 알려졌습니다. 또한 9억 명 정도가 힌두교이며, 불교인이 3억 7천 6백만 명, 1,500만 명이 유대교에 속합니다. 독일의 총인구는 약 8,220만 명인데, 그 중 5,210만 명인 약 63.4%가 기독인으로 알려져 있습니다. 이중 2,480만 명이 개신교인들이며, 대략 2,550만 명이 가톨릭에 속합니다. 1,500만 명이 동방정통주의 교회에 속하며, 30만 명 정도가 개신교의 자유교회에 속하며, 3만 8,000명 정도가 다른 기독교회(소그룹종파)에 속합니다(2009년도 통계). 독일 2009년도 통계는 기독인들이 전체 국민의 2/3에 속하며, 2,620만 정도가 비기독교인이거나 타종교인으로 표시됩니다. 그 가운데 350만 정도가 이슬람에 속하며, 20만 명이 유대교에 속한다고 보고 있습니다.

현대 미디어 풍경과 외국 관광주의, 비기독교 종교에 속한 자들의 독일로의 이주 등 - 이 모든 것은 우리에게 종교들과 종교적인 관념들의 다양함을 이전보다 더 강하게 인식하게 해줍니다. 시장의 세계화는 종교들의 세계화와 함께 진행되며, 종교적인 이념들의 자유로운 시장 역시 지금까지 공동체들의 한계를 뛰어넘고 있습니다. 종교다원적이며 문화다원적인 사회는 점점 더 독일에서도 현실화되고 있습니다. 이러한 상황에 따라 많은 사람들은 대체로 하나의 특정적인 종교에 고정할 수 있는지? 질문합니다. 대체로 모든 종교들에서의 근본 동기가 동일하지 않은가? 다만, 여러 가지 종교들이 다양한 길에서 같은 목표에로 향하고 있는 것은 아닌가? 종교들은 세계 공동체의 관심에서 하나의 포괄적인 세계 종교로 차라리 연합(통합)해야 하는 것이 아닌가? 또는 종교와 종교성은 인류발전에서 하나의 극복된 단계에 속한 것이 아닌지?

방향

1. '종교'를 위한 동기

종교들은 인간적인 현존재(現存在)가 개인의 삶을 넘어 멀리 뻗어가고 있음을 회상하게 해 줍니다. 이는 이중적인 방향에서 그러합니다. 즉 하나는 개인의 삶이 (큰)가족과 고유한 문화의 역사 안에 깊게 뿌리내리며, 다른 하나는 개인의 삶이 앞을 향하여 붙잡는 정신적인 삶과 의미를 가진 것과의 관계에 관여 하는 것입니다. 이것은 의미를 만드는 근본 물음으로 다음과 같이 표현이 중요합니다. "나는 어디서 오며, 어디로 가고 있는가?"

다음의 동기들은 여러 가지 문화들에 의하여 구별된 중요성에서 여러 시대에 발견되며 그리고 집단적인 행동처럼 개별적인 행동을 결정합니다.

- 한(가족) 역사의 부분으로 있거나 또는 조상들과 결합되어 있는 의식
- 낙원을 향한 동경
- 구원 또는 구원의 모습에 대한 희망
- 완전한 인간을 찾음
- 세상의 그 어떤 재물을 통해서도 만족하지 못하는 삶의 증대, 삶의 성취와 완전한 자유, 또는 모든 것과 함께 하나가 됨을 향한 요구
- 초월성/절대자/하나님과 함께 인간적인 영혼의 원천관계에 관하여 아는 것
- 죽음 이후에 완전히 새롭게 됨에 관한 생각

그러한 동기들은 종교적 형상들과 관념들이 인간 존재와 함께 밀접하게 결부되어 있음의 암시들입니다. 인간 각자가 무엇인가를 찾고, 궁극적으로 의지하는 것을 필요로 하는 넓은 의미에서 종교적입니다. "나는 궁극적으로 무엇을 의지하고 있는가?"라는 종교적 근본 질문이 인간 존재에 속

한 것입니다. 그 질문에는 양자택일이 없습니다. 그 때문에 모든 종교는 다른 종교와의 가치비교에서 벗어나며 고백의 양식에서 표현하는 그들을 위한 배경물음의 최종적인 효력성을 알지 못합니다. 그것은 인간이 종교적인 물음에서 어떤 대답을 수용했는지 각 개인의 삶을 위한 근본적 의미에 관한 것입니다.

2. 종교란 무엇인가?

오늘날 사람들은 종교를 다양한 모습으로 경험하게 됩니다. 왜냐하면 종교는 '종교파편들'의 다양한 형태로 인간 문화의 거의 모든 영역에 흩어져 있기 때문입니다. 종교적 경험세계의 다원화와 함께 교회와 교회 밖의 종교성 사이에 나타나는 한계는 종교성과 비종교성 사이에서처럼 그 윤곽이 불분명해 집니다. - 비교작업의 전제로서 다음과 같은 정의들이 제시됩니다.

- "종교는 의식과 숭배와 윤리 안에서 모습을 제시하는 초월성의 경험에 대한 인간의 공동적인 대답입니다"(테오 준더마이어). 다른 말로하면 즉 종교들은 "인격적이며, 비인격적 또는 초인격적인 것으로 경험되는, 그렇게 생각될 수 있는 최후 대상에게 인간적인 자기 - 행동과 관계 - 내면적인 - 설정입니다." 그것에 상응하게 종교들은 "근본적인 인간의 삶의 표현이며 공동체로 함께하는 자들의 정중한 삶의 설계들입니다."(크리스토프 그룬드만).

간혹 두 가지 다른 해석의 가능성들이 전통적으로 인용되었습니다.
- 종교는 의무(義務)로 불리며, 신들이 요청하는 것에 대한 성실한 주시를 요구합니다. 예를 들면 키케로(Cicero)는 '종교'란 'religere' = '정확히 주목하는 것'으로 이해합니다.
- 종교는 인간에게 하나님(또는 절대자)과 모든 현세적인 것의 연대감을 열어주며, 시간과 공간, 자연과 역사를 포함 합니다. 그것에 상응하게 콘스탄틴 황제의 동시대 사람인 '락탄티우스'(Lactantius)는 '종교'란 'religare' = '하나로 합일하

는 것'으로 해석합니다.

그것에 따라 분명한 것은 종교가 일상의 경험 영역을 뛰어넘게 되었으며, 초월자에 대한 관계로 보여 진, 세계와 인간 존재의 해석을 시도하는 일입니다. 바로 접근하기 어려운 것과 불가항력적인 것에서 하나의 궁극적인 의미가 개인적인 삶과 공동체를 위하여 유도되었습니다. 여기에는 단순히 현존재(現存在)의 지적인 해석이 중요한 것이 아니라 오히려 이러한 해석이 삶에 대한 총체적인 관점에 관계되어, 법과 도덕과 공동체형태를 위한 구체적인 결과를 갖게 됩니다. 종교 안에서 포착된 세계의 의미를 해석하는 것은 인간의 숙고행위로 파악되기 보다 초월성의 경험에 대한 반응입니다. 즉 인간들은 이해할 수 없는 것과 초월적인 것에서 근거점을 발견합니다. 왜냐하면 그것은 인간의 이성을 수단으로 그 배후에 대해 물을 수 없거나, 반박되게 할 수 없기 때문입니다.

이점에 있어서 종교는 철학과 함께 많은 것을 공유하게 됩니다. 그들의 특수성은 불가시적인 것을 가시적으로 만들며, 이해할 수 없는 것을 이해적인 것이 되게 하기 때문에 초현세적인 것을 현세적인 것으로 연결하는 바로 거기에 있습니다. 예를 들면 무슬림(Muslim)을 위하여 신(神) 의지의 절대적인 것이 코란(Coran)에서 구체화될 것이며, 다른 종교들에서는 다른 여러 가지 방식으로 구체화 되고 있습니다. 그렇게 하나의 종교는 공동체적이며 바른 영속적인 표현 형태를 만들어 내게 됩니다. 즉 관습들, 의식들, 축제들, 노래들, 조각들과 예술품들, 건물들, 신화들, 전설들, 가르침과 직무(職務)들을 만들게 됩니다. 기도는 거기서 절대/초월자/하나님과 접촉하기 위한 여러 가지 종교적 수단입니다. 종교는 그 안에서 전승되며 살아 있습니다. 이러한 형태들로 표현하는 것은 그들 각각의 본 모습보다 더한 것입니다. 왜냐하면 종교는 저편의 것과 절대적인 것에 대해 구체적으로 이해할만한 것을 다시 연결하기 때문입니다. 기독교 또한 분명히 종교들의 범주에 속합니다. 여기서 일상적인 경험공간은 뛰어넘었습니다. 즉 초월적인 하나님이나 또는 예수 그리스도 안에서 하나님의 인간됨의 사건이 그러합니다. 그 밖에도 기독교는 포괄적으로 세계와 인간 존재의 해석을 제시하며 비유와 형상들의 언어를 돕고 있습니다. 이러한 해석은 신앙고백들과 기도들 안에서 그 표현을 발견하게 됩니다. 그것은 공동체 안에 전해졌으며 살아있게 되었습니다. 그리고 의식(儀式)들 안에서 각각의 것들이 종교 경험에 대한 몫을 지탱하게 된 것입니다. 기독교는 이와 같이 현존재(現存在)의 물음에 대한 종교적 대답을 제공합니다.

3. 시민종교

종교적 차원은 사람들이 종교에 관해 아무것도 알기를 원치 않거나, 적어도 종교와는 아무것도 관계되지 않는다고 생각하는 거기서 효력이 발생하는 기본적인 힘을 가집니다. 사람들은 예를 들면 현세적인 영역에서 정치 지도자에 대한 숭배를 생각하거나 무조건 확정된 이념적인 문서의 효력이나 또는 전당대회와 공적인 국가 축제들과 체육행사들의 의식을 동반한 공연을 생각합니다. 이 모든 것은 오늘날 대개 '시민종교'란 구호 아래에서 설명되었습니다(미국, 'civil religion'). 하지만 종교적 현상들을 흉내 내는 세속적 삶의 형태들과 축제들은 분명히 그 자체로부터 구분합니다. 하나의 종교처럼 그것들은 집단적인 경험들로 부터 유도하며, 공동체들 - 직업의 그룹들, 작은 연합체들 또는 전체 국가들의 운명 등에 연결합니다. - 예를 들면 공동적인 찬미들, 국가 행위의 조서, 기념 축제 또는 전통풍습의 사격축제 행위 등입니다. 동시에 인간들의 소원은 시민종교, 특별히 일상에서 그들 개별적 존재의 중요한 삶의 단면과 절정을 드러내도록 표현의 기회를 만들게 됩니다. 즉 생일, 결혼식, 죽음 그 외 성인식, 시험 합격, 사업기념축제 등 - 그 모든 것들은 의식적인 성격을 가진 축제성들의 형태로 기꺼이 이루어지게 됩니다.

한편, 우리는 역시 온전히 다른 삶의 영역에서 종교의 대체물들을 발견합니다. 축구 경기장 또는 테니스 코트는 새로운 스포츠 종교의 성전이 될 수 있으며,

성행위를 연상케 하는 열정적인 몸 놀림의 행위에서 종교의 기본적 성격을 느끼게 됩니다. 특히 청소년 문화에서 종교적 차원은 언제나 관철되고 있습니다. 러브-파라데(Love-Parade)와 레이브 파티(Rave Party)와 함께 90년대의 기술 문화는 친숙한 종교적 현상들과의 접촉점들의 한 행렬을 보여줍니다. 음악은 일상 세계를 극복하는 수단이 될 것이며, 춤, 혼절, 황홀함은 새롭게 집중된 초월의 경험을 가능하게 합니다.

4. 오늘날 기독교 밖의 종교들

인류의 거대한 종교적인 전통들은 현재 놀랍게도 현실적인 것으로 증명되었으며, 인간적인 삶의 의미와 목표에 대한 질문들이 그들의 방식으로 적절하게 대답하기를 시도합니다. 물론 모든 종교들에서 거대하게 밝히고 있는 대답들은 개별적인 질문에 대한 많은 답변에서는 분명히 이해하기가 어렵습니다. 그리고 역사에서 가장 위대한 진리들이 영속적으로 살아남게 되는 것은 충족한 그들 교리와 계명과 풍습들 때문입니다. 따라서 종교적인 현상 세계의 색채와 다양함에서 역사적으로 영향을 미치게 된 종교적 전통의 중심이 다음에 간략하게 소개됩니다.

a) 이슬람(Islam)

이슬람은 '헌신과 복종'을 뜻하며 또한 '살람'(평화)이라는 개념이 유도된 아랍어의 뿌리 s-l-m에서 유래합니다. 무슬림(Muslim)은 이와 같이 신(神)의 뜻에 헌신하며, 그것을 통하여 평화를 발견하는 자를 가리킵니다. 이러한 신의 의지는 코란에서 인간에게 알려졌습니다. 코란은 전체 114장 가운데 무슬림을 위하여 모하메드가 약 610년경에서 632년 그가 죽을 때까지 선지자들에게 계시된 원래 신(神)의 말씀을 포함합니다. 거기엔 벌써 중요한 신앙내용에 대한 암시를 발견하게 되는데, 그것은 후에 다섯가지 분야의 "신앙교리"로 형성되었습니다. 즉 한 분 신(神, 아랍어, 알라: Allah)과 그의 천사와 계시된 책들과 부활과 최후의 심판 그리고 신의 파송자들에 대한 것입니다. 거기서 그 어떤 신과는 아무것도 비교할 수 없거나, 전혀 닮지 않은 하나의 특별한 의미를 지닌 유일신(神)의 고백에 이르게 됩니다. 그에게 인간은 굴복하며 종속합니다. 코란에 계시된 신 의지의 추종은 성공적인 삶으로 인도합니다. 물론 이슬람에게서는 교리의 질문들에서 정통주의의 정교에 대해서 형편에 맞는 정통-실천에 대한 것보다 덜하며, 그것은 올바른 추종과 신의 의지를 엄격하게 지키는 것을 뜻합니다.

이것은 이슬람의 근본 의무들의 5가지 기둥으로 표현되는데, 그것들은 이슬람의 신앙 실천을 결정하며 동시에 '움마'(Umma)라는 이슬람의 공동체를 형성합니다.

(1) 신앙고백(샤하다, Schahada): "나는 그들 신(神)외의 어떠한 신도 없으며, 모하메드는 신(神)이 파송한 자임을 증언합니다." 이것은 이슬람 공동체를 하나로 묶는 정신적인 띠입니다.

(2) 의식적인 의무의 기도(살라드, Salat): 확고하게 설정된 규정에 따라 가능한 함께 아랍어로 다섯 번 시행하며, 무슬림의 공동체를 실현하며 형태를 만드는 기도입니다.

(3) 사회를 위한 세금(차카드, Zakat): 이슬람 사회의 가난한 지체들에게 유용하게 하며, 사회적 평준화에 기여하고 공동체의 연대감을 강조합니다.

(4) 이른 새벽부터 해질 때까지 성관계 금지, 음식과 음료와 흡연 금지 등 '월 라마단'에서의 금식(자움, Saum): 낮 시간의 금식과 저녁에 금식을 해제하는 것은 공동체의 일상입니다.

(5) 무슬림의 전 세계적 공동체를 가시화하는 메카를 향한 순례(하취, Hadsch).

무슬림에게서 신앙은 결코 사적인 일이 아닙니다. 공동체의 강화와 보존인 움마(Umma)는 중요한 과제이자 그들 종교적인 의무의 부분입니다. 이러한 '다섯 개의 기둥' 외에 규범과 규정들의 포괄적인 접합이 있습니다.

그것들은 무슬림의 구체적인 생활에서 영향을 미치며 일상을 형성하는 것입니다. 예를 들면 음식 금지 규정들(그 아래에 알콜 금주)과 사회적 관계를 위한 규칙들입니다. 종교적이고 문화적인 것뿐만 아니라 궁극적으로 모든 행동들은 신(神)의 의지를 지향하는 것입니다. 코란에서 시대를 초월한 신적인 계명들은 전통에서 발전된 규칙과 규정들이 결부되었습니다. 이슬람의 시각에서 이러한 법체계는 샤리아(shari'a)를 뜻하는데, 물론 제한이 아니라 말씀의 원천적인 의미가 보여주는 것처럼 지향점이며 법의 지도입니다. 즉 shari'a(샤리아) - 그것은 방랑자가 잘못된 길과 위험들을 지나 생명을 선물하는 오아시스(Oasis)로 인도하기를 원하는 광야를 통한 길 입니다.

무슬림의 목표인 신(神)의 뜻에 상응하게 사는 것은 분명 정치-논리적 관계를 포함합니다. "너희는 인간들 가운데 생겨난 가장 좋은 공동체이다. 너희는 오른손을 제시하며, 버려야 할 것을 금하며, 신을 믿는다"는 말은 코란 3장 110절이 뜻합니다. 이러한 목적에 상응하게 이슬람의 공동체(움마, umma)는 모든 삶의 공간을 포함합니다. 실제로 종교적이며 총체적인 사회 사이에 분리가 없습니다. 신을 믿는 비이슬람을 위해서(유대인과 기독인들 뜻합니다), 이것은 이슬람의 공동체 안에서 하나의 특별한 입장을 얻게 된 결과를 가졌습니다. 그들은 그들의 종교를 수행할 수 있었습니다. 그러나 이슬람 공동체의 일상에 종속되어야 하며, 사실상 실제로는 2번째 계급의 시민이었으며, 제한들의 반열에서 예외적으로 보였습니다. 수 세기 동안 올바르게 잘 보존했었던 상대적 관용의 이러한 모델은 사회와 종교의 이슬람의 동일화가 새 시대적인 의미에서 종교자유에 관한 적절한 이해를 오늘날 어렵게 하는 쪽으로 이끌고 있습니다.

이슬람은 신(神)의 의지를 성취하도록 사람들을 가볍게 해 주려는 국가와 사회의 정치적인 모습과 함께 그 범주의 조건들을 만들려고 노력합니다. 물론 어떻게 이 목표가 달성될 수 있는지에 대한 여러 가지 견해들이 있습니다. "이슬람의 방향"은 이와 같이 존재하지 않습니다. 다수의 이슬람으로 형성된 국가들은 이슬람의 법체제와 서구적인 민주주의에서 나온 생각들이 여러 방식으로 서로 연결하는 여러 가지 법 형태들을 발전시켰습니다. 최근에 여러 무슬림의 정치인들은 양자택일로서 이슬람을, 그리고 한편으로 자유주의와 자본주의 사이에서, 다른 한편 사회주의와 공산주의 사이에서 제3의 길을 추천하기를 시도합니다. "이슬람"이 이러한 양자택일에서 구체적으로 해결하려는 것은 논쟁적입니다.

이슬람은 기독교처럼 그렇게 통일성을 견지하지 못하며 다양한 색깔들로 현존하고 있습니다. 이러한 모습은 벌써 수니파(Sunniten)과 시아파(Schiiten)로 분리되어 있음을 보여주고 있습니다. 시아파들은 대략 무슬림의 10-20%정도이며, 특히 이란, 이라크, 레바논을 포함합니다. 원천적으로 이는 모하메드의 추종자의 질문에 대한 논쟁에서 나온 것인데, 수세기의 과정에서 두 방향들이 구별된 종교적, 정치적 생각들을 발전시켰습니다. 수니파들은 아부(Abu), 바크(Bakr), 우마르(Umar), 우트만(Uthman)에서 역사적인 순서에 상응하게 보고 있으며, 그리고서 먼저 알리(Ali)는 선지자의 합당한 추종자(Kalifen)들을, 그리고 우선적으로 모하메드와 그의 가장 존경받는 동반자의 삶의 지도(sunna)를 지향할 것을 요구합니다. 시아(shi'a=편당, 그것은 알리의 당을 뜻함)는 그것에 대항하여 알리(Ali) 선지자의 조카와 사위를 모하메드 이후에 이슬람 공동체의 첫 번째 공식 지도자(Imam)로 주목합니다. 이슬람의 역사적 과정에서 시아파들이 여러 번 집단적인 차별대우와 박해에 방치되었습니다. 그 때문에 그들의 경건은 항거와 순교에 대한 용기와 감정의 배신감으로 형성되어 있습니다.

이슬람의 이 양자의 주된 방향에서 계속적인 그룹형성과 분리들이 나타나고 있는데, 예를 들면 시아파들에 의한 이스마일의 무리(Ismailiten)와 아가(Aga)-칸(Khan)운동이 있으며, 이슬람의 신비적인 형태로서 슈피주의자(Sufismus)입니다. 그 옆에 아말디아운동(Ahmaldia)과 알레비텐교(Alevitentum)와 같은 이단적인 그룹으로 유효하며, 무슬림의 바른 신앙적인 것으로서 그들의 인정이 논쟁적인 흐름들도 있습니다. 바하이(Baha'i)의 공동체 역시 이슬람에 그 뿌리를 두고 있습니다.

기독교와 이슬람을 서로 대화에로 이끌며, 선입관들을 극복하기를 원하는 사람은 다음과 같은 것들을 분명히 알아야 할 것입니다.

- 무슬림들은 실제로 기독교의 많은 결정적인 상(像)을 반대로 가지고 있습니다. 그들은 유대인과 그리스도인들을 '문서(성서)소유자들'로 경멸하며, 예수를 선지자로서만 높이 평가합니다. 반대로 모하메드가 그리스도인들에 의하여 결코 경험할 수 없는 것과는 대조적입니다. 이슬람의 전통은 예수가 최후의 심판 전에 땅 위에 다시 올 것과 그리스도인과 무슬림이 한 분 하나님의 백성으로 연합하게 되리라는 것을 기대합니다. 이러한 예수 재림의 사상은 기독교의 것보다 완전히 다른 신학적인 근거를 가진 것입니다.

- 이슬람은 사람들이 이따금 그렇게 묘사했던 것처럼 하나님을 결코 전제 정치의 전횡(專橫)의 신(神)으로 보지 않습니다. 이슬람의 하나님 상(像)에서 하나의 기본특징은 고귀성 외에도 역시 인간에게서 기대된 순종에서 선지자를 보내시고, 법의 지도를 선포하는 그 안에서 생겨난 하나님의 용서의 의지와 자비입니다. 그래서 믿는 자들은 올바른 길을 알고 그 길을 자신의 능력으로 나아갈 수 있습니다. 사람들이 잘못 가면, 신은 그들을 용서하며, 그들은 올바른 길로 돌아갈 수 있습니다.

- 거룩한 문서들의 평가에서도 기독교와 무슬림 사이에서의 대화를 어렵게 하는 본질적인 차이들을 발견합니다. 즉 기독교는 나사렛 예수를 통한 신적인 말씀들이 선지자들을 통하여 계속 주어지며, 받아쓰거나, 기록되었던 것이 아니라 다만 그의 인격 가운데서 모습을 취하였고, 하나님이 누구이며 어떠한지를 보이는 것에서 확증한 것입니다. 여기에 관하여 성서는 알려주며, 이러한 사건과 사람들이 경험했던 것을 증언합니다. 그래서 기독인들은 성서의 책을 믿는 것이 아니라 인간이 되신 하나님의 말씀과 갈릴리 예수와 그리스도와 하나님의 "아들"을 믿습니다. 그것에 비하여 코란은 모슬렘을 위하여 문서가된 말씀으로서 전적으로 다른 원천을 가진 것입니다. 그런 점에서 초래된 것 즉 그리스도인들은 구세주의 탄생인 성탄을 축하합니다. 그러나 무슬림들은 천사장 가브리

엘을 통하여 모하메드에게 주었다는 코란의 계시를 라마단에서 축하합니다.

- 이슬람에서 창조와 창조주는 기독교에서처럼 특별한 방식으로 하나님과 인간의 그 어떠한 밀접한 공동체로 소개할 수 없는 그 이면에 위치하고 있습니다. 하나님을 '아버지'로 부르는 것은 이슬람의 신(神)이해에 있어서 하나님의 주권과 유일성과 다른 존재에 대한 진지한 음모(陰謀)일 뿐입니다. 기독교 신학이 그리스도와 하나님 사이의 특별한 관계를 '하나님 자녀권'의 개념으로 바꾸어 쓰기를 시도한다면, 여기에는 다신론의 위험이 존재합니다. 그 때문에 이슬람은 기독교적인 삼위일체론을 엄격히 거부합니다.

- 결정적인 한 가지 차이는 인간상(像)에 놓여 있습니다. 이슬람은 인간이 원칙적으로 '자연적인 종교'(fitra)를 통하여 하나님의 뜻을 알고 성취하는 자질을 가진다는 것에서 시작합니다. 그 안에는 그의 윤리적인 요구가 기초되어 있습니다. 인간은 선하지만, 그러나 불완전합니다. 그는 이러한 불완전성 때문에 그가 자연종교(fitra)에 감사하면서, 나아갈 수 있는 올바른 길을 그에게 가르치는 법의 지도를 필요로 합니다. 기독교 신앙은 이러한 낙관주의를 공유하지 않습니다. 오히려 인간이 하나님 의지에 대항하지 않으며, 다만 하나님의 그리스도 안에서 구원하시는 행위를 통하여 새롭게 될 수 있다는 것을 직시합니다.

- 하나님의 선지자로서 예수의 인격은 이슬람에서 하나의 분명한 역할을 할 때도 있지만, 그러나 그는 다만 선지자일 뿐입니다. 그의 신성과 십자가의 죽음은 이슬람을 위해서는 대체로 그 어떤 의미도 갖지 못하며, 오히려 그 반대입니다. 즉 양자는 결정적으로 거부되었습니다. 이슬람은 그의 다른 인간상과 죄에 대한 완전히 다른 이해 때문에 이슬람은 대리적인 고난이나 하나님의 속죄행위를 필요로 하지 않기 때문입니다.

b) 힌두교 사상

힌두교는 이미 19세기 이래로 발생된 포교적 역동성을 발전시켰습니다. 여러 가지 힌두교적 기술들과 실체적인 것들 또는 서유럽에서 힌두교적 유래의 전통과 운동들이 확산되었습니다. 예를 들면 요가 코스들이 수십 년 이래로 독일국민대학(평생교육기관)들의 표준적인 프로그램에 속하여 있습니다. 인도의 종교성에 대한 서구적인 관심은 강한 힌두교 자의식과 동시에 세계가 하나의 유효한 메시지를 갖게 하는 깊은 확신에 적중합니다. "힌두교사상"은 외부로부터 구별되는 여러 전통들, 사고방식들, 인도의 종속대륙의 삶의 형태들을 표현합니다. - 붙잡을 만한 창시자의 모습이 없으며 구속력을 가진 기독교와 같은 교리(敎理)체계도 없이 종교적인 흐름들의 온전한 집합체로 존재합니다. 그들이 가진 요소들의 몇 가지는 천여 년 이상 거슬러 올라가며, 힌두교 사상은 그럼에도 불구하고 BC 6세기경의 금욕(禁慾)운동에 대한 반응으로서 역사적으로 익명의 여러 계층적인 과정에서 총체적으로 생겨난 것입니다.

힌두교 사상에 대한 하나의 자체표시는 "사나타나 다르마"(영원한 질서)라고 합니다. 우주로부터 사회를 넘어 개별적인 삶에 이르기까지 모든 것은 이러한 우주적 질서에 종속되었습니다. 상응하는 방식으로 다르마(Dharma)는 구별된 사회적인 그룹들 사이에서의 차이가 종교적으로 명시된 사회에서 공시(公示)됩니다. 4가지 신분(사제, 전사(戰士), 상인, 노동자)에서 신화적인 근거를 가진 세분화된 원천적 이상(Idee)은 여러 세기의 과정에서 인간들이 규정과 금지들의 고등한 복합적인 체계에 종속하는 엄격한 계급 제도의 실체에 자리를 만들었습니다.

각 개별 본체는 그의 행위들을 통하여 다음의 존재 모습을 위한 조건들을 결정합니다. 즉 그의 행동(karma)의 결과들은 이루어짐과 사라짐(samsara)의 영원한 순환과정에서 새롭게 된 생명의 미리 규정된 것의 범주를 확정하게 됩니다. 물론 그 안에서 인간은 더 나은 출생을 얻게 되는 가능성이 주어집니다. 이는 그가 다르마에 적합하게 행동할 때이며, 앞서 같이 주어진 질서에 상응하게 그의 사회적인 의무들을 성취할 때입니다. 비유로 말해서 인간은 재출생의 끊임없이 돌아가는 바퀴의 가장자리로부터 쉬는 회전축으로 옮기게 됩니다. 이루어짐과 사라짐의 순환과정에서 나온 궁극적인 해방 즉 영원한 안식에서 가시적인 끝없는 운동으로의 변화는 각각 개별 본체가 영원한 것을 자체에 지니는 것이 가능하게 됩니다. 목표는 이전에 예속되지 않은 자아(불멸의 영혼: atman, 개별적인 원리)의 참된 것이 절대적인 것(세계의 영혼: brahman, 우주적인 원리)과 하나인 것을 포착할 때 도달됩니다. 이러한 해방은 여러 가지 방식으로 도달할 수 있습니다. 즉 금욕과 신체적이며 정신적인 훈련을 통하여, 명상과 인식의 좁은 길에서, 의무에 적합한 행위를 통하여, 자신의 장점에 따라 질문하지 않고 또는 헌신적인 신의 사랑의 길에서 사람이 속한 카스트 제도를 통하여 제시된 것을 행할 때 입니다.

기독교와 힌두교 사이의 대화에서 다음과 같은 것이 주시되어야 할 것입니다.

- 힌두교 사상은 시간의 차원을 알지 못하며, 역사의 차원도 무지(無智)합니다. 힌두교 사상에서 시간은 하나의 둥근 원처럼 영원한 회귀(回歸)로 진행됩니다. 그러나 기독교가 이해하는 역사(歷史)는 직선(直線)으로 진행되며, 하나의 목표를 향합니다.

- 기독교에서 인간은 힌두교 사상에서처럼 개별적인 존재로 보여질 뿐만 아니라, 역사에 편입되었습니다. 그는 자신의 존재를 위해 책임을 짊어질 뿐 아니라, 사회와 이웃을 위해서도 책임을 가집니다. 이러한 사회적이며, 공동체적인 차원은 힌두교 사상에서는 알지 못합니다.

- 역시 그리스도인은 역사에서 여러 가지 모습들로 종속된 하나의 내적인 질서를 알고 있습니다. 그리스도인들은 구원 사건에서 인격적이며 전기적인 실존을 뛰어넘어 붙들고, 그들 전 세계를 완성으로 인도하는 차원을 보게 됩니다.

- 힌두교 사상은 선과 악 사이의 모순들 즉 궁극적으로 모든 것이 일자(一者)의 다양한 현상 방식들로 모든 존재하는 것들 사이에 궁극적인 총체적 차이(差異)를 해결합니다. 인간들은 이와 상응하게 모든 것이 하나인 일자(一者)의 세계적인 원리에서 싹트게 되도록 환상으로서 그들 개별적 존재 형태의 가면을 벗

게 해야 합니다. 중생의 순환은 사람들이 자신을 해방하기를 원하는 짐으로서 느끼게 되었습니다.

중생이나, 재성육신의 서방적이며-비교(秘敎)적인 긍정적 사상은 이러한 사실을 완전히 오인합니다. 그것에 비하여 기독교의 이해는 그리스도가 사람들을 악의 권세로부터 구원합니다. 그리스도가 인간들을 인격적인 모순 가운데서도 받아들이고, 그들에게 하나님의 사랑을 중재하기 때문입니다. - 그리고 기독인들이 '죽은 자들의 부활'을 고백하는 것은 개별 인간의 개성에 대한 분명한 존경 안에서 입니다.

• 힌두교 사상은 모든-일자의 현상세계로서 풍성한 신(神)들의 세계를 알고 있습니다. 즉 힌두교는 자체 안에 유연한 혼합주의의 가능성을 숨기고 있습니다. 예수님 역시 이러한 범신론에서 수용될 수 있을 것입니다. 다른 한편 그는 동시에 힌두인의-존재와 인도인의 존재를 하나로 연결하는 비관용적 국가주의로서 도구화될 수 있습니다. 여기에 이따금 다른 신앙인들에 대한 국가적이며 종교적인 박해를 위한 근거가 놓여 있기도 합니다.

c) 불교사상

BC 6세기 경 고대 인도 종교들의 낡아진 것들에 대항하는 저항운동이 일어났을 때, 불교는 힌두교와 비슷하게 기독교, 유대교 또는 이슬람처럼 근본적인 종교들로부터 구별합니다. 그의 소식은 근본 질서의 전달을 묘사합니다. 하나의 가르침 - 양자를 위하여 다르마(dharma)라는 개념이 사용되었습니다. - 그것은 모든 존재 형태들의 행위와 인식능력으로부터 독립적으로 영향을 미치는 '세계법칙'이란 한 방식입니다. 북인도의 샤키야(Shakya)의 가문에서 출생한 시타르타 가우타마(Siddharta Gautama)는 찾고 배회한 여러 해 후에 그에게 '깨닫게 된 자'(Buddha)란 명예로운 타이틀을 초래했던 이러한 다르마(dharma) 안에 있는 통찰에 이르게 되었습니다. 그의 가르침은 하나의 철저한 존재 분석이 토대가 되었습니다. 즉 모든 삶은 고난(dukkha)인데 중생(samsara)의 순환과정에서 과거에 종속될 때이며, 어떤 기쁨도 영원히 지속되지 않으며, 어떤 행운도 내구성을 가질 수 없습니다. 고난의 원인은 환상을 가지고 함께 나타나기를 바라는 자아중심적인 삶의 요구들에 놓였습니다. 영속적이며 불변적인 '자아'(atman)가 있다는 것입니다. 그렇지만 인간은 실재(實在)에서 여러 가지 존재요소들의 잠정적인 공동의 흐름이며, 다만 잘못된 방식으로 무엇인가 '고유한 것', 하나의 '나'(ego)로 여깁니다. 이러한 '나'(ego) - 환상은 가르침과 명상적이며 금욕적인 훈련을 통하여 점차적으로 무너지게 해야하며, 계속해서 수도원에서 승려들의 서로서로의 가르침을 통하여 그리고 먼저 첫 주자로서 이러한 길을 갔던 부다(Buddha)의 모범을 통해서는 아닙니다. 최후의 목표인 '열반'(Nirvana)은 인간이 스스로의 잘못된 가정에서 배출되게 함으로써 형성됨과 사라짐의 순환이 최후를 찾는데 전적으로 이르게 되었습니다. 여기서 그 순환과정은 중생에 의하여 존재요소들이 새로운 존재로 형성되었던 그의 행동(karma) 작용을 상쇄시켜야 합니다. 중생들의 과정과 고난을 연결하는 모든 요소들의 날려버림이나 또는 불꽃의 꺼버림인 그 열반(涅槃, Nirvana)은 다만 다르마(Dharma)안에서의 통찰을 통하여 그리고 상응하는 삶의 태도에 이르게 되는 것입니다.

여러 가지 불교의 방향들은 이러한 목표에 이르는 바른 여러 길들을 제시합니다. 노인세대들(Theravada)의 가르침은 도덕성, 명상, 인식을 수단으로 열반(涅槃)에 이르는 개인의 책임성을 강조합니다. 마하야나(Mahayana)의 파들(거대한 자동차 - 그렇게 불렀습니다. 왜냐하면 그의 추종자들의 많은 수가 중생(samsara)으로부터 열반(Nirvan)에 이르기를 요구하기 때문입니다)은 자신의 노력으로 중생(重生)의 순환을 벗어나는 가능성의 이면에 대해서는 회의적(懷疑的)입니다. 오히려 그의 학파들의 많은 수(數)는 동정(同情)의 의미화와 보살(菩薩, Bodhsatvas)의 역할을 그들 가르침의 중심에다 옮깁니다. 이들에 의하여 동정에서 중생으로 시작하는 존재들을 위하여 열반에 들어가기를 포기했던 미래의 부처(Buddhas)인, 깨달은 본체가 중요합니다. 아미다(Amida)불교는 가장 분명한 모습에서 은혜의 소식을 철저히 대변합니다. 부처의 초월적 현상의 형태인 아미다 불교는 모든 존재 형태들을 위한 구원에 이미 영향을 미쳤습니다. 인간들만이 신뢰가 충만한 헌신과 그의 이름의 부름을 통하여 구원하는 능력에 참여할 수 있습니다. 선한 행위들은 단순히 믿는 자들의 감사의 표현입니다.

문자 그대로의 '신이 없는 종교'인 불교(佛敎)는 서방세계의 현대인들을 위해서 이처럼 인격적인 하나님이 없는 하나의 종교를 수행합니다. 왜냐하면 불교는 먼저 철학과 동등하게 보이기 때문입니다. 그렇지만 몇 가지 피할 수 있는 유사성들에 의하여 기독교적인 사상들과는 근본적인 차이들이 있음을 간과해서는 안 될 것입니다.

- 구원이 어떻게 인간에게 이르는지에 대한 생각에서, 불교는 순수한 열반 안에 있는 초월적인 상승을 가르칩니다. 기독교 신앙은 예수에게서 인간이 구원을 경험하도록 하나님이 인간이 되신 예수님의 인격에다 세웁니다.

- 불교가 전체에서의 부분처럼 인간을 거룩한 자에다 귀속시키는 동안, 인간은 기독교적인 이해에 따라 나와 너 사이의 관계 안에 계신 하나님께 서게 됩니다. 왜냐하면 인격적인 존재는 그의 본체에 속하기 때문입니다.

- 인간적인 자아중심적 태도의 지나침에 정당하게 경고하는 모든 개인주의의 비판에도 불구하고 인간의 하나님에 대한 인격적인 관계는 기독교의 핵심적인 메시지입니다.

- 힌두교 사상의 시간과 역사 이해에서 말하게 되었던 것은 또한 불교를 위해서도 유효합니다.

d) 공자 사상과 도교사상 - 세계 전체의 조화로써 일치
증대하는 매력성을 가진 기술들과 전통들과 중국에서 유래한 영적인 실천들은 역시 서방세계에서 즐기고 있는 것들입니다. - 의학에서 몇 가지 치유방법들의 수용에서부터 비교적(秘敎的, Esoterisch)인 범주에서 중국의 예언서들의 사용을 넘어 철학과 신학에서의 지적인 논쟁들에까지 이르고 공자 사상과 도교 사상은 중국의 종교적 전통들의 다양함에서 특별히 도드라지고 있습니다. 그것은 양자의 경우 분명히 경계를 만들 수 있는 종교의 형성물들이 중요한 것이 아니라 약 2,500년 동안 지속된 역사 속에서 다른 종교와 문화의 전승들과 함께 다양한 상호관계에 있었던 고도의 복합적이며 정신적 조류들이 중요합니다. 양자는 그들의 근본의도 가운데서 동일한 목표를 가지고 있습니다. 즉 세계 전체의 질서에 상응하게 하는 모든 인간적인 삶의 관계들의 조화입니다. 이러한 태도는 옛 중국의 다른 전통들에서도 표현되는데, 그것은 두 가지 모순들 사이에서 하나의 역동적인 이중주의와 같이 소우주와 대우주의 상응점을 그러나 동시에 대립적인 조건들의 원리로 – 음(陰, Yin)과 양(陽, Yang)을 가르치는 것입니다. 즉 그것들은 먼저 그들의 공동작용에서 그것의 지식이 포괄적인 조화의 생산을 통하여 그들의 행복이 실현되도록 인간들에게 가능한 길(道, Dao)의 상부의 질서화된 원리를 형성합니다. 공자 사상은 인간의 선행(善行)들이 계급적으로 형성된 세계질서로 지향하는 것에다 특별한 비중을 둡니다. 공자의 이러한 도덕적이며 합리적인 질서 사상 이면에 그의 강한 신비적이며 감정적인 조화사상들과 함께 도교사상에서 그 길은 합리적인 질서 규모보다 더 적은 것으로 보이지만 오히려 모든 사물의 조화에 근본토대가 놓여 있는 우주적인 존재의 근원으로 보이는 것입니다.

사람들은 여기서 – 아주 간소화하여 – 그려진 거대한 동아시아적 전통들을 기독교와 비교하면 이미 첫인상에 따라 분명하게 합니다. 즉 공자 사상과 도교 사상은 무엇보다도 통일과 조화의 물음에 집중하며, 기독교가 하나님을 통한 세계의 지속적인 창조사상과 역사의 생각들에 붙들려 있는 반면, 그것들은 우주의 최종적인 전체성에서 나아옵니다. "나의 시간은 당신의 손에 달렸나이다."(시31:15)라는 것이 기독교의 근본 신앙고백입니다.

거기서 구원이해를 위한 계속적인 차이가 나타납니다. 즉 인간이 우주의 구조하는 조화에로 나아가거나 또는 그 조화가 예수 그리스도를 통하여 열려진 것처럼 인격적인 하나님이 그와의 교제에서 인간을 취하게 되는가? 이것은 다시금 인간상을 위한 귀결점들을 가집니다. 즉 하나님이 인간을 사랑 가운데서 받아들일 때, 역시 인간은 그 자체에 머물러 있을 수 있습니다. 그는 그것을 의심해야 했던 만큼 그의 책임을 절대화하지 않아야 합니다.

e) 종족 특유의 종교들

우리가 오늘날 종족 특유의 종교들을 말할 때, 그것들은 초기에 '자연 종교들', '원시 종교들' 또는 '종족 종교들'처럼 잘못 이끄는 개념들로 표현되었습니다. 종족 특유의 종교들의 특수성은 종종 상대적으로 한정된 영역에 제한된 작은 공동체들 안에 있습니다. 그들의 종교적 전통들 대부분은 전승(傳承)을 통해 계속 전달되며, 배타성의 원리에 근거하여 선교 자체를 단념했던 것입니다. 이로써 그들의 모든 동일한 사항들은 언급되었습니다. 즉 다만 주의깊게 그리고 중요한 기본특징들에서 그리게하는 공통성이 있습니다. 예를 들면 추상적인 교리체계(教理體系)와 신학화(神學化)들에 대한 계속적 포기이며, 이편과 저편 사이에서 물질적이며 정신적인 세계 사이의 밀접한 관계들이며 또는 사회적이며 물질적인 그리고 비물질적인 환경을 가진 인간의 정신세계의 의미이며 결과적으로 종족 전통과 종교 사이의 관계입니다. 대부분 조상들에 대한 관계는 앞서 제기된 역할과 조상숭배에 역점을 둔 역할수행입니다. 그들의 숭배를 통하여 사람들은 삶의 흐름이 계속 진행되도록 하는 것이 분명합니다. 다른 한편 불행과 질병 그리고 죽음은 잘못된 태도에 대하여 조상들의 징벌로서 이해되었는데, 그들의 평안의 기원에 다시 이르도록 제의적인 희생양이 필요 되었습니다. 구별이 형성되며 해석된 최고의 본체(하나님)에 대하여 아는 지식은 여러 가집니다.

서방에서는 종족 종교들의 개별적인 요소들에 대한 어느 정도의 관심을 갖게 되었는데 예를 들면 샤마니즘, 인디안의 땀의 움막, 치료사 그리고 남녀 의술인들 또는 '마녀들' 등이며 원천적으로는 순수히 부정적으로 사로잡힌 불안을 퍼뜨리는 현상들입니다. 많은 사람들은 세속화된 서방 세계에서는 이미 없어진 것들이지만 이 종족의 특이한 종교들에서 영적인 차원을 다시 발견하게 될 것을 믿고 있으며, 새로운 영적인 경험들을 밝히기 위하여 고유한 종교적 삶을 위한 자극들이 유지되기를 희망합니다. 그러한 모습에서 이따금 전체로서의 종교로 취하지 않고 하물며 이해하는 것도 없기 때문에 개별적인 요소들은 그들의 환경에서 이미 사라져버렸습니다. 이러한 종족 종교들은 그 자체적으로 저들의 동경들을 도우는 준비가 되어 있지 않습니다. 그것들은 좁게는 저들 문화에 그리고 자체의 정황에 결부되어 있을 뿐입니다.

f) 새로운 종교 운동들

'종교'가 계속해서 문화역사의 행사진행일정에 들어 있는 것은 새로운 종교들과 새로운 종교적 움직임들을 보여주는 것입니다. 그 개념성(槪念性)은 스스로는 불분명합니다. 즉 이것은 19세기 중엽 이래로 생겨난 새로운 종교형성과 관계됩니다. 종교의 개인화 경향에 상응하게 새로운 종교를 일으키는 근거들이 최근 돌출적인 상승을 보여주었습니다. 이러한 새로운 종교운동들에서 의미에 관한 질문들이 표현되었습니다. 즉 그것들에서 구원을 찾으려는 진지함은 전부터 거부되지는 않았습니다. 물론 이러한 운동들의 상당수는 정당하게 살펴볼만한 실천방법들을 신봉하거나 또는 깊이 고려해야 할 이념들을 전수하며, 그들 추종자들에게 가장 표면적으로 문제될 만한 영향을 행사할 수 있는 일들이 의심 없이 놓여 있습니다. ↗ 종교적인 공동체들

4. 고유한 신앙과 생소한 신앙

기독교 신앙과 비기독교적인 종교들의 관계에 따른 질문은 아주 많으며 - 매우 논쟁적인 - 대답들을 초래하였습니다. 이러한 대답 중의 하나는 예를 들면 '신앙'과 '종교'사이를 구별하고 전적으로 판단 기준들을 얻도록 시도합니다. 실제로 기독인들은 하나님에 대한 그들의 신앙을 세계관과 종교적 전통에 대한 다양한 제시들에서 선택했어야 하는 하나의 종교로 이해하는 것이 아니라 하나님 말씀에 대한 그들 전존재(全存在)의 대답으로 그리고 더욱이 이러한 하나님의 말씀이 스스로 그들 안에서 불러 일으켰던 대답으로 이해합니다. 물론 이슬람이나 힌두교나 불교의 신도들도 그들의 신앙을 다른 것 외에 임의의 종교로 이해하지 않고 온전한 결정적인 대답으로 이해합니다.

이와 같이 각 종교는 그들의 입장뿐만 아니라 인간의 실존적 물음들에 가장 적중한 대답을 주려는 요구에 책임을 다합니다. 이것은 기독교에서도 마찬가지 입니다. 신약 성서에서(다른 종교들의 모든 요구에 대항하여)하나님은 "그리스도 안"에 계셨으며(고후5:19), 예수 그리스도는 홀로 "길이요 진리요 생명"(요14:6)임을 증언합니다. 실제로 그리스도 신앙은 자체를 모든 종교들의 비판과 위기로 보입니다. 그리고 사람들은 이처럼 철저한 요구를 쉽게 한 쪽으로 밀치지 않고 잘 실천합니다. 왜냐하면 기독교 신앙은 교리적인 구조이거나 이념적으로 추상화된 요구가 아니라 실천적인 확증, 구체적 삶 속에서 실천하는 신빙성과 모든 존재하는 한계에 대한 전체성으로 향하고 있기 때문입니다. 유럽의 기독교 역사는 수 세기 이상 종교들 사이에서 경쟁과 기독교 신앙의 검증에 대한 물음을 제처버렸습니다. 그렇지만 기독교적인 통일문화의 종말과 동시적인 세계화와 함께 이러한 질문은 온전히 새로운 재능으로 파헤쳐졌으며, 대체로 긴급하게 하나의 대답을 요구합니다. 기독교와 비기독교적인 종교들과의 관계 해명을 위한 많은 고민들은 개신교 신학자 빌프리드 헤을레(Wilfried Haerle)의 다양한 모델에서 도움을 받을 수 있습니다.

- 환상모델은 종교적인 진술들이 언제나 허황된 꿈을 표현하고 있기 때문에(루드비히 포이에르바흐, 지그문트 프로이드), 벌써 여러 구별된 진리요구의 관계에 따른 질문이 잘못 제기 된데서 시작합니다. 종교적 진술들이 진리의 능력이 아니며, 이와 같이 참된 것도 아니며, 오류도 아니라면 가시적인 문제에 대하여 논쟁하는 무의미한 시도(始睹)만 남게됩니다. 그러한 통찰은 종교적인 것이 경험적이며, 실험적인 것과 또는 다른 방법들로서는 확인되지 않는 다는 것을 정당하게 암시(暗示)해 줍니다. 그것은 환상적으로 버려진 것들로서 실제로 그런 한에 있어서 '참'이며 삶의 전체에 관계되는 실존적으로 참인 것처럼 오인합니다. 왜냐하면 경험에 근거한 대답들만 주어질 수 있기 때문입니다.

- 이런 대립관계에서 배타적(예외적) 모델은 기독교 밖에서는 그 어떤 유효한 하나님의 경험과 어떠한 진리도 제시할 수 없다는 것을 확신합니다. 그러한 주제는 두 가지 전제에서 나오는데, a) 모든 종교의 알림들이 결과적으로 바르게 하나님과 관계되어야 하는 유일하신 한분 하나님이 있습니다. b) 이러한 하나님은 고유한 종교에서 유효하게 자신을 계시하였으며, 이로써 다른 것들의 판단에 하나의 표준을 주었습니다. 이러한 입장은 하나님의 유일성(신6:4-5)과 예수 그리스도의 유일성(요14:6, 행4:12)에 대한 신앙고백을 진지하게 취합니다. 즉 그것은 하나님의 구원의지의 전체성(행17:27-28)을 간과하며 모든 것을 검토하는 신약적인 요구에는 상응하지 않습니다. 그리고 자유롭게 하는 진리(비교, 요8:32, 롬12:2, 살전5:21)의 자기관철의 능력에 작은 신뢰를 가질 뿐입니다.

- 포괄적(포함하는)인 모델들은 다시금 - 상대적인 의미에서 유효한 구원의 길로서, 그들의 인정(認定)에 이르기까지 다른 종교들에게 고유한 결합가치(結合價值)를 허용합니다. "상대적으로"라는 것은 여기서 가치절하, 또는 "잘못"에 관한 의미로 이해되는 것이 아니라, 각 종교의 문화적인 땅의 정착에 대한 표현으로 이해되어도 좋을 것입니다. 물론 이러한 구상은 먼저 모든 종교적인 충족을 예수 그리스도 안에서 우주적인 하나님의 자아계시(自我啓示)안에서 보는 것입니다. 그러나 이러한 모델의 문제는 그들의 근본 확신에서 다른 종교들을 실

제로 진지하게 취하지 않거나, 그들의 자기이해와 효력성의 요구에 절대성을 부인하여, 결과적으로 정당하면서도 자의적인 방법으로 거두어 들이기를 위협하는 데서 나타납니다.

• 그것에 반하여 다원적이며 상대적인 모델들은 기독교 신앙을 위하여 그리스도 안에서 비기독교적인 종교들을 포괄적인 완성의 사상처럼 그렇게 각자 고양된 배타적 절대성(絶對性)의 요구를 거부합니다. 그들은 다른 신앙 방식에서 하나의 완전하고 동등가치의 효력을 약속하며 사람들을 참된 인간존재로 인도할 수 있는 동등한 자격을 가진 길들로 인정합니다. 실제로 다원적이며 상대적인 사고발단(思考發端)이 첫 모습에서 관용(寬容)의 요구들에 그리고 종교들 사이의 대화에 다른 모델의 전형(典型)보다 더 적합한 것으로 보여집니다. 그러나 여기 종교들이 저 그들 진리의 요구들과 함께 진지하게 수용되지 않았음을 외면하고 그러한 행동양식은 무관심의 의혹을 불러일으키게 합니다. 모든 것이 동등한 효력을 가진다면 모든 것은 무관심한 것이 아닌가? 결정적인 견해가 상대주의(相對主義)의 추상적인 무견해(無見解)의 배후에서 은밀하게 절대성의 요구를 숨기는 것은 아닌가? 만일 완전한 가치로 효력을 가지는 본질적인 물음들에서 구별되는 종교들이 실제적인 충돌들을 단지 밀쳐놓아 더 이상 거론되지 않게 되는 위험이 생기는 것은 아닌지?

• 하나의 새로운 통찰(洞察)은 종교들의 다양함의 인정(認定)이 분명한 자체의 출발점과 함께 연결을 시도합니다. 그것은 다원적이며 긍정적인 모델로 부를 수 있습니다. 두 가지 전제들이 모습으로 유지되기를 원합니다. "복음이 우주적인 소식을 가지고 있다면 다원적 세계에서 종교들과의 만남에서 명시적인 관계없이 전개될 수는 없습니다. 그리고 만일 종교들이 인류와 세계의 삶과 생존의 미래과제에 기여해야 한다면, 그들은 그것을 세계통일종교의 가설(假設)에 대한 것이 아니라 모든 신앙공동체가 그들의 불변적인 신앙의 근본토대들을 다만 회복하는 대화적인 공동작용에서 가능합니다(레네만, Laehnemann). 그 때문에 긍정적인 다원주의(헤을레, Haerle)는 현실로서 종교적인 입장들의 다원성을 원칙적으로 수용하는 것에서 시작합니다. 포괄적인 모델의 전형(典型)에서처럼 배타적인 모델전형과 구별하여 이러한 사고발단(思考發端)은 종교자체의 신앙의 확실성이 포기되는 일 없이 다른 종교들의 효력성 요구를 존중하기를 목표합니다. 그래서 자신의 종교에서 적어도 사상적으로 물러날 수 없으며,

다른 종교들의 진리요구를 위한 이해를 발전시킬 수 있는 것입니다. 반대로 이러한 모델은 자체 종교의 유효성 요구와 자체 신앙의 증언을 다른 것들의 이면에서 배제할 수 없으며 오히려 그것을 바로 요구하게 됩니다. 즉 그것은 헤을레(Haerle)에 따르면 "긍정적인 다원주의"를 뜻합니다. 즉 "자체의 진리확신은 무조건 효력을 가지며 생소한 진리요구들은 존중감을 얻게 됩니다." 이러한 입장은 모든 종교들을 위하여 필수적인 방식으로 유효하며 더 많이 대립하며 배제되는 절대자는 서로 선택적인 절대자로서 그 이면에 존재합니다. 당시의 최종적 효력성의 요구가 기초를 이루는 신앙신념들의 만남이 중요합니다. 이러한 긴장은 그것을 견디게 하는 데 유효합니다. 왜냐하면 "하나의 자체적인 종교의 길이 절대적으로 참이라고 생각하는 것은 끝이 아니라 대화의 시작이기" 때문입니다(라인하르트 홈멜). "화해할 수 없는 옆 사람의 문제는 사실상 효력요구에서 본질적으로 이론의 문제이지 종교적인 일상의 실천은 아니기" 때문입니다(크리스토퍼 그룬드만). 그 자체의 신앙근본에 확고히 뿌리내리고 있는 자는 다른 이들의 신앙의 확신들을 존중하는 것이 자유로우며 확신들의 주장 없이 나누는 대화를 허용하게 됩니다. 이로써 만남과 상대적인 신앙증언에 대한 길은 열려졌습니다. 이러한 입장은 기독교 선교의 새로운 통찰을 가능하게 합니다.

5. 기독교적인 신앙과 다른 문화들

기독교 신앙이 항상 다른 종교를 만날 때, 그 신앙은 그들 안에서 자체의 철학과 세계관을 가진 다른 문화들을 만납니다. 바울과 로마제국에서의 초기교회는 이미 이러한 문제에서 게르만의 나라들에 찾아온 첫 선교사들처럼 역시 제외되었습니다. 복음의 문화이식(文化移植)과정은 양자의 경우에 수행되어야만 했습니다.

서방 세계는 특별히 19세기에 서구 기독교 문화로부터 당연한 우월감으로 나아갔기 때문에 문화(文化)이식(移植)의 과제는 단지 부분적으로 보여졌습니다. 먼저 20세기에 이러한 문제가 완전히 새롭게 제기되었습니다. 왜냐하면 성장하는 토착 교회들이 그들 자체의 문화 전통을 가지고 있었을 아시아 즉 다른 종교들의 환경에서 특히 복음이 그들 문화 전통에서 전파되어져야 하는 것이 암시되었기 때문입니다. 그 교회들은 이러한 새로운 과제와 함께 서구 교회가 그들 편에서 그리스-로마와 게르만의 문화로부터 형성되었던 것처럼 동시에 비판적으로 제기하였습니다. 특별히 서구적 형성 형태로 기독교 신앙의 전달을 통하여 그들은 그들 환경에서 기독교 신앙의 실제적인 문화(文化)이식(移植)을 선취하는 일이 방해된 것으로 보았습니다. 그것은 그들을 위한 불필요한 것이었고 "우회하는 길"이었을 것입니다. 그럼으로 토착 종교들과의 만남에서 복음의 실제적인 문화이식에 이르기 위하여 고전적인 선교가 논쟁되었을 때, 새롭고 다른 길을 가는 것이 필요하게 되었습니다. 여기서 나아와 여러 구별된 상황신학자들이 예를 들면 아프리카와 흑인신학들, 아시아의 신학과 여러 해방신학들처럼 발전했습니다. 기독교 선교(宣敎)는 오늘날 간문화적(間文化的)이며 역시 간종교적(間宗敎的)인 대화의 모습에서 이루어집니다.   ↗선교

형성 ────────────────────────

하나님과 종교들에 대한 질문은 이론으로만 논의될 수는 없습니다. 그것은 구별된 종교에 소속된 사람들 사이의 실제적인 공동생활에서 주시하기를 요구합니다. 그들 영역에서 대답을 얻게 되었던 3가지 예들이 분명하게 밝혀져야 합니다.

1. 종교(宗敎)학습에서의 종교들

다른 종교들은 오랜 기간 독일학교들의 종교수업에서 주제가 아니었거나 - 문제가 되지는 않았지만 - 수업의 주변에 포함되어 있기는 하였습니다. 1970년대에 소위 문제 중심의 종교학습의 범주에서 어느 정도의 개방이 이루어졌습니다. 마찬가지로 1990년대 이래로 종교(宗敎) 중립적인 학습의 징후로 이루어지는 근본적 변화가 주목되었습니다. 종교간 학습에 다음과 같은 근본원칙들이 특징적입니다.

- 종교간의 학습은 종교들의 "상부기관에" 어떤 입장을 요구하지 않고, 다른 종교들과의 커뮤니케이션을 목표합니다. 그것은 자체 종교처럼 다른 종교들의 더 좋은 이해를 가능하게 합니다.

- 종교간의 학습은 단지 종교학습의 부분내용을 묘사하는 것이 아니라 여러 가지 학습영역과 학교생활을 위하여 총체적으로 결정적인 과제들의 출제가 묘사되었습니다.

- 종교 간의 학습은 인지적인 작업을 넘어서 실존적인 만남을 힘쓰는 일입니다.

다음의 변화들은 특별히 종교간 학습의 새로운 주도개념이 함께 진행됩니다.

- 인지적인 접근 외에 감성적이며 실천적인 만남이 강화되어 나타납니다.

- 종교간의 학습은 상급반에서 개최되는 것이 아니라 역시 초등학교에서 또는 부분적으로는 유치원들에서 이루어집니다.

- 그것은 배타적인 종교의 관점에서 다루어지는 것이 아니라 그것들의 문화적인 맥락들이 관계됩니다. 역사, 지리, 사회에 관한 정보처럼 다른 과목들과 함께 종교학습의 공동작업으로 시행되게 할 수 있습니다.

- 마침내 믿을만한 정보들과 다르게 믿는 자들의 관계에 대한 노력은 대화 파트너로서 분명하게 해 줍니다.

종교간 학습은 그러한 것들의 고려 없이도 요구하는 바가 많은 모험적인 시도입니다. 종교적 전통의 깨트림은 자신의 종교와 신뢰를 만드는 것과 다른 종교와의 만남이 적절한 관계 안에서 어떻게 설정될 수 있는 지에 대하여 질문이 제기됩니다. 필수적인 기초화 작업은 복잡한 종교체계에 따라 어려운 도전을 뜻합니다. 종교들의 경쟁적인 진리요구가 어떻게 중재될 수 있는지가 원칙적으로 고려해야 하는 일입니다.

2. 다원적인 문화와 세속적 맥락에서 - 무슬림들과의 공동생활

기독인들은 공적인 사회에서 무슬림들을 만나게 됩니다. 그들은 우리의 이웃들이며, 남녀 동료학생들이며, 남녀 대학생들입니다. 상호교환적으로 서로의 접근이 성공하는 것은 아닙니다. 이따금 이해하지 못하는 것, 선입관들, 더욱이 빈번한 공격들이 발생합니다. 서로를 잘 알지 못하는 것이 불안해하는 것들에로 이끌려 집니다. 이슬람은 예를 들면 전통적으로 사적이거나 공적인 삶의 관철을 힘쓰고 있습니다. 그것은 서구적이며 이따금 자유스런 삶의 스타일이 무슬림의 한 부분을 위해서 생소하며, 통합이 어려워지는 데로 이끌어 가게 됩니다.

우리 사회의 이러한 문화 중립적이며 종교 중립적인 다양함은 당연히 어느 정도까지 충돌을 초래하며, 새로운 질문이 던져집니다. 무슬림의 여학생들이 학교의 체육 수업에 참여가 거부되는 것이 용납될 수 있습니까? 독일의 도시들 안에서 이슬람 사원과 또는 사원의 철탑 없이 건물들을 세우려는 계획들에 대하여 사람들은 어떻게 대응해야 할까요? 독일 집들의 지붕 위에서 이슬람의 기도 소리가 들리게 되는 것을 수용할 수 있을까요? 기독교 유치원에서 이슬람의 여교사를 고용해도 좋은가? 이러한 것들이 많은 무슬림으로부터 요구되었고 교회들에서도 원칙적으로 의미 있는 것으로 주목되었습니다. 왜냐하면 통합의 기여를 통하여 전적으로 이끌어져야 하기 때문입니다. 일치성은 독일어 안에서 나누어지는 그 안에서 가능합니다. 즉 기독교 종교수업이 학교관청의 감독 하에서 개최되는 것처럼 말입니다. 그리고 역시 종교자유의 범주 안에서 다른 종교공동체들이 기본법 3부 7조의 의미에서 종교수업을 구분하는데 대한 권리청구를 할 수 있는지? 이에 상응하게 가르치려는 계획수립의 책임을 누가 짊어져야 하는지? 이슬람 편에서, 그 시기에 모든 무슬림을 위하여 말할 수 있는 어떠한 대변자도 없습니다. 해당되는 종교교사 능력의 훈련(교사양성교육)은 어떻게 이루어질 수 있는지? 교사들의 질과 채용에 대하여 누가 결정해야 하는가? 이러한 질문들은 계속 진지하게 논의되어야 할 것입니다.

3. 종교자유와 인권

"모든 사람은 사상과 양심과 종교자유에 대한 요구를 가집니다. 이러한 권리는 자유와 그의 종교 또는 그의 확신을 교환하는 것을 포함합니다. 마찬가지로 자유, 그의 종교 또는 그의 확신을 홀로 또는 다른 이들과의 교제 가운데서 공적이나 사적으로 가르침과 훈련과 예배와 의식의 실천을 알리는 자유도 포함합니다."(인권의 일반적인 해명, 18조).

"신앙과 양심의 자유, 종교적이며 세계관적인 고백의 자유는 해치지 않아야 합니다. 방해받지 않는 종교수행은 보증되었습니다."(독일연방공화국 기본법, 4조).

교회들은 종교자유의 기본법을 위하여 거기서 곧 자기 스스로를 위하여 독점적인 요구를 유도하는 것 없이 특별한 책임을 짊어집니다. 왜냐하면 이러한 기본권은 큰 교회들의 지역적 독점요구에 대항하여 소수들의 권리로서 관철해야만 했습니다. 그것은 원초적으로 국가 본질의 내면에 종교적 확신들의 다원성에 대한 권리를 뜻합니다. 그리고 동시에 교회들에 대항하는 권리처럼 교회들의 권리이기도 합니다. 그것은 부정적 신앙의 자유를 기초하기 때문입니다. 그것은 그 어떤 종교적 확신을 갖지 않는 권리를 뜻합니다. 종교의 자유는 원리적 의미에서 첫 인권을 형성합니다. 그 안에서 인간적 인품의 불가항력성과 이로써 가장 분명하게는 모든 인권들의 근거가 표현됩니다. 행5:29(사람이 사람보다는 하나님께 더 많이 순종해야 합니다.)은 그것이 중요한 질문임을 말하는 것입니다. 인간적 자유의 한계는 궁극적인 의미에서 어디에 놓여 있는가? 독일기본법은 - 세속적인 언어에서 - 그의 알려진 대답을 제공합니다. 즉 "인간의 품위는 침해할 수 없습니다."(제1조). ↗ 국가, 민주주의와 교회

유감스럽게도 여러 종교로 형성된 국가들은 종교 또는 다른 소수들의 인정이 중요할 때, 이러한 인권규정을 성취하는 일에 충분한 상태에 있지 않습니다. 특히 이슬람에서 국가와 종교의 원칙적인 통일과 함께 그것은 연결되어 있습니다. 그

러나 우리는 현대 정치적 힌두교에서 그리스도인들과 무슬림들을 박해하는 현상을 만나게 됩니다. 기독교 소수들의 배척에 대한 질책이 유감스럽게도 수단, 이란, 파키스탄, 인도에서 종교자유의 제한을 여기에 살고 있는 무슬림들을 위하여 몰아가는 것은 우리에게 허락되지 않습니다. 모든 사람들의 종교자유를 위해 위에서 언급된 나라들을 옹호하는 것은 분명 우리의 의무입니다. 교회는 동시에 이러한 자유를 위하여 다른 확신들 이면에 나타날 때, 그리고 이것이 자유·적이며-민주적인 근본 질서가 질문되지 않는 한 종교자유 위에서 부름 받을 수 있습니다. 물론 교회를 위하여 모든 사람의 종교자유를 위하고 바로 위에 언급한 나라들에서 등장하는 의무입니다. 거기서 독일 안에서 실제화 된 종교자유가 지시될 수 있으며 또한 되어야 할 것입니다. 인권들은 나누어지지 않습니다. 그 때문에 그리스도인들을 위해서 이론의 여지없이 그리고 끈기 있게 인권의 주목을 위하여 그리고 이로써 종교자유를 위하여 등장하는 양자택일은 없습니다. 모든 인간이 가지는 가치가 가장 충만한 것은 보호되었습니다. 즉 양심과 자신의 확신에 대한 용기, 진리에 대한 사랑 그리고 지울 수 없는 의미에 대한 그의 희망입니다.

4. 제(第)종교적인 엄격한 시험으로서 세계 민족정신의 프로젝트

1993년 9월에 시카고에서 "종교들의 세계 총회"가 여러 나라들, 문화들, 종교들을 가진 약 8,000명의 사람들이 함께 모였습니다. 그리고 그 모임은 "세계적 사회정신에 대한 선언문"을 통과시켰습니다. 표준적으로 가톨릭의 신학자 한스 큉(H. Kueng)이 영감을 불어넣으면서, 그 어떤 새로운 세계적 통일종교를 만들려는 것이 아니라 지배적인 사회정신의 종교들을 의식 가운데서 드러내는 공동성을 기초하려고 했습니다. 그리고 그것들은 대부분 종교들 안에서 자신을 다시 발견하는 것처럼 "인간성의 4가지 명령"을 첫 진보로 서술하게 됩니다.

- "살인하지 말라"는 계명은 비폭력 문화와 생명 존중에 대하여 의무감을 가지며
- "도둑질하지 말라"는 계명은 연대감의 문화와 정의로운 경제 질서에 대한 의무감을 가지며

- "거짓말하지 말라"는 계명은 관용의 문화와 진정성 안에서의 삶에 대한 의무감을 가지며
- "간음하지 말라"는 계명은 동등성의 문화와 남자와 여자의 파트너 관계에 대한 의무감을 가지는 것이었습니다.

그 프로젝트는 모든 인간들은 도덕적 행동모범의 자연적 법칙은 마음에 기록되었다는 전승된 사상들을 연결합니다(롬2:14). 이로써 그것은 거의 모든 종교들에 그렇게 적용될 수 없는 하나의 기독교적인 뿌리를 가지고 있습니다. 마찬가지로 유대인들을 위해서도 역시 그리스도인들서도 첫 계명과 하나님에 대한 인간의 관계 중심적인 의미가 고려되지 않은채 가능한지가 질문되는 것입니다. 역시 유효한 것은 같은 소리를 내는 윤리적인 요구들과 종교들 내에서의 사상들이 대부분 여러 가지 신학적인 근거들과 그리고 역시 통일성을 보여주지 않는 이러한 계명들의 실천적인 형태를 가진 것들이 기초를 이루는 것을 생각해 보는 것입니다. 세계의 민족정신 프로젝트가 작게 실천에 관계된 프로그램들의 형태에서 역시 그의 요구들을 구체화 하는 것은 그럼에도 환영하는 것입니다.

- 교육의 영역에서 제종교간의 대화, 충돌개정, 교육학적 분석과 실천적인 사용
- 그것은 발전의 공동 작업으로 종교 한계에 대한 실천적 지평위에서 파트너 관계의 협동계획들에로 이끄는 것입니다. 그래서 거대한 국제 컨퍼런스에서 기독교적이며 무슬림적인 협력조직체들의 공동적인 기획들이 결합되었으며, 거대한 종교단체들의 지도적 대리자들이 세계은행과 국제통화기금(IMF)의 프로그램에 여러 번 비판적으로 발표했었습니다.
- 1970년에 구성된 세계평화를 위한 종교 컨퍼런스(WCRP)처럼, 작고 지역적인 주도단체들이 지역적이며 세계적인 지평(地坪)들을 서로 연결하는 노력을 힘쓰고 있습니다. 더 큰 독일도시들 또한 종교단체들 사이에서 더 나은 이해를 위한 구별된 신앙의 사람들로부터 구체적인 만남을 제정하는 WCRP의 - 지역그룹들이 현존하고 있습니다.

비기독교 종교들의 기독교 신앙과의 대화에서 우리는 긴장이 가득한 모순들을 건설적으로 대화하기와 자체의 신앙을 분명히 증언하기와 동시

에 신뢰 가운데서 다른 사람들의 신앙을 인정하기와 신앙에서 빛을 발하는 자극들을 받아들이기를 배워야 합니다. 이로써 신앙의 이해와 실천이 자연스럽게 깊어지게 될 것입니다.

[참고도서]

- 바이어(Beyer, R.) : 간종교적인 대화 - 키워드 또는 기회?, 2000.
- 브릭(Brück, M. v.), 피츠러(Pichler, K.) : 모두가 불교에 대해 알아야 할 사항, 2000.
- 뷔르클(Bürkle, H.) : 하나님을 찾는 인간 - 종교들 문제, 1996.
- 그룬드만(Grundmann, C.) : 진리와 진리성 안에서, 종교들의 비판적인 대화를 위하여, 1999.
- 폰 크레히(von Krech, H.), 클라이밍거(Kleinminger, M.) :
      핸드북, 종교적인 공동체들과 세계관들, (편집), 2006.
- 훔멜(Hummel, R.) : 종교적인 다원주의, 또는 기독교적인 서방세계?, 1994.
- 퀑(Küng,H.) : 세계정치와 세계경제를 위한 세계윤리, 1997.
      같은 방식의 그의 것, Weltethos 프로젝트, 1990.
- 락흐만(Lachmann, R.), 슈뢰더(Schroeder, B.), 로트앙겔(Rothgangel, M.) :
      기독교와 종교들 요소적이며 - 신학적인 - 교수학적인, 2010.
- 라인그루버(Leingruber, S.) : 간종교적인 학습, 2007.
- 렘멘(Lemmen, Th.), 밀(Miehl, M.) : 함께 사는 것, 대화 가운데 기독인과 무슬림, 2001.
- 로트(Loth, H. J.), (Ed.) : 세계 종교의 거울에서의 기독교, 1986.
- 모리첸(Moritzen,M.-P.): 당신은 불교인들을 아십니까?
      기독인들은 불교에 관하여 무엇을 붙을 수 있는가?, 1999.
- 렌즈(Renz, A.), 라임그루버(Leimgruber, S.) :
      기독인과 무슬림, 그들을 연결하는 것과 구별하는 것, 2004.
- 롬멜(Rommel, K.),(ed.) : 다른 사람들이 믿는 것. 기독교적 관점에서 바라본 세계 종교, 1992.
- 슈미드(Schmid, G) : 새로운 종교성의 정글에서, 1992.
- 스트롤즈(Strolz, W.) : 세계종교들의 구원의 길들, 1987.
- 준더마이어(Sundermeier, T.) : 종교란 무엇인가? 신학적인 맥락에서 종교학, 1999.
- 트보롯츠카(Tworuschka, M. u. V.) : 세계 종교들 - 어린이들에게 밝힌다, 2000.
- 볼브란드(Woehlbrand, I.), 아폴더바흐(Affolderbach, .) :
      각자는 이슬람에 관하여 무엇을 알아야 하는가?, 8판, 2010.

1.7 저항 가운데 계신 하나님

인지

"수레바퀴 위의 무신론 사상"(無神論 思想)이라는 주제를 가지고 2009년 5월 30일자 남부독일신문은 기사를 실었습니다. "확신에 찬 무신론자들은 토요일 오늘, 독일전역에 버스 캠페인을 시작한다. '안전에 인접한 개연성에는 어떤 신(神)도 존재하지 않는다'는 플랭카드를 붉은색 2층 버스에 매달고 그들은 6월 18일까지 독일전역의 24개 도시를 순회한다. 이러한 집단행동은 40,000유로(Euro)의 비용이 드는데 조직책임자 카르스텐 프렉크(Carsten Freck)는 다음과 같이 말한다. '우리는 영국의 무신론자, 버스 캠페인의 소식을 - 신(神)이 없는 삶을 긍정적으로 보는 - 독일로 가져오려 한다. 왜냐하면 여기 이 땅에 우리 사회의 근본으로서 계몽주의가 이따금 모든 것에서 오해되었기 때문이다. 비수도자(非修道者), 불가지론자(不可知論者) 그리고 무신론자(無神論者)들은 혼자가 아니라는 것을 알 수 있어야 하며, 이들이 종교 교만에 대항하여 저항하며, 공개 논쟁들에 끼어들도록 격려해야 한다. 왜냐하면 신(神)이 없는 삶이 유익할 수 있다고 생각하기 때문이다. 불안에서 자유하며, 스스로 결정하며, 의식되며, 관용하며 그리고 차별들로부터 자유하기 때문이다."

2005년, 'EU'(유럽 위원회, 특별 유로측정기, 사회적 가치, 과학과 기술)의 조사에 의하면 'EU'의 25개국 중 시민의 52%가 한 분 하나님(神)을 믿는다고 했으며, 이에 비해 18%는 어떤 신(神)도 영적인 능력도 믿지 않는다고 하였습니다. 거기서 유럽 연합 내면에는 아주 큰 차이가 확고하게 놓여 있습니다. 하나님(神)을 믿는 다는 사람들이 말타(Malta)에서는 최고로 95%에 달하며, 에스트란드(Estland)에서는 가장 낮게 16%였습니다. 독일에서는 전체 국민의 47%에 이르렀습니다. 신(神, 하나님)도 영적인 능력도 믿지 않는

다는 사람은 프랑스의 경우 최고 33%였습니다. 독일에서 실시한 설문에서는 25%로 발표되었습니다.

방향

1. 무신론(無神論)과 기독교의 역사

a) 기독교 신앙의 부정

계시하시는 하나님에 대한 기독교 신앙은 오늘날 두 가지 면에서 질문이 제기되었습니다. 한편에서 하나님이 홀로 예수 그리스도 안에서 단 한번 유효한 것을 계시했다는 사실을 실제로 말할 수 있는 지가 의심되었습니다. 다른 한편은 한 분 하나님이 존재하는 지가 논쟁되었습니다. 우리는 이와 같이 기독교 신앙의 진리에 대한 무신론적인 질문처럼 종교적 영역에서도 마찬가지로 하나님에 관하여 질문을 갖게 됩니다.

첫 번 순간에 사람들은 무신론의 영역에서 나오는 것보다 종교의 영역에서 나오는 질문이 이러한 믿음을 더 많이 연결시키고 있음을 짐작할 수 있습니다. 왜냐하면 무신주의가 하나님에 대한 종교적인 신앙을 부인하는 반면 종교적인 질문은 적어도 한 분 하나님의 존재를 위해 개방적이기 때문입니다. 그렇지만 이러한 짐작에는 외면할 수 없는 역사적인 사실이 대립하고 있습니다. 그것은 현대 무신론이 기독교 신앙에서 영향을 받은 세계의 한 현상이라는 데 있습니다. 무신론은 아시아, 아프리카 또는 오스트레일리아의 종교 세계에서 생겨진 것이 아니라 그리스도 안에 계시하신 하나님이 전파되는 곳곳에서 생겨났습니다. 그것은 결코 우연한 것이 아닙니다. 기독교 신앙은 무신론의 생성에 대한 책임이 없는지? 더 많이 되묻게 됩니다. 무신론은 하나님의 존재에 대항하는 그의 본질적인 논증들이 어쨌든 기독교 신앙의 주장들에 따라 형성되었습니다. 이러한 근거에서 하나님의 존재와 부정과의 논쟁은 지난 20세기에 기독교의 전파와 신학에 영향을 미쳤습니다. 우리가 오늘날 하나님에 관하여 무엇을 말하며, 우리가 기독교 신앙에 대한 종교적 물음과 함께 어떻게 다루는지는 만일 무신론이 존재하지 않는다면 다르게 보여 질 수가 있습니다. 우리 시대에 계시하시는 하나님에 대한 신앙의 변호는 무신론을 통한 이러한 신앙의 부정에 대한 적극적인 이해 없이는 가능하지 않습니다.

b) 무신론과 종교비판

그것은 무신론의 생성을 위한 역사적인 이해를 먼저 요구합니다. 무신론은 18세기 계몽주의 안에서 인간의 자의식에 대한 하나의 큰 영향을 입었던 기독교로부터 형성된 것으로 역사에 걸맞게 나타난 후기의 한 현상입니다.

'무신론'(無神論)은 그 개념이 그것을 증명해 줍니다. 유신론(有神論)하에서(이 말은 희랍어 theos에서 만들어진 것) 인격적 세계 창조자에 대한 신앙을 그 시대에 사람들이 이해하였습니다. '무신론' (A-Theis-mus)이란 말은 사람들이 법칙 가운데 있는 세계를 다만 그들 세계의 창시자가 없이 밝혀낼 수 있다는 말이었습니다. 불란서의 천문학자 라프라세(Laplace: 1749-1827)가 "도대체 하나님이 그의 체계 가운데 어디에 자리하고 있는가?"를 묻는 나폴레옹의 물음에 "황제폐하, 나는 이러한 전제를 필요로 하지 않습니다."라고 대답했습니다. 이러한 진술에는 실제로 하나님에 관한 그 어떤 부정도 포함되어 있지 않습니다. 하늘과 땅의 운동법칙은 한 인격적인 세계의 창시자에 대한 가정(假定)없이는 밝힐 수가 없다고 한 이 시대 가장 훌륭한 뉴톤(Isaak August Newton: 1643-1727)과 같은 자연과학자들은 우주의 설치에 대하여 전적으로 창조주와 법칙 부여자의 지혜를 찬양하기를 원했던 것입니다. 그러나 새시대적 자연과학의 발생은 그러한 경우가 아닌 곳에서 실제로 하나님의 존재에 대하여 이러한 과학으로 부터는 그 어떤 찬양의 진술도 만들어 질 수 없음을 뜻했습니다.

그것은 무신론의 판단에서와 하나님의 존재에 대한 논쟁에서 기독교 신앙의 입장을 위한 본질적인 두 가지 실상(實像)을 우리에게 암시합니다.

- 무신론은 새 시대의 과학적인 세계의 해명과 동일하지 않습니다. 하나님 존재의 논쟁에서 무신론은 먼저 계속적으로 그분에게 논쟁하려 할 때 그렇습니다. 이러한 논증은 하나님에 대한 신앙을 하나의 파멸적이며, 인간적인 환상으로서 폭로하려는 소위 종교 비판을 제공합니다.

- 새 시대의 자연과학의 발견들은 의심 없이 종교 비판적인 무신주의 사상의 형성에 중요한 충돌입니다. 그들은 세계의 생성(生成)과 보존(保存)에 관해 그 당시 유효한 기독교의 가르침을 올바르지 않은 것으로 증명하였습니다. 땅이 둥근 공 모양의 하늘 공간으로부터 둘러싸인 우주의 중심에 고정되어 있다고 본 중세기의 프톨레마이우스의 세계관(천동설)은 효력을 잃어버리게 됩니다. 하나님에 대한 신앙의 고유한 관심은 세계에 관하여 분명히 잘못된 이론이라는 개관(槪觀)이 거기서 생겨나게 되었습니다. 이러한 개관은 전혀 근거 없는 것이 아니었습니다. 즉 가톨릭 교회가 중세기적인 세계관(世界觀)과 그것에 결부된 하나님의 직관(直觀)을 너무 오랫 동안 방어해 왔기 때문입니다. 역시 종교개혁의 교회들도 이러한 세계관을 오래토록 가지고 있었습니다.

2. "신의 존재증명"

13세기, 토마스 아퀴나스(Thomas von Aquin)는 아리스토텔레스(BC 384-322)의 철학에 연결하여, 신(神)존재에 대항하여 가능한 항변의 모습으로 신의 존재증명을 소개하였습니다.

- 우주론적 신(神)의 존재증명은 첫 움직이지 않는 운동과 동시에 단순히 필요하며 단순히 존재하는 것이 증명된 처음 원인(原因)이 주어져야 하는 움직이며 변화하는 세계(우주)의 인식에서 추론합니다. 이러한 증명의 전제는 움직이는 모든 것은 하나의 다른 것에서 움직여졌다는 것입니다. 마찬가지로 세상에서의 모든 원인은 다른 원인에 의존된 것이 중요합니다. 즉 각각의 가능성은 하나의 필요성으로 되돌아가며 모든 낮은 존재가 높은 존재에 참여하는 것입니다. 사람들은 원인들의 이러한 사슬로써 필수적으로 희미한 세계적인 원인성들을

넘어갑니다. 다른 한편 그것은 무한한 것에까지 계속되는 것으로 생각할 수 없습니다. 결과적으로 첫 원인이나 또는 움직여지며, 필수적이며, 단순히 존재하는 원인이 가정(假定)되어야 합니다.

• 목적론(目的論)적 신 존재증명은 세상에 있는 모든 것이 목적성을 통하여 특징 지어지며, 하나의 목표를 지향한다는 것에서 시작합니다. 이성이 부여되지 아니한 사물과 생명체는 스스로 목표를 설정할 수가 없기 때문에 이성과 함께 부여된 본체로부터 유도되어야만 합니다.

토마스(Thomas von Aquin)는 이러한 본체의 표시에 의하여 아주 조심스럽게 표현하였습니다. 그는 "그것을 모두가 하나님으로 부른다"고 말했습니다. 그는 하나님의 존재를 위한 그 어떤 엄격한 증명을 끌어내지 못했던 것에 의식되었습니다. 그것은 하나의 인간적인 합의, 첫 원인제공자, 마찬가지로 첫 유도하는 이성을 하나님으로 부르는 것입니다. 그의 신 존재증명들은 이미 중세기에 논쟁적이었습니다. 예를 들면 무엇인가 스스로 충돌하고 다시 아무것도 없는 무(無)로 가라 않는 원인들을 또한 제시할 수 있습니다. 최후의 원인이 하나님이라는 주장을 위해 원인들의 사슬들의 깨트림은 거기서 인간적인 자의적 행위처럼 보여졌습니다. 하늘과 땅에 유효한 운동(運動)법칙과 관성(慣性)원리의 발견을 통하여 이러한 신 존재증명(神存在證明)은 완전히 불가능하게 되었습니다. 존재 안에서의 사물의 운동과 지속성을 밝히기 위하여 신적인 초래의 가정은 더 이상 필요하지 않았습니다.

임마뉴엘 칸트(1724-1804)는 형이상학에 대한 그의 포괄적 비판에서 인간적인 이해력은 인간이 하나님을 하나의 자연과학적 정황으로 만들 때, 그의 한계를 뛰어넘게 된다는 것을 적절히 증명하였습니다. 우리의 이해력은 시간과 공간 안에서 사물과 정황을 판단하는데 적용됩니다. 그러나 시간과 공간의 저편에 대해서는 아닙니다. 모든 신 존재증명들은 칸트에 따르면 이미 하나의 앞서 분명하게 있는 신의 개념에서 근거 없는 추론으로 보일 뿐인 것입니다. 칸트는 그것에 대하여 두 가지 예를 말해 줍니다.

• 켄터베리의 안셀름(1033-1109)의 소위 존재론적인 신 증명(희랍어로부터 "위

에" 존재하는 것)은 그가 필수적으로 존재해야 하는 하나님으로 정의합니다.

- 레네 데카르트(1596-1650)는 이러한 증명을 수용하고, 다음과 같이 논증하였습니다. 즉 하나님은 완전한 본체(本體)입니다. 존재는 완전성에 속합니다. 하나님이 존재하지 않는다면 사람들은 그를 완전한 본체로 정의할 수가 없습니다. 우리가 완전한 본체의 개념을 형성할 수 있을 때, 비로소 존재한다는 것이 이루어지는 것입니다.

더욱 "모든 것을 갈아 분쇄하는 자" 칸트는 거기까지 알려진 모든 신 존재증명들을 반대했습니다. 마찬가지로 그는 하나님을 도덕적인 세계 질서의 보증자로 요구하였습니다.

모든 현세적 일들의 최후의 원인으로서 순간에 등장하시는 하나님은 사람들이 전적으로 완전한 존재로서 소개할 수 있는 소위 가장 표면적인 것입니다. 그들은 궁극적으로 거기서 말하는 것을 결코 파악할 수 없습니다. 그들은 하나님을 단지 접근방식에서 모든 인간적이며 세상적인 것들을 뛰어넘어 넓게 그를 들어내는 특성들과 함께 말하기를 시도해 볼 수 있을 것입니다.

3. 숨겨진 하나님과 계시하는 하나님

형이상학적 신인식(神認識)의 모든 시도들은 이러한 하나님이 왜 인간과 공동의 역사를 가져야 하며, 왜 그분이 인간과 세계에 스스로 가까이 오시며 한 인간의 죽음에까지 들어와 자신을 낮추시는지를 밝혀 줄 수는 없습니다. 그러므로 형이상학의 하나님은 기독교 신앙의 계시하는 하나님이 아니라 이해할 수 없는 세계의 근원자이며 우리에게 깊이 숨겨지신 하나님인 것입니다.

숨겨지신 하나님이 무신론적 종교 비판의 고유한 대상이 된다면, 이러한 비판은 실제로 계시하는 하나님에 대한 기독교 신앙을 다만 조건적으로 마주치는 것입니다. 이러한 신앙은 물론 인간적인 하나님 상(像)에 대하여 더 많은 비판을 가하게 되는데 그 이유는 그 상들이 하나님을 인간에게서 무한히 멀리계시는 분으로 소개하기 때문입니다.

종교개혁에서 이러한 비판은 성서적 하나님의 신앙에 대한 새로운 생각들에 근거하여 아주 분명히 시행되었습니다. 루터에 따르면 인간의 이성(理性)이 세상의 관계들에서 그려내는 하나님의 상(像)들은 근본에서 하나님의 일그러진 형상(形像)들 입니다. 인간들은 하나님과의 경험을 만들어 낼 수 있으며, 그의 작용을 이성으로 또한 인지할 수 있습니다. 만일 그들이 이러한 하나님이 누구이며, 어떤 분인지를 연구하기를 원한다면 "하나님과의 술래잡기와 공허한 실책을 저지름"이라고 대담하게 말할 수 있는 것처럼 이성(理性)은 그렇게 합니다. 이성은 우리에게 숨겨지신 한 분 하나님을 보게 합니다. 궁극적으로 그것은 우리에게 숨겨진 하나님을 보여줍니다. 그 불가사의한 힘은 우리들로 하여금 소름끼치게 할 수 있습니다. 그래서 하나님은 우리에게 당연히 한 악마처럼 보이는 것입니다. 루터의 충고는 이러한 시도에서 손을 떼야한다는 바로 그것이었습니다. 오히려 우리는 예수 그리스도 안에서 그리고 창조주로서 온전히 사랑과 은혜를 통하여 그의 피조물들을 위하여 결정하신 자신을 계시하시는 하나님에 대한 믿음을 더 많이 가져야 합니다.

4. 창조주로서 하나님과 하나님을 향한 질문

a) 창조주로서 계시하는 하나님
16세기와 17세기의 개신교 신학에 관한 루터의 충고는 유감스럽게도 반영되지 않았습니다. 그것은 오히려 신(神) 존재증명과 하나님의 고유성에 관한 가르침의 형이상학적인 전통에 다시 연결합니다. 종교개혁이 밝했던 세계의 상승하는 과학적 연구평가의 새로운 가능성들은 전적으로 흔들리게 되었습니다. 왜냐하면 계시하는 하나님에 대한 믿음은 종교개혁의 중심에 서 있었던 것처럼 교회적으로 권위를 가졌던 세계관의 핸디캡으로부터 유도되지 않은 자연에 대한 인식에서 자유하기 때문입니다. 종교개혁시대 비텐베르그에서 코페르니쿠스(1473-1543)의 태양 중심적인 체계는 천체의 과정에 대한 토론에서 논의될만한 새로운 해명으로 가르쳐질 수 있었습니다. 동시에 프로테스탄트 신학자였던 천문학자 요한 케플러(1571-1630)의 선구적 지식은 창조주의 찬양에 대한 기여로 이해되었습니다.

형이상학적 세계관의 극복은 세계의 자연과학 지식이 창조 신앙에 어떤 입장을 가져야 할지를 보여주려는 과제를 제기합니다. 무신론 논쟁의 이면에서 창조주에 대한 신앙은 세계의 자연과학적 연구에 대립하지 않는다는 것을 분명하게 하는 것이었습니다. 믿음은 우리가 분명히 그의 사랑과 자비의 계시를 통하여 하나님을 아는 것처럼 하나님이 자신의 법칙을 가진 하나의 독립적인 실재를 만들었던 그 창조를 더 많이 이해하게 됩니다. 그것은 하나님이 이러한 현세적인 실재에서 우리와 관계되지 않는 방식으로 임하신다는 것을 배재하지 못합니다. 이러한 현재의 징후에 따라서 우리는 계시하시는 하나님을 아는 한 질문해도 좋을 것입니다. 그러나 그것은 동일하게 자연과학적인 방법으로 이루어지는 것은 아닙니다. 하나님의 현재의 징조가 어떻게 우리의 삶에 적중되며, 불안하게 하는지가 더 중요합니다. ↗창조

b) 인간 존재와 하나님의 물음

형이상학의 종말에 따라 신학과 교회를 위한 두 번째 도전은 지금 인간 존재를 위한 하나님의 의미가 사람들로부터 순간적으로 강화되어 나타

나는 거기서 발생합니다. 하나님은 자연과학적으로 증명할 수 없습니다. 그러나 대부분의 사람들은 그럼에도 불구하고 하나님을 믿는 것, 또는 적어도 하나님에 관하여 질문하기를 중단하지 않습니다. 그 때문에 사람들은 질문해도 좋을 것입니다. 즉 왜 믿음과 하나님에 대한 물음은 모든 무신론적인 예언들에 비하여 사라지지 않는 것일까요? 그것은 하나님과 관계를 갖는 것이 인간의 본질에 속한다는 것과 관련이 있습니까? 그래서 그리스도의 교회는 계시하는 하나님에 대한 믿음에서 나오는 것을 말합니다. 또는 하나님을 믿는 모든 사람들이 거대한 파멸적인 오류에 빠지는 것입니까? 무신론자는 종교가 인류의 잘못 발달된 일 중의 하나라고 평가하고 있으며 또한 그렇게 주장하고 있습니다. 무신론과의 논쟁은 그래서 인간이해를 위한 핵심에 놓인 논쟁입니다.

5. 무신론적 입장들

a) 루드비히 포이어바흐의 기획이론

신이 있다는 것을 증명하지 못함에도 불구하고 인간이 신을 믿는다면 그것은 인간의 삶속에 하나의 근거를 가져야 합니다. 종교비판적 무신론은 이러한 근거를 알아낼 수 있을 것이라고 생각합니다. 그는 종교의 성립은 한 분 신(神)이나 신들에 대한 믿음을 가지고 인간의 삶의 결정적인 결핍을 극복시켜야 하리라는 것을 주장합니다. 신(神)이나 신들은 삶에 등장하는 동경심과 소원하는 것들을 충족시켜야 하지만 그러나 인간적인 능력으로서는 실현될 수 있게 할 수 없습니다.

이러한 개관은 무신론의 확산에 큰 의미를 얻었던 소위 포이어바흐 [1804-1872]의 기획이론의 핵심입니다. 포이어바흐 이후 한편 인간은 자신 스스로부터 한 종(種)의 본체로서의 자의식을 가지게 됩니다. 다른 한편 그는 하나의 개체(個體)입니다. 종의 본체로서 인간은 무한한 가능성들을 가집니다. 그러나 그는 개체로 한정됩니다. 이러한 한계를 제거하기 위하여 그는 하나의 신에게서 종의 특성들을 투영합니다. 그는 그것들을 한 다른 본체의 특성들로 경배하고 그의 소원들이 하나의 영원한 불멸의 삶에 따라 실현하도록 기대합니다. 그럼에도 불구하고 진리 안에서 인간은 가난하게 되며 그의 고유한 인간의 본질과 존재에서 소외됩니다. 종교는 종교가 하늘의 것에다 이러한 능력을 낭비하게 될 때, 현세적 삶의 모습에서 인간의 능력을 약화시키는 것입니다. 종교 비판의 과제는 인간에게 그의 특성을 다시 부여하는 것입니다. 신학은 인간학으로 옮겨야 합니다. 그것은 인간에게 영향을 미치게 될 때, 인간 스스로 최고의 본체임이 이루어지게 됩니다. "인간은 인간에게 하나의 신이다(Homo homini deus est). - 이것은 최상의 실천적인 원칙이며, 세계 역사의 전환점인 것이다".

  포이어바흐와의 논쟁에서 언제나 암시되는 것은 실제로 아무것도 새롭게 말해진 것이 없다는 것입니다. 인간들은 실제로 모든 시대에 그들의 고유한 형상들에 닮아 있는 신들(우상)을 만들었던 것입니다. 절대적 특성들로써 허용된 최고의 본체는 그렇게 스스로 만들어진 신(神)일수가 있습니다. 우리가 형이상학적 신(神)이해에서 보았던 것처럼, 그럼에도 불구하고 이러한 신(神)은 기독교 신앙에서의 하나님은 아닌 것입니다. 포이어바흐가 이러한 신(神)을 인식했다면 그의 비판은 이러한 신앙에 해당하는 것은 아니었을 것입니다. 그러므로 사람들은 이러한 주장에 주의해야 합니다. 포이어바흐의 종교 비판은 원칙적으로 하나님의 특성들에 관한 형이상학적 가르침을 지향하고 있음이 올바른 이해입니다. 거기서 그의 비판은 단호하게 기독교 신앙의 특별한 진술을 부정하고 있는 것입니다. 바로 예수 그리스도 안에서 하나님의 인간되심에 대한 신앙은 포이어바흐에게는 종교가 모든 사람들을 하나님에게 맡기는 것임을 증명하는 것이었습니다. 종교자체는 하나님과 다른 사람들을 사랑하고 인내하게 하는 위대한 인간적인 능력들을 격려해 줍니다. 바로 가장 인간적인 것은 기독교 신앙에서는 하나님의 일로 만들었습니다. 그 때문에 포이어바흐에 따르면 이러한 신앙은 종교의 근본 전형으로서 투쟁하는 일이 되는 것입니다.

b) 해방운동으로서 무신론

기독교 신앙의 특수성에서 무신론적 종교 비판의 방향은 무신론을 위해서 하나의 중요한 결론을 가지게 되는 것입니다. 무신론은 하나님에 대한 기독교적 신앙의 요구를 참된 인간적인 삶에로 이끌어야 하며, 이러한 신앙으로서 더 잘 인지해야 합니다. 더욱이 명목상의 환상으로부터 인간의 해방은 홀로 이룰 수는 없습니다. 어떻게 인간의 삶이 하나님에 대한 신앙 없이 실현될 수 있는 지는 실증적으로 보여주어야 합니다.

그것은 포이어바흐에 의하여 인간성의 훈련에서 '나와 너'로서의 삶에 의무화된 인간에 관한 가르침으로써 이루어집니다. 그럼에도 불구하고 칼 마르크스(1818-1885)는 인간의 최고의 본체로서 인간을 증명하려는 요구는 해결될 수 없다는 것을 올바르게 인식하였습니다. 특히 초기 자본주의 시대에 프롤레타리아의 사회적인 고난은 개별적인 지원을 통해서 바꿀 수가 없었습니다. 인간 최고의 본체로 인식한 포이어바흐의 인간론은 마르크스 이후에 인간은 굴복하고 노예화되며, 의존된 하나의 경멸된 본체로서 모든 관계를 포기하기를 오히려 '범주적 명령' 안에서 확인되게 해야 합니다. 종교의 비판은 마르크스에 의하여 사회적 고난으로부터 해방하는 하나의 정치적 이론이 되었습니다.

종교는 이러한 이론의 결과로서 실제로 사회적인 관계의 표현인 것입니다. 그 종교는 동시에 저편의 세계에 대한 망상적인 행운을 약속하고 있는 한 고난에 대한 항거입니다. 이런 뜻에서 종교는 "백성의 아편"으로 적용하게 됩니다. 종교는 고난에 따라 마비시키며, 그럼에도 불구하고 그 고난을 변경시키지 못합니다. 이러한 변화가 프롤레타리아적인 혁명과 사회주의적인 사회관계들의 창조를 통하여 이끌어질 때, 종교는 그들의 기능을 상실하게 되었습니다. 종교는 소멸되는 것입니다.

c) 습관성 무신론

마르크스적 무신론(無神論)과 기독교의 논쟁에서 하나님에 대한 믿음으로부터 긍정할만한 관심사를 위하여 나타나진 것이 정당하게 항상 다시 제기되었습니다. 하나님의 피조물들이 약탈당하고 압제받는 본체가 아니어야 합니다. 역시 기독교 종교가 그러한 약탈과 억압에 참여했거나 참여하기 때문에, 그것은 마르크스적 종교비판으로부터 정당하게 비판되었습니다. 마르크스적 의미 안에서 사회의 변화와 함께 종교가 사멸한다는 주장은 완전히 거부합니다. 한편 그것은 모든 동유럽의 나라들에서 살아남은 교회의 존재가 증명해 줍니다. 다른 한편 무신론이 종교의 소멸에 근거하여 이런 나라들 안에서 주민들의 압도적인 부분의 삶의 입장이 되지는 않았습니다. 그것은 다만 적잖은 집단적인 선전활동과 강력한 행정적인 조치(措置)안에서 오히려 국가권력의 엄청난 압력 때문에 이루어졌습니다. 물론 많은 백성의 그룹들에서 벌써 널리 퍼진 종교적인 생활 삶의 피폐함과 19세기와 20세기의 사회적인 대변혁의 조건아래서 신앙의 계속전달을 위한 교회들의 불충분한 노력들이 국가의 의도들을 오히려 환영했던 것입니다. 특히 세대들을 통한 습관에 근거하여 동독(DDR)안에 확고하게 자리 잡았던 집단 무신론은 그렇게해서 생겨났습니다. 무신론은 그들의 붕괴에서 살아남고, 동독의 연방주(東獨聯邦州)들 안에서 일상의 문화와 공개적인 토론의 본질적 요소가 될 수 있었던 것은 분명합니다.

하나님에 관하여 아무것도 더 알지 않거나 알기를 원하지 않는 이러한 습관적 무신론에서 해방운동의 불이 아직 흔하지 않게 불타고 있음에도 불구하고 습관적 무신론은 신앙의 삶에 가까운 토대처럼 사회적인 소수로서 기독인들로부터 동일한 요소들을 요구합니다.

d) 무신론과 허무주의

하나님은 존재하지 않으며, 인간 세계와 아무런 행동이 없다면 지상에서의 인간의 삶은 진화의 우연적 생산물처럼 보일 뿐입니다. 인간은 언젠가 다시 사라질 "우주의 가장자리에 처한 집시 족들"(J.Monod)로 보일뿐인 것입니다. 우리는 그 어디에도 속하지 않았습니다. 우리의 삶을 위한 그 어떤 의미도 알지 못합니다. 우리가 현존(現存)하는 시대에 행하는 것이 완전한 냉대를 받고 있습니다. 그것이 무신론이 깨달아야 할 상황입니다. 실제로 그러한 경우가 마르크스 레닌주의에 의하여 막다른 골목에 이르게 된 것처럼 무신론이 환상주의적 사이비 종교가 되기를 원치 않는다면 말입니다.

이러한 상황을 올바르게 설명해 주는 고전적인 텍스트가 있습니다. 사람들이 무신론을 다룰 때, 그것을 잘 알아야 합니다. 프리드리히 니체(1844-1900)의 "즐거운 과학"에 나오는 격언(Aphorismus) 125장 입니다. 니체는 거기서 밝은 대 낮에 등불을 켜고 "나는 신을 찾고 있습니다. 나는 신을 찾고 있습니다"고 소리치는 한 어리석은 사람을 그려놓고 있습니다. 시장에서 사람들이 그를 둘러서서 "그는 사라졌는가?"하고 그들이 질문합니다. "그가 어린아이처럼 사라졌는가? ....또는 그는 숨어있는가?", "그가 우리를 두려워하는가?", "배를 타고 저 먼 곳으로 가버린 것인가?" 이것들은 거기에 제기해 놓은 어리석은 질문들입니다. 우리는 도처에서 비슷한 방식의 상습적인 무신론을 만나게 됩니다. 사람들은 하나님이 허수아비인 것처럼 그분의 사라짐이 우리의 삶에 그 어떤 의미도 갖지 못하는 것처럼 그렇게 행동합니다. 하나님없는 인간의 즐거운 삶은 오히려 먼저 바르게 시작합니다. 이러한 확신은 신을 죽였던 사람들이 지금 처하여 있는 확실한 상황을 밝히기 위하여 그 범주에서 벌써 "법석대는" 타락한 사람들을 필요로 한다는 것이 그렇게 깊이 자리 잡고 있습니다.

그 어리석은 인간은 질문합니다. "이 세상을 그들의 태양으로부터 해방시켰을 때, 우리는 무엇을 행하였는가?, 지금 그것은 어느 쪽으로 움직이고 있는가?,

우리는 지금 어디로 움직이고 있는가?, 모든 태양들로부터 계속되는가?, 계속적으로 우리는 추락한 것이 아닌지? 뒤로, 옆으로, 앞으로, 모든 면에 따라 그런 것이 아닌지?, 역시 위와 아래가 있는지? 우리는 무한한 허무(虛無)를 통한 것처럼, 잘못하고 있는 것은 아닌지? 텅 빈 공간이 우리에게 입김을 불어넣은 것이 아닌지? 신은 죽었습니다! 신은 죽음에 머물러 있습니다! 우리가 그를 죽였습니다! ......이러한 행위의 크기가 우리에게 너무 큰 것이 아닌지? 우리가 그 신들의 신분을 나타내려면, 우리 스스로 신들이 되어야 하는 것이 아닌가?"

"신의 죽음"의 경험은 인간이 자신 스스로를 온전히 되돌려버린 거기에 생겨납니다. 아무것도 그를 붙들지 못하며, 아무것도 그를 구금시키지 못합니다. 인간이 타산적으로 이웃과 사회적인 불의의 문제들을 돌보아야 하는 그 어떤 이유도 없습니다. 자신 스스로 허무에 대항하여 무의미를 주장하는 것이 문제입니다. 니체는 기독교가 아무것도 기여할 수 없다는 그것 때문에 특히 다투었습니다. 그의 판단에 따르면 "하나의 동정의 종교나 또는 군맹(群盲)의 한 종교"입니다. 개별 인간에게는 힘이 없습니다. 스스로 한 분 하나님(神)인데 즉 인간은 신의 죽음 이후의 상황을 스스로 극복하고 어려움을 견딜 수 있는 더 높은 전형적인 인간으로 존재하는 것을 뜻합니다.

e) 인간의 과도한 요구로서 무신사상(無神思想)

만일 니체가 그의 초인(超人)에게 처방했던 끔찍한 고독을 자세히 관찰한다면 무신론자들로서 그들의 상황을 전혀 이해하지 못했던 시장(市場)에서 사람들은 거의 상당수의 무신론자들을 설득하려했습니다. 그것은 모든 사람들을 구제할 수 없는 다만 자신 스스로에게 제시된 "초인"(超人)이어야 하는 과도한 요구였습니다. 니체(Nitsche)가 '신의 죽음 이후'에 새로운 인간을 그렇게 생각했던 것처럼 그렇게 근본에서 아무도 그렇게 살 수 없으며, 아무도 그렇게 살지 않았습니다. 인간이 그의 현존(現存)에서 하나의 신적인 즉 그것은 절대적인 행위를 완성하는 개념에서 그들은 유한하며 상대적인 본체(本體)로서의 자신을 필수적으로 소모시켜야만 했습니다. 시장바닥에서 멍하니 입 벌리고 바라보며 시시한 익살꾼으로 취급하는 거창한 말들의 무신론(無神論)이 사소한 무신론으로 사라지게 되는 것은 결코 놀라운 일이 아닙니다. 이러한 무의미성이 역시 항상 더 많은 사람들이 다원적인 사회에서 휘몰리게 하는 사회주의적인 관계를 지속했던 습관성의 무신론에서 만나게 됩니다. 무신론이 삶에서 그 어떤 지평을 제공하지 못하기 때문에 그것은 실제적인 삶의 기술에서 억압과 무감각이 되게 합니다. 무신론에서 실증적인 근거와 지지대가 결핍되어 있기 때문에 그 사상은 인간들에게 인간을 적대시하는 이념의 모든 방식으로 마음대로 처리하게 됩니다. 독일과 다른 유럽의 여러 나라들에서 무신론의 대중적인 확대는 그의 진리에 대한 어떤 증명도 그 때문에 제시하지 못합니다. 그것은 이러한 삶의 진리와 하나님에 대한 물음을 포기했던 인간적 삶의 근본적인 위험을 더 많이 암시해 주고 있는 것입니다.

f) 새로운 무신론

21세기의 첫 10년에 철학자들과 생명과학자들을 통하여 특히 영어권에서 하나님과 위대한 종교들에 대한 신앙의 각 방식에 대한 비판이 강하게 강연되었습니다.

이러한 비판자들은 2006년이래로 "새로운 무신론자들"로 표현되었습니다. 그들의 글들과 공개적인 입장에서 리차드 도우킨스(R. Dawkins), 다니엘 데넷(D. Dennett) 그리고 미셀 온프레이(M. Onfray)같은 과학자들은 정치적이며 도덕적인 관점들에서 종교들의 영향에 대하여 투쟁적인 방식으로 대응하지도 않았으며, 일반적으로 하나님에 대한 신앙을 비과학적인 것으로 인류와 인간에게 해로운 것으로 표현합니다.

영국의 생물학자 리차드 도우킨스(1941년생)는 2006년에 출판한 책 "하나님의 헛된 망상"과 함께 많은 주목할 점을 발견했습니다. 도킨스는 많은 지식인들이 지금까지 종교의 부정적인 면들의 비판으로부터 멀리했던 "잘못된 관심"을 거절하기를 요구합니다. 그는 특히 기독교와 유대교와 이슬람에 대항하여 보편적인 "맹목적인 신앙"으로서 하나님에 대한 신앙을 모든 과학적인 토대가 없으며, 다만 그의 사회적인 수용을 통하여 미신의 다른 형태들로부터 자체를 구별해야 하리라는 것을 공격합니다. 사람들은 이러한 잘못된 신앙을 해결해야하며 또한 해결할 수 있다는 것입니다. 그것은 - 같은 방식으로 아이에서처럼 그 언젠가 공상적인 친구로부터 동반된 관념은 그가 성인이 되기 위해서 포기해야 한다는 주장입니다.

"새로운 무신론자들"의 책임은 기독교의 근본주의적인 범주에서 그들의 거절을 보기위해 특히 미국에서 주도된 진화론과의 관계에서 적지 않은 규모에도 불구하고 신앙을 향한 그들의 이의(異意)제기들은 미국의 정황과 그들의 특별한 질문들의 입장에 결부되지 않았습니다. 오히려 신앙과 불신앙 사이에 항상 다시 토론된 물음들이 공격되었고 묶여져 판단된 채 첨예화되었습니다.

뵈르터(M. Woerther)는 새로운 무신론자들의 논증전략들을 다음과 같이 요약합니다.

- 역사의 과정은 다만 기독교의 과정일 뿐 아니라 인류의 과정이 한 분 하나님의 존재를 대체로 비개연적(非蓋然的)인 것보다 더한 것으로 만듭니다.
- 인간의 진화(進化)는 그의 존재가 하나님으로부터 원했던 것이 아니라 자연 역사의 한 우연적인 현상이라는 것에 대하여 의심하게 하지 않습니다.
- 비록 인간의 의식(意識)이 존재한다 할지라도 이러한 현상은 그렇게 자체를 넘어 가리키지 않습니다. 다만 하나의 세계가 있으며 두 번째 세계는 아닙니다.
- 인간이 스스로 생각하기를 시작하고, 그의 이성을 사용 하자마자 그는 어떤 하나님도 존재할 수 없다는 것을 알아야만 합니다. 모든 현상들은 물질에서 생겨

나며, 그들의 영예로운 법칙성을 따르게 됩니다.

여기서 계몽주의 이래로 항상 다시 제시되었고 19세기에 포이에르바흐와 엥겔스와 헤겔이 모범적으로 중요한 역할을 했었던 이의(異意)들과 문제제기들이 새롭게 되었던 것은 분명합니다.

19세기의 입장들과 논증들에 바로 이러한 접근은 신학자들에 의한 비판과 마찬가지로, 전적으로 종교비판적인 철학자들에 의하여 충돌되었습니다. 철학자 헤어베르트 슈네델바흐는 도우킨스를 향하여 물었고, 그렇게 주석을 달았습니다. "그것은 구소련에서 국가종교로서 그를 있게 했던 것처럼 투쟁적이며 신앙고백적인 무신주의입니다. 그의 논증들은 19세기 이래로 알려졌으며, 알려진 사람들은 단지 아직 지루해 할 수 있습니다."

신학자 리차드 슈뢰더(R.Schroeder)는 종교학적 지식에 대한 이목을 끄는 결핍을 밝히며, 언어와 사고방식과 교리적인 공리주의로부터 영향을 받은 동독(DDR)의 무신주의와 함께 새로운 무신론자들의 추진력의 진척을 암시합니다.

계몽주의 작업을 계속 이끌려는 의도에 관하여 먼저 자체의 명칭인 "드 브라이츠"(The Brights, 영어로, bright, 밝히는, 분명한, 반짝이면서 등)는 선포하지 않습니다. 그러나 그러한 표시하에서 2003년에 새로운 무신론(無神論)의 중요한 남녀 대변자들이 전 세계적 조직체를 결성했습니다. 그렇지만 인간의 해방을 목표하는 무신론(無神論)의 전통들은 새로이 수용되었고, 계속 이끌어졌습니다. 사회적 요구들을 통하여 저 기독교 학교들(그렇게 도우킨스와 다른 이들이)의 금지 이후에 또는 "그리스도의 승천 축제일"을 "진화의 축제일"(독일 기오르다노-브루노-재단, Giordano-Bruno)을 통하여 대체한 이후 벌어진 대학과 단순한 공공 미디어 영역 사이에 논쟁이 기대되었습니다. 새로운 무신론 대변자들과의 비판적인 대화는 오래전 미디어를 통한 한정된 공공영역에서 실시되고 있습니다. 사람들은 "오늘날 무신론자가 있어야 하리라"(M. Onfrey)는 주장에서 기독인들은 - 계몽주의로 되돌아가는 것

없이 - 신학적으로 반영했던 그리고 하나님의 신뢰에서 나아온 신앙과 삶에 대한 책임있는 초대를 만날 수 있을 것입니다.

6. 인간의 인간성과 하나님에 대한 신앙

a) 자아 비판적으로 믿는다.

하나님에 대한 기독교 신앙이 인간존재의 진리를 위해 계속적으로 무신론(無神論)과 차별을 드러내도록 요구할 때, 그것은 세계관적인 성찰의 태도 밖에서 생겨날 수는 없습니다. 무신주의는 기독교회들에게 아직 그들의 역사에서 동반되었던 법규위반(法規違反)들, 더 많게는 인간에게 행한 범법행위(犯法行爲)들을 정당하게 비난합니다. - 사람들은 단지 십자가 행렬의 범주에서 저지른 무절제 행위와 유럽에서 광포하게 행했던 종교적으로 동기화된 전쟁들 그리고 비판자들과 다르게 생각하는 자들에 대한 폭력에 대한 것을 생각합니다.

b) 하나님 - 특허권 대답이 아니다.

마찬가지로 하나님에 대한 신앙이 무신주의 편에서 제기되고 있는 단순한 질문들에 특허권을 가진 대답방식으로는 설명될 수 없다는 것이 분명합니다. 게다가 소위 신정론(神正論)의 질문이 포함됩니다. 그것은 자연과 사람들에게서 원인이 되었던 아주 많은 무의미한 고난을 허용하는 것이 어떻게 하나님의 정의(正義)에 일치하는지에 대한 질문을 뜻합니다. 이러한 고난은 게오르그 뷔히너(Georg Buechner: 1813-1837)의 '단톤의 죽음'에서 뜻하는 "무신론의 절벽"이기도 합니다. 20세기의 전체주의적인 독재자들과 전쟁들을 통하여 상상할 수 없는 엄청난 규모를 받아들였습니다. 그들 이면에서 남녀 기독교인들은 십자가의 하나님이 우리 역사에서 고난을 받으면서 동행하고, 그 안에서 마술적인 초능력을 행하지 않는다는 것을 배워야만 했습니다. 바로 무신론(無神論)과의 논쟁에서 믿는 자는 스스로 질문하는자요, 의심하는 자요, 고난 받는 자라는 것을 감추지 않아야 할 것입니다!　　　↗ 하나님이 자신을 나타내신다, 하나님의 활동

c) 삶의 의미

만일 하나님과의 관계 속에서 살게 되었다면 이러한 전제하에서 인간 존재에 결코 모순되지 않는다는 것이 유효할 수 있으며 역시 유효하게 되어져야 합니다. 더 새로운 신학에서 인간은 의식된 존재에 근거하여 열려진 본체이며, 결코 물질적인 관계들에서 이와같이 개방되지 않는 어떤 의미를 갖는 것에 항상 다시 암시되었습니다. 우리는 모든 부여된 것들을 뛰어넘는 인간으로서 자유로운 자들입니다. 우리는 존재의 비밀을 느낄 수 있으며, 경건하게 마음으로 인지할 능력이 있습니다. 우리는 - 그것이 오늘날 특별히 중요한데 - 궁극적으로 우리에게 그 어떤 다른 사람이나 그 어떤 현세적인 판단기관이 결코 제공해 줄 수 없는 삶의 의미에 관하여 질문합니다. 왜냐하면 이러한 질문은 우리가 적극적으로 추구할 수 있을 하나의 궁극적인 목적을 지향하지 않기 때문입니다. 우리가 세상에서 도달하는 각각의 목적은 이미 낡아 있으며, 그래서 우리는 끝없는 선 상에서 언제나 낡아지는 목적들에로 움직입니다.

삶의 의미에 대한 질문을 사람들은 그 때문에 스스로 대답할 수가 없습니다. 그것은 부모, 친구, 그룹, 더욱이 사회가 행할 수 있는 것처럼 다른 이들이 들어주는 하나의 관계에서 나아옵니다. 사람들은 그런 관계 안에서 탄생된 것을 느끼며, 그들이 실제로 속하여 있는 장소를 아는 것입니다. 그것에 비하여 그들은 그 어디에도 속하지 않으며, 아무도 그들을 용납하지 않는 경험에 근거하여 무의미(無意味)를 느끼는 것입니다. 사람들이 제공해 줄 수 있는 모든 의미는 이러한 무의미로부터 위협받게 되었습니

다. 왜냐하면 사람들은 궁극적으로 효력있는 의미의 운반자가 아니기 때문입니다. 그들은 유한하며, 연로해지며, 실수하는 자들입니다. 그들은 모두 스스로 어떤 사람도 제공해 줄 수 없는 의미에 관한 궁극적으로 효력있는 위로에 의존되었습니다. 그러나 그것은 인간이야말로 그러한 위로를 허락하시는 분이 하나님이라는 사실에 대하여 그들 본성으로부터 열려 있음을 뜻합니다.

d) 하나님을 위하여 지음 받은 존재

그러한 깊은 생각들은 분명히 새로운 신 존재증명의 질(質)적인 것을 갖게 할 수는 없습니다. 이러한 방식에서 절대적인 의미 부여자로 증명되어져야 했던 그 하나님은 다만 인간적인 소원의 상(像)으로 존재하는 의심의 권리로 있을뿐 입니다. 그럼에도 불구하고 인간을 넘어서 표현된 깊은 생각은 하나님에 관한 질문이 왜 새롭게 생겨나는지를 분명하게 할 것입니다. 만일 인간들이 하나님을 믿는다면 결코 불합리하거나 망상적이지 않는 것에 대한 이해를 일깨울 수 있습니다. 그것은 실재(實在)의 불가항력적 차원에 의존되었으며, 관계되어 있는 그들 본 성향(性向)에 상응합니다. 이러한 본성과 함께 구별된 방식으로 비껴가게할 수도 있습니다. 사람들은 그러한 본래의 성향을 억압할 수 있습니다. 사람들은 그것을 사이비 종교의 우상과 거짓 비밀한 것들의 경배에서 남용할 수도 있습니다. 그것은 거룩하거나 고귀한 자에게서 순수하게 느껴진 종교적 자질들의 경험을 도울 수도 있습니다. 사람들이 계시하시는 하나님을 만날 때, 그것은 그의 피조물을 위한 창조자의 은사로 이해될 것입니다.

그것은 하나님이 우리를 만나실 때, 우리가 하나님을 인지할 수 있도록 그렇게 우리가 창조되었음을 뜻합니다. 게다가 하나님이 우리에게 알리시며, 우리의 생명을 영원까지 책임지시는 하나님의 인정(認定)으로부터 살게 되는 바로 거기에 우리가 있습니다. 믿는 자들의 자기 경험에서 이러한 인정은 종교 비판적인 무신론(無神論)의 이의들에 대항하여 온전히 확신의 능력을 가지게 됩니다. 그러므로 그들은 잘못 믿을 수 없으며 그들은 스스로 하나님께 책임을 다할 수 있을 것입니다. 그들이 이러한 삶을 위하여 하나님께 감사하는 동안에 그들이 진실로 인간적인 사람들이 되며, 믿는 자로서 무신론의 종교비판적 논증들에 대하여 실제로 더 많이 반박하게 될 것입니다. 기독교 신앙을 인간화하는 능력은 아주 위대하기 때문에 이러한 시작은 결코 지치지 않습니다. 그것은 무신론적인 인간이해가 무엇인가 비교할 만한 미래의 장래성에 대립된 것으로 보는 것이 아닙니다.

형성

독일의 적지 않은 지역에서 그리고 오래전 동독의 연방지역에서 기독인들이 더 이상 당연히 받아들여지지 않는 상황을 대비해야만 했습니다. 그들은 왜 사람들이 하나님을 믿어야 하며 예수 그리스도에 대한 신앙고백이 무엇을 뜻하는지에 대한 해명에 도전을 받게 되었습니다.

이러한 해명은 더 이상 교회의 주된 직무의 섬김에 있는 분(목사)들의 과제로만 여겨질 수는 없었습니다. 사람들이 기독교 신앙에서 얻게 되는 의심은 일상적인 삶의 실천에서도 생겨나게 됩니다. 하나님이 계시지 않다는 짐작은 동산의 울타리를 넘어서 말로 표현되었습니다. 하나님에 대한 그들의 신앙을 말하고, 이것을 그들의 삶의 모습임을 강조할 수 있는 능력 있는 사람들을 만나는 것이 중요합니다. 인간의 역사에서 만나게 되는 하나님은 단지 그들의 증거를 통하여 하나님을 믿지 않는 사람들이 감동되게 할 수 있을 것입니다. 그리고 그러한 사람들과의 대화를 통해서도 오늘날 하나님을 믿는 믿음과 관련하여 나타나는 질문들을 밝혀줄 수도 있습니다. 그래서 그리스도 교회의 공동체들은 사람들을 그러한 신앙의 대화에 진심으로 초대하는 일이 필요합니다. 즉 그 사람들이 우리들 문화의 뿌리와 우리들 사회의 근본토대에 속하여 신앙과 경건이 그들 이웃과 친구들과 동료들을 위해서도 자연스럽게 삶에 속하게 되며, 무신론자들의 습관과 교육에서 나아온 자들이 이러한 방식으로 경험하도록 교회가 문을 여는 것과 새로운 무신론적인 질문들에서처럼 전통적인 질문들에 따라 정보능력을 갖도록 돕는 일입니다.

[참고도서]

- 후테펜(Houtepen, A. W.) : 하나님 - 열려 있는 질문, 하나님 망각시대에 하나님을 생각합니다, 1999.
- 큉(Kung, H) : 하나님은 존재하는가?, 3판, 2004.
- 로핑크(Lohfink, G.) : 새로운 무신주의는 어떤 논증들을 가지고 있는가?, 2008.
- 마르티니(Martini, C. M.), 에코(Eco, U.) : 불신앙자들은 도대체 무엇을 믿고 있는가?, 1999.
- 푈만(Pöhlmann, H. G.) : 무신주의, 또는 하나님을 대한논쟁, 7판, 2000.
- 슈뢰더(Schroeder,R.) : 종교의 제거?, 2판, 2009.
- 뵈르터(Woerter, M.) : 열매 없는 논쟁에 반대, 새로운 무신주의에 대한 숙고, 2009.
- 차른트(Zahrnt, H.) : 하나님의 변화 - 무신론과 새로운 종교 사이에서 기독교가 되다, 1992.
  그의 것: 하나님의 전환 - 무신주의와 새 종교 사이에서 기독인 존재, 1992.

기독교신앙시리즈 1

개신교 성인 요리문답서
살아계신 하나님

지은이 독일루터교회연합회(VELKD)
옮긴이 정일웅
판권 한국코메니우스연구소 / ⓒ 범지혜(凡智慧)출판사 2018
펴낸곳 범지혜(凡智慧)출판사 2018

초판 발행일 2018년 8월 20일
개정판 발행일 2023년 10월 30일

신고 제2018-000008호.(2015년 7월 20일)
주소 경기도 성남시 분당구 구미로9번길 16 체리빌오피스텔 617호
전화 031-715-1066(팩스겸용)
이메일 kcidesk@gmail.com

ISBN
979-11-964571-0-5 04230 - 세트
979-11-964571-6-7 04230